DR. OETKER

SOMMER TORTEN

VON A–Z

DR. OETKER

SOMMER TORTEN

VON A–Z

Dr. Oetker Verlag

Abkürzungen

EL	=	Esslöffel
TL	=	Teelöffel
Msp.	=	Messerspitze
Pck.	=	Packung/Päckchen
g	=	Gramm
kg	=	Kilogramm
ml	=	Milliliter
l	=	Liter
evtl.	=	eventuell
Fl.	=	Fläschchen
geh.	=	gehäuft
gestr.	=	gestrichen
TK	=	Tiefkühlprodukt
°C	=	Grad Celsius
Ø	=	Durchmesser

Kalorien-/Nährwertangaben

E	=	Eiweiß
F	=	Fett
Kh	=	Kohlenhydrate
kcal	=	Kilokalorie
kJ	=	Kilojoule

Bei den Nährwertangaben in den Rezepten handelt es sich um auf- bzw. abgerundete ganze Werte.
Aufgrund von ständigen Rohstoffschwankungen und/oder Rezepturveränderungen bei Lebensmitteln, kann es zu Abweichungen kommen. Die Nährwertangaben dienen daher lediglich Ihrer Orientierung und eignen sich nur bedingt für die Berechnung eines Diätplans, zum Beispiel bei Krankheiten wie Diabetes.
Bei krankheitsbedingten Diäten richten Sie sich daher bitte nach den Anweisungen Ihres Diätassistenten bzw. Ihres Arztes.

Hinweise zu den Rezepten

Lesen Sie vor der Zubereitung – besser noch vor dem Einkauf – das Rezept einmal vollständig durch. So werden Arbeitsabläufe oder -zusammenhänge verständlicher.

Zutatenliste

Die Zutaten sind in der Reihenfolge ihrer Verarbeitung aufgeführt.

Arbeitsschritte

Die Arbeitsschritte sind einzeln hervorgehoben, in der Reihenfolge, in der sie von uns ausprobiert wurden.

Backofeneinstellung

Die in den Rezepten angegebenen Backtemperaturen und -zeiten sind Werte, die je nach individueller Hitzeleistung Ihres Backofens über- oder unterschritten werden können. Die Temperaturangaben beziehen sich auf Elektrobacköfen. Beachten Sie bitte bei der Einstellung des Backofens die Gebrauchsanweisung des Herstellers. Die Temperatur-Einstellmöglichkeiten für Gasbacköfen variieren je nach Hersteller sehr stark, sodass wir keine allgemeingültigen Angaben machen können. Machen Sie nach Beendigung der angegebenen Backzeit eine Garprobe.

Einschubhöhe

Hohe und halbhohe Formen werden im Allgemeinen auf dem Rost auf die untere Einschubleiste geschoben, flache Formen auf die mittlere Einschubleiste. Blechkuchen, Kleingebäck und Eiweißgebäck gelingen am besten in der Mitte des Backofens. Abweichungen sind möglich und von der Ausführung Ihres Backofens abhängig. Beachten Sie daher auch die Angaben Ihres Herstellers.

Zubereitungs- und Backzeiten

Die Zubereitungszeit ist ein Anhaltswert für die Zeit der Vorbereitung und die eigentliche Zubereitung. Sie variiert je nach Geschick und Übung. Die Backzeiten sind, in der Regel, gesondert ausgewiesen.
Bei einigen Rezepten setzt sich die Gesamtbackzeit aus mehreren Teilbackzeiten zusammen. Längere Wartezeiten, z. B. Kühl- und Auftauzeiten, sind nicht miteinbezogen und, in der Regel, extra ausgewiesen.

Nur frische Eier verwenden

Bei der Zubereitung von Torten oder Tortenfüllungen mit frischen Eiern, die später nicht gebacken werden, nur Eier verwenden, die nicht älter als 5 Tage sind (Legedatum beachten!). Ei bzw. Eier in eine Rühr- oder Edelstahlschüssel geben und im heißen Wasserbad mit Handrührgerät mit Rührbesen bei mittlerer Hitze aufschlagen, bis eine Temperatur von etwa 70 °C entstanden ist. Die Torten im Kühlschrank aufbewahren und innerhalb von 24 Stunden verzehren.

Vorwort

Aromatische Erdbeeren, saftige Pfirsiche oder fruchtig-frische Zitronen. In Verbindung mit feinen Joghurt-, luftigen Quark-, leichten Kefircremes und etwas Sahne werden daraus wahre Sommertorten-Träume – ideal für eine Kaffeetafel unter freiem Himmel.

Ob klassische Obsttorte, üppig belegt mit zuckersüßen Früchten der Saison, zarte Baisertorte mit Himbeeren oder lieber die schokoladig-fruchtige Pur-Choc-Torte: Unsere farbenfrohen, aromatischen Sommertorten sind nicht nur geschmacklich, sondern auch optisch ein Hochgenuss, dem keiner widerstehen kann.

Hier ist für jeden etwas dabei: Coole Köstlichkeiten aus dem Kühlschrank, Tortenspaß für Kinder oder Kreationen mit Schuss, eiskalte Torten für heiße Sonnenscheintage, Minitorten für Singles, Paare und kleine Familien, schnelle Zaubereien oder edle Prachtstücke.

Wählen Sie aus rund 170 Rezepten aus, mit welchen kreativen Sommertorten Sie sich, Ihren Freunden und Ihrer Familie die Sommerzeit versüßen möchten.

Alle Rezepte sind einfach und gut nachvollziehbar beschrieben, ausprobiert und gelingen sicher.

Amarena-Mandarinen-Torte |

Fettarm

12 Stücke

Pro Stück: E: 10 g, F: 8 g, Kh: 35 g, kJ: 1070, kcal: 254

Für den Schüttelteig:

130 g abgetropfte Amarena-Kirschen (aus dem Glas)
80 g Butter oder Margarine
150 g Weizenmehl
3 gestr. TL Dr. Oetker Backin
1 Pck. Dr. Oetker Pudding-Pulver Sahne-Geschmack
70 g Zucker
2 Eier (Größe M)
100 g Joghurt

Für die Creme:

6 Blatt weiße Gelatine
500 g Magerquark
100 ml fettarme Milch
75 g Zucker
2 EL Zitronensaft
1 Pck. Dr. Oetker Finesse Geriebene Zitronenschale
3 EL Mandarinensaft (aus der Dose)
175 g abgetropfte Mandarinen (aus der Dose)

Für den Guss:

Mandarinensaft (aus der Dose)
2 EL Kirschsaft (aus dem Glas)
1 Pck. ungezuckerter Tortenguss, klar

Zum Bestreuen:

1 EL gehackte Pistazien

Zubereitungszeit: 35 Minuten, ohne Kühlzeit
Backzeit: 25–30 Minuten

1. Den Backofen vorheizen.
Ober-/Unterhitze: etwa 180 °C
Heißluft: etwa 160 °C

2. Für den Teig von den Kirschen etwa 10 Stück beiseitelegen. Die Butter oder Margarine in einem Topf zerlassen und abkühlen lassen.

3. Mehl mit Backpulver und Pudding-Pulver in einer Rührschüssel mischen, in eine verschließbare Schüssel (etwa 3-Liter-Inhalt) geben und mit Zucker mischen. Eier, zerlassene Butter oder Margarine und Joghurt hinzufügen. Die Schüssel mit dem Deckel fest verschließen und mehrmals kräftig schütteln (insgesamt 15–30 Sekunden), sodass alle Zutaten gut vermischt sind.

4. Alles mit einem Schneebesen oder Rührlöffel nochmals sorgfältig durchrühren, damit trockene Zutaten vom Rand mit untergerührt werden. Den Teig in eine Springform (Ø 26 cm, Boden gefettet, mit Backpapier belegt) geben und glatt streichen. Die Kirschen darauf verteilen. Die Form auf dem Rost in den vorgeheizten Backofen schieben. Den Gebäckboden **25–30 Minuten backen.**

5. Die Form auf einen Kuchenrost stellen. Gebäckboden etwas abkühlen lassen. Dann aus der Form lösen, auf einen mit Backpapier belegten Kuchenrost setzen und erkalten lassen. Das mitgebackene Backpapier abziehen. Den Gebäckboden auf eine Tortenplatte legen, einen Tortenring oder den gesäuberten Springformrand darumstellen.

6. Für die Creme Gelatine nach Packungsanleitung einweichen. Quark mit Milch, Zucker, Zitronensaft und -schale verrühren.

7. Gelatine leicht ausdrücken und mit Mandarinensaft in einem kleinen Topf bei schwacher Hitze unter Rühren auflösen. Die aufgelöste Gelatine zuerst mit etwa 2 Esslöffeln von der Quarkmasse verrühren, dann unter die restliche Quarkmasse rühren. Die Hälfte der Mandarinen unterheben.

8. Die Quarkcreme auf den Gebäckboden geben und glatt streichen. Die Torte zugedeckt mindestens 2 Stunden in den Kühlschrank stellen.

9. Die restlichen Mandarinen und die beiseitegelegten Kirschen auf der Cremeschicht verteilen.

10. Für den Guss den Mandarinensaft mit dem Kirschsaft verrühren und mit Wasser auf 250 ml (1/4 l) auffüllen.

11. Aus dem Tortengusspulver und der Saftmischung einen Guss nach Packungsanleitung, aber ohne Zucker, zubereiten. Den Guss auf der Tortenoberfläche verteilen.

12. Die Amarena-Mandarinen-Torte zugedeckt mindestens 1 Stunde in den Kühlschrank stellen.

13. Den Tortenring oder Springformrand vorsichtig lösen und entfernen. Den Tortenrand mit Pistazien bestreuen.

Tipp: Im Kühlschrank bleibt die Torte 2–3 Tage frisch.

Amor-Torte | Fruchtig

25 Stücke

Pro Stück: E: 5 g, F: 18 g, Kh: 22 g, kJ: 1149, kcal: 274

Für den All-in-Teig:

200 g Weizenmehl
4 gestr. TL Dr. Oetker Backin
200 g Zucker
4 Eier (Größe M)
200 g weiche Butter oder Margarine

Für den Belag:

1 Ei (Größe M)
50 g gehobelte Mandeln
25 g Zucker

Für die Füllung:

1 Beutel aus
1 Pck. Götterspeise Himbeer-Geschmack
200 ml Wasser
250 g frische Himbeeren oder TK-Himbeeren
300 g Doppelrahm-Frischkäse
125 g Zucker
400 g Schlagsahne

Zum Verzieren und Bestäuben:

25 g Kuvertüre (Vollmilch oder Zartbitter)
etwas Puderzucker

Zubereitungszeit: 45 Minuten, ohne Kühlzeit
Backzeit: etwa 35 Minuten

1. Den Backofen vorheizen.
Ober-/Unterhitze: etwa 180 °C
Heißluft: etwa 160 °C

2. Für den Teig Mehl mit Backpulver in einer Rührschüssel mischen. Restliche Zutaten hinzufügen und mit Handrührgerät mit Rührbesen erst kurz auf niedrigster, dann auf höchster Stufe in etwa 2 Minuten zu einem glatten Teig verarbeiten.

3. Einen Backrahmen (26 x 26 cm) auf ein Backblech (mit Backpapier belegt) stellen, den Teig einfüllen und glatt streichen.

4. Für den Belag das Ei verschlagen. Den Teig damit bestreichen, mit Mandeln und Zucker bestreuen. Das Backblech in den vorgeheizten Backofen schieben. Den Gebäckboden **etwa 35 Minuten backen.**

5. Das Backblech auf einen Kuchenrost stellen. Den Gebäckboden erkalten lassen. Danach aus dem Backrahmen lösen und einmal waagerecht durchschneiden. Den unteren Gebäckboden auf eine Kuchenplatte legen, den gesäuberten Backrahmen darumstellen.

6. Für die Füllung Götterspeise mit Wasser anrühren und etwa 5 Minuten quellen lassen. Die Himbeeren verlesen oder die TK-Himbeeren auftauen lassen. Den Frischkäse in einer Rührschüssel glatt rühren.

7. Götterspeise mit Zucker nach Packungsanleitung auflösen und nach und nach unter den Frischkäse rühren. Die Götterspeise-Frischkäse-Masse in den Kühlschrank stellen.

8. Sobald die Masse anfängt dicklich zu werden, Sahne steif schlagen und unter die Götterspeise-Frischkäse-Masse heben. 2–3 Esslöffel von der Götterspeise-Frischkäse-Creme in einen Spritzbeutel mit Sterntülle füllen und beiseitelegen.

9. Unter die restliche Creme die Himbeeren heben. Himbeercreme auf dem Boden in den Backrahmen geben und glatt streichen.

10. Aus dem oberen Boden ein Herz (Ø etwa 12 cm) ausschneiden und beiseitelegen. Die Gebäckplatte vorsichtig auf die Himbeercreme legen und leicht andrücken. Das Herz mit der Creme aus dem Spritzbeutel ausfüllen. Die Torte zugedeckt etwa 2 Stunden in den Kühlschrank stellen.

11. Zum Verzieren Kuvertüre in Stücke hacken und in einem kleinen Topf im Wasserbad bei schwacher Hitze unter Rühren schmelzen. Die geschmolzene Kuvertüre in einen Gefrierbeutel geben. Eine kleine Ecke abschneiden und einen dicken Pfeil auf ein

Stück Backpapier spritzen. Den Kuvertüre-Pfeil fest werden lassen.

12. Vor dem Servieren den Backrahmen vorsichtig lösen und entfernen. Das ausgeschnittene Herz dick mit Puderzucker bestäuben, leicht überlappend auf das Cremeherz legen und mit dem Kuvertüre-Pfeil garnieren.

Tipp: Die Amor-Torte lässt sich auch mit anderen Götterspeisesorten und der jeweils passenden Frucht zubereiten.

Ananas-Kuppeltorte | Fruchtig

12 Stücke

Pro Stück: E: 4 g, F: 16 g, Kh: 38 g, kJ: 1312, kcal: 313

Für den Rührteig:

100 g weiche Butter oder Margarine
100 g Puderzucker
½ Pck. Dr. Oetker Finesse Geriebene Zitronenschale
1 Prise Salz
1 Ei (Größe M)
2 Eiweiß (Größe M)
125 g Weizenmehl
1 Pck. Saucenpulver Vanille-Geschmack zum Kochen
1 gestr. TL Dr. Oetker Backin
3 EL Schlagsahne

Für die Füllung:

510 g abgetropfte Ananasscheiben (aus der Dose)
40 g Speisestärke
40 g Zucker
knapp 350 ml Ananassaft (aus der Dose)
2 Eigelb (Größe M)
½ Pck. Dr. Oetker Finesse Geriebene Zitronenschale

Zum Bestreichen:

250 g Schlagsahne
1 Pck. Dr. Oetker Sahnesteif
1 Pck. Dr. Oetker Vanillin-Zucker

Zubereitungszeit: 50 Minuten, ohne Kühlzeit
Backzeit: 15–20 Minuten

1. Den Backofen vorheizen.
Ober-/Unterhitze: etwa 180 °C
Heißluft: etwa 160 °C

2. Für den Teig Butter oder Margarine in einer Rührschüssel mit Handrührgerät mit Rührbesen auf höchster Stufe geschmeidig rühren. Nach und nach Puderzucker, Zitronenschale und Salz unterrühren. So lange rühren, bis eine gebundene Masse entstanden ist.

3. Ei und Eiweiß nach und nach unterrühren (jedes Ei/Eiweiß etwa ½ Minute). Mehl mit Saucenpulver und Backpulver mischen. Das Mehlgemisch mit der Sahne auf mittlerer Stufe kurz unterrühren.

4. Den Teig in eine Springform (Ø 26 cm, Boden gefettet, mit Backpapier belegt) geben und glatt streichen. Die Form auf dem Rost in den vorgeheizten Backofen schieben. Tortenboden **15–20 Minuten backen.**

5. Die Form auf einen Kuchenrost stellen. Den Tortenboden etwas abkühlen lassen. Anschließend den Boden aus der Form lösen und auf einen mit Backpapier belegten Kuchenrost stürzen. Mitgebackenes Backpapier abziehen. Den Tortenboden erkalten lassen.

6. Für die Füllung von den Ananasscheiben 2 Stück zum Garnieren beiseitelegen. Restliche Ananasscheiben sehr klein schneiden. Die Ananasstücke nochmals in einem Sieb gut abtropfen lassen, den Saft dabei wieder auffangen.

7. Speisestärke und Zucker mit etwas Ananassaft verrühren. Restlichen Ananassaft in einen Topf geben und zum Kochen bringen. Die angerührte Speisestärke in den von der Kochstelle genommenen Saft rühren und unter Rühren gut aufkochen lassen. Den Topf wieder von der Kochstelle nehmen.

8. Das Eigelb und die Zitronenschale unter den Ananaspudding rühren, Ananasstücke unterheben. Sofort Frischhaltefolie direkt auf den Ananaspudding legen. Pudding erkalten lassen.

9. Den Tortenboden einmal waagerecht durchschneiden. Den unteren Boden auf eine Tortenplatte legen. Die Hälfte des Ananaspuddings daraufgeben und kuppelförmig verstreichen.

10. Vom oberen Tortenboden einen etwa 1 cm breiten Rand abschneiden. Den Rand zerbröseln. Den Boden auf die Ananaskuppel legen und leicht andrücken.

Restlichen Ananaspudding daraufgeben und glatt streichen.

11. Zum Bestreichen die Sahne mit Sahnesteif und Vanillin-Zucker steif schlagen. Die Sahne auf die Torte geben und glatt streichen. Die beiseitegelegten Ananasscheiben in Stücke schneiden. Die Ananas-Kuppeltorte mit den Ananasstücken und den Tortenbodenbröseln garnieren. Torte zugedeckt etwa 2 Stunden in den Kühlschrank stellen.

Ananastorte | Exotisch – fettarm

12 Stücke

Pro Stück: E: 7 g, F: 8 g, Kh: 32 g,
kJ: 972, kcal: 232

Zum Vorbereiten:

980 g abgetropfte Ananasscheiben (aus der Dose)

Für den Biskuitteig:

2 Eier (Größe M)
50 g Zucker
50 g Weizenmehl
10 g Speisestärke
½ gestr. TL Dr. Oetker Backin

Für die Füllung:

12 Blatt weiße Gelatine
250 g Magerquark
250 g entrahmter Joghurt (0,1 % Fett)
1 Pck. Dr. Oetker Finesse Bourbon-Vanille-Aroma
0,2 g Safran
2 EL Ananassaft (aus der Dose)
200 g Schlagsahne
1 gestr. EL Zucker

Zum Garnieren:

2 EL Ananaskonfitüre
2 EL Kokosraspel
einige Physalis (Kapstachelbeeren)

Zubereitungszeit: 50 Minuten, ohne Kühlzeit
Backzeit: etwa 20 Minuten

1. Zum Vorbereiten von den Ananasscheiben 7 Stück zum Garnieren beiseitelegen.

2. Den Backofen vorheizen.
Ober-/Unterhitze: etwa 180 °C
Heißluft: etwa 160 °C

3. Für den Teig Eier in einer Rührschüssel mit Handrührgerät mit Rührbesen auf höchster Stufe in 1 Minute schaumig schlagen. Den Zucker in 1 Minute einstreuen, dann noch etwa 2 Minuten weiterschlagen.

4. Mehl mit Speisestärke und Backpulver mischen, auf die Eiermasse geben und kurz auf niedrigster Stufe unterrühren. Den Teig in eine Springform (Ø 26 cm, Boden gefettet, mit Backpapier belegt) geben und glatt streichen.

5. Die Form auf dem Rost in den vorgeheizten Backofen schieben. Den Tortenboden **etwa 20 Minuten backen.**

6. Den Tortenboden aus der Form lösen, auf einen mit Backpapier belegten Kuchenrost stürzen und das mitgebackene Backpapier abziehen. Den Tortenboden erkalten lassen und auf eine Tortenplatte legen. Einen Tortenring oder den gesäuberten Springformrand darumstellen.

7. Für die Füllung Gelatine nach Packungsanleitung einweichen. Die Ananasscheiben in Stücke schneiden und pürieren. Quark mit Joghurt, Aroma und Safran verrühren. Das Ananaspüree unter die Quark-Joghurt-Masse rühren. Die Gelatine leicht ausdrücken und mit Ananassaft in einem kleinen Topf bei schwacher Hitze unter Rühren auflösen.

8. Die aufgelöste Gelatine zuerst mit etwa 3 Esslöffeln von der Ananas-Quark-Joghurt-Masse verrühren, dann unter die restliche Ananas-Quark-Joghurt-Masse rühren. Die Masse in den Kühlschrank stellen.

9. Sobald die Ananas-Quark-Joghurt-Masse anfängt dicklich zu werden, Sahne mit Zucker steif schlagen und unterheben. Die Ananassahne auf den Tortenboden geben und glatt streichen.

10. Tortenoberfläche mit den beiseitegelegten Ananasscheiben belegen. Die Ananastorte zugedeckt mindestens 4 Stunden in den Kühlschrank stellen. Tortenring oder Springformrand vorsichtig lösen und entfernen.

11. Zum Garnieren die Konfitüre in einem kleinen Topf unter Rühren erwärmen. Die Tortenoberfläche damit bestreichen und mit den Kokosraspeln bestreuen. Die Physalis aus der Hülle zupfen, abspülen, abtrocknen und halbieren. Die Torte damit garnieren.

Tipp: Die Ananastorte schmeckt frisch am besten.

Apfel-Quark-Charlotte

Etwas Besonderes – fettarm

16 Stücke

Pro Stück: E: 5 g, F: 6 g, Kh: 32 g, kJ: 840, kcal: 200

Für den Biskuitteig:

3 Eier (Größe M)
1 Eigelb (Größe M)
60 g Zucker
1 Pck. Dr. Oetker Vanillin-Zucker
80 g Weizenmehl
½ gestr. TL Dr. Oetker Backin

Zum Bestreichen:

200 g Apfelgelee

Für die Apfelgrütze:

1–2 Äpfel (etwa 200 g), z. B. Elstar oder Jonagold
1 Pck. Rote Grütze Himbeer-Geschmack (Dessertpulver)
300 ml Apfelsaft
70 g Zucker

Für die Quarkcreme:

4 Blatt weiße Gelatine
200 g Schlagsahne
250 g Magerquark
50 g Zucker
1 Pck. Dr. Oetker Finesse Geriebene Zitronenschale
Saft von ½ Zitrone

Zum Garnieren:

1 kleiner Apfel
Saft von ½ Zitrone

Zubereitungszeit: 90 Minuten, ohne Kühlzeit
Backzeit: etwa 8 Minuten

1. Den Backofen vorheizen.
Ober-/Unterhitze: etwa 200 °C
Heißluft: etwa 180 °C

2. Für den Teig Eier und Eigelb in einer Rührschüssel mit Handrührgerät mit Rührbesen auf höchster Stufe in 1 Minute schaumig schlagen. Zucker und Vanillin-Zucker mischen, in 1 Minute einstreuen, dann noch etwa 2 Minuten weiterschlagen.

3. Mehl mit Backpulver mischen, auf die Eiercreme geben und kurz auf niedrigster Stufe unterrühren. Den Biskuitteig auf ein Backblech (30 x 40 cm, gefettet, mit Backpapier belegt) geben und glatt streichen. Das Backblech in den vorgeheizten Backofen schieben. Die Biskuitplatte **etwa 8 Minuten backen.**

4. Das Backblech auf einen Kuchenrost stellen. Die Biskuitplatte vom Rand lösen, auf ein mit Zucker bestreutes Stück Backpapier stürzen und erkalten lassen. Anschließend das mitgebackene Backpapier abziehen. Die Biskuitplatte mit 4 Esslöffeln Gelee bestreichen, dann von der längeren Seite aus aufrollen.

5. Eine Schüssel (etwa 1 ¾-Liter-Inhalt) mit Frischhaltefolie auslegen. Die Biskuitrolle in gut ½ cm dicke Scheiben schneiden. Die Schüssel mit zwei Dritteln der Biskuitscheiben auslegen.

6. Für die Apfelgrütze die Äpfel schälen, vierteln, entkernen und fein würfeln. Aus Dessertpulver, Apfelsaft und Zucker eine Apfelgrütze nach Packungsanleitung, aber mit den hier angegebenen Zutaten, zubereiten. Die Apfelwürfel unterheben. Die Apfelgrütze erkalten lassen, dabei ab und zu umrühren.

7. Für die Quarkcreme die Gelatine nach Packungsanleitung einweichen. Die Sahne steif schlagen. Quark mit Zucker, Zitronenschale und -saft verrühren. Die Gelatine leicht ausdrücken und in einem kleinen Topf bei schwacher Hitze unter Rühren auflösen. Die aufgelöste Gelatine zunächst mit etwa 3 Esslöffeln von der Quarkmasse verrühren, dann unter die restliche Quarkmasse rühren. Die Sahne unterheben.

8. Die Quarkcreme und die Apfelgrütze abwechselnd mit einem Esslöffel auf die Biskuitscheiben in der Schüssel geben. Eine Gabel leicht durch die Quarkcreme und die Apfelgrütze ziehen, sodass eine leichte Marmorierung entsteht. Die restlichen Biskuitscheiben darauflegen und leicht andrücken. Die Apfel-Quark-

Charlotte mit Frischhaltefolie zugedeckt mindestens 3 Stunden in den Kühlschrank stellen.

9. Die Apfel-Quark-Charlotte vorsichtig auf eine Tortenplatte stürzen. Die Schüssel abnehmen und die Frischhaltefolie entfernen. Anschließend das restliche Apfelgelee in einem kleinen Topf unter Rühren aufkochen. Die Apfel-Quark-Charlotte mit dem Apfelgelee bestreichen.

10. Den Apfel abspülen, abtrocknen, vierteln, entkernen und in sehr dünne Spalten schneiden. Die Apfelspalten mit Zitronensaft bestreichen und vorsichtig an den unteren Rand der Charlotte drücken.

Apfeltarte | Ohne zu backen

10 Stücke

Pro Stück: E: 4 g, F: 11 g, Kh: 49 g, kJ: 1290, kcal: 308

Für den Boden:

150 g Vollmilch-Kuvertüre
2 EL Speiseöl, z. B. Sonnenblumenöl
200 g Vitalis Müsli Knusper Plus Multi-Frucht

Für den Belag:

6 mittelgroße Äpfel (etwa 650 g), z. B. Cox Orange oder Boskop
400 ml Apfelsaft
Saft von
1 Zitrone
1 Pck. Dr. Oetker Pudding-Pulver Vanille-Geschmack
50 g Zucker
2 Blatt weiße Gelatine

Für das Baiser:

2 Eiweiß (Größe M)
80 g Zucker

Zubereitungszeit: 40 Minuten, ohne Kühlzeit

1. Für den Boden Kuvertüre in Stücke hacken und mit dem Speiseöl in einem kleinen Topf im Wasserbad bei schwacher Hitze unter Rühren schmelzen. Das Müsli grob hacken und zu der geschmolzenen Schokolade geben. Die Zutaten gut verrühren.

2. Die Schokoladen-Müsli-Mischung in eine Springform (Ø 26 cm, Boden gefettet, mit Backpapier belegt) geben und mit einem Löffel fest zu einem Boden andrücken. Den Knusperboden zugedeckt in den Kühlschrank stellen.

3. Für den Belag die Äpfel schälen, vierteln, entkernen und in etwa 8 mm dicke Spalten schneiden. 350 ml von dem Apfelsaft und den Zitronensaft in einen Topf geben. Die Apfelspalten hinzufügen. Die Zutaten aufkochen und 2–3 Minuten zugedeckt dünsten, bis die Apfelspalten weich, aber noch bissfest sind. Die Apfelspalten in ein Sieb geben und gut abtropfen lassen, den Saft dabei auffangen.

4. Den restlichen Apfelsaft mit dem Pudding-Pulver und dem Zucker anrühren. Den aufgefangenen Saft in einen Topf gießen und erneut aufkochen. Das angerührte Pudding-Pulver in den von der Kochstelle genommenen Saft rühren. Den Apfel-Pudding etwa 2 Minuten unter Rühren kochen lassen. Die Apfelspalten unterrühren, den Topf von der Kochstelle nehmen.

5. Die Gelatine nach Packungsanleitung einweichen. Gelatine gut ausdrücken und unter Rühren in dem warmen Apfel-Pudding auflösen. Den Apfel-Pudding etwas abkühlen lassen.

6. Den Apfel-Pudding auf den Müsli-Boden geben und glatt streichen. Die Apfeltarte zugedeckt mindestens 3 Stunden in den Kühlschrank stellen.

7. Für das Baiser die Apfeltarte zunächst vorsichtig aus der Springform lösen. Das Eiweiß mit Handrührgerät mit Rührbesen auf höchster Stufe steif schlagen. Der Schnee muss so fest sein, dass ein Messerschnitt sichtbar bleibt. Nach und nach den Zucker kurz unterschlagen.

8. Die Baisermasse in einen Spritzbeutel mit Sterntülle füllen. Die Apfeltarte mit dem Baiser verzieren. Das Baiser mit einem Gasbrenner vorsichtig goldbraun grillen.

Tipps: Wenn Sie keinen Gasbrenner haben, die Apfeltarte kurz unter dem heißen Backofengrill bräunen. Der Apfelsaft kann durch die gleiche Menge Apfelwein ersetzt werden.

Aprikosen-Blätterteig-Torte

Für Gäste – etwas aufwendiger
14 Stücke

Pro Stück: E: 4 g, F: 13 g, Kh: 25 g,
kJ: 998, kcal: 238

Für die Böden:
450 g TK-Blätterteig

Für die Füllung:
480 g abgetropfte Aprikosenhälften (aus der Dose)
8 Blatt weiße Gelatine
400 ml Trinkjoghurt Aprikosen- oder Pfirsichgeschmack
1 Pck. Dr. Oetker Vanillin-Zucker
4 EL Aprikosensaft (aus der Dose)
1 EL Zitronensaft
250 g Schlagsahne
1 Pck. Saucenpulver Vanille-Geschmack ohne Kochen

etwas Puderzucker

Zubereitungszeit: 60 Minuten, ohne Auftau-, Ruhe- und Kühlzeit
Backzeit: etwa 15 Minuten je Backblech

1. Für die Böden Blätterteigplatten zugedeckt nach Packungsanleitung auftauen lassen.

2. Die Blätterteigplatten in 3 Portionen teilen. Jeweils 1 Portion Blätterteigplatten aufeinanderlegen und auf einer leicht bemehlten Arbeitsfläche ausrollen. Mithilfe eines scharfen Messers insgesamt 3 runde Platten (Ø je etwa 28 cm) ausschneiden.

3. Eine der runden Blätterteigplatten in 12 Tortenstücke schneiden. Die Blätterteigplatten und -stücke auf Backbleche (mit Backpapier belegt) legen. Die Stücke und Platten mehrmals mit einer Gabel einstechen und etwa 30 Minuten ruhen lassen.

4. Den Backofen vorheizen.
Ober-/Unterhitze: etwa 200 °C
Heißluft: etwa 180 °C

5. Die Backbleche nacheinander (bei Heißluft zusammen) in den vorgeheizten Backofen schieben. Das Blätterteiggebäck **etwa 15 Minuten je Backblech backen.**

6. Das Blätterteiggebäck mit dem Backpapier von den Backblechen auf Kuchenroste ziehen und erkalten lassen.

7. Für die Füllung von den Aprikosenhälften 4 Stück zum Garnieren beiseitelegen.

8. Die Gelatine nach Packungsanleitung einweichen. Den Trinkjoghurt mit Vanillin-Zucker, Aprikosen- und Zitronensaft gut verrühren. Die Gelatine leicht ausdrücken und in einem kleinen Topf bei schwacher Hitze unter Rühren auflösen. Die aufgelöste Gelatine zunächst mit etwa 4 Esslöffeln von der Joghurtmasse verrühren, dann unter die restliche Joghurtmasse rühren. Die Joghurtmasse in den Kühlschrank stellen.

9. Sobald die Joghurtmasse anfängt dicklich zu werden, Sahne steif schlagen und unterheben. Gut die Hälfte der Joghurtsahne in einen Spritzbeutel mit Loch- oder Sterntülle füllen, restliche Joghurtsahne in eine Schüssel geben. Joghurtsahne so lange in den Kühlschrank stellen, bis sie spritzfähig ist.

10. In der Zwischenzeit die Aprikosen in einem Rührbecher pürieren. Das Saucenpulver zügig mit einem Schneebesen unterrühren.

11. Den unteren Blätterteigboden auf eine Tortenplatte legen und mit der Hälfte des Aprikosenpürees bestreichen. Die Hälfte der Joghurtsahne aus dem Spritzbeutel als Rand auf den unteren Boden spritzen. Die Hälfte der Joghurtsahne aus der Schüssel in die Mitte des Bodens geben und glatt streichen. Den zweiten ganzen Blätterteigboden vorsichtig darauflegen.

12. Das restliche Aprikosenpüree auf den zweiten Blätterteigboden geben und glatt streichen. Mit der restlichen Joghurtsahne aus dem Spritzbeutel einen Rand daraufspritzen. Restliche Joghurtsahne aus der Schüssel in die Mitte des Bodens geben und glatt streichen.

13. Die beiseitegelegten Aprikosenhälften in Spalten schneiden. Blätterteigstücke und Aprikosenspalten auf die Torte legen und leicht andrücken. Die Torte zugedeckt 1–2 Stunden in den Kühlschrank stellen, dann mit Puderzucker bestäuben.

Tipps: Sie können die Böden bereits am Vortag backen und gut verpackt aufbewahren. Die Aprikosen-Blätterteig-Torte aber am besten erst am Tag des Verzehrs zusammensetzen, da die Blätterteigböden schnell durchweichen.

Aprikosen-Käsekuchen

Ohne zu backen – fettarm

12 Stücke

Pro Stück: E: 4 g, F: 9 g, Kh: 30 g, kJ: 915, kcal: 217

Zum Vorbereiten:

140 g Amarettini (ital. Mandelmakronen)
100 g Butter

Für die Aprikosen-Creme:

260 g Aprikosenhälften (aus der Dose)
2 Pck. Aranca Aprikose-Maracuja-Geschmack (Dessertpulver)
150 g Magerquark
150 g griechischer Sahnejoghurt

Für das Aprikosenpüree:

2 Blatt weiße Gelatine
260 g abgetropfte Aprikosenhälften (aus der Dose)

Zubereitungszeit: 40 Minuten, ohne Kühlzeit

1. Zum Vorbereiten Amarettini in einen Gefrierbeutel geben. Den Beutel fest verschließen. Die Amarettini mit einer Teigrolle fein zerbröseln und in eine Rührschüssel geben. Die Butter in einem kleinen Topf zerlassen und zu den Bröseln geben. Die Zutaten gut vermischen.

2. Einen Tortenring oder Springformrand (Ø 22 cm) auf eine mit Tortenspitze oder Backpapier belegte Tortenplatte stellen. Die Bröselmasse in den Tortenring oder Springformrand geben und mit einem Löffel fest zu einem Boden andrücken. Den Bröselboden zugedeckt mindestens 15 Minuten in den Kühlschrank stellen.

3. Für die Aprikosen-Creme die Aprikosenhälften mit dem Saft fein pürieren. Das Aprikosenpüree mit dem Dessertpulver, dem Quark und dem Joghurt in einer Rührschüssel mit Handrührgerät mit Rührbesen in etwa 4 Minuten schaumig schlagen. Die Aprikosencreme auf den Bröselboden in den Tortenring oder Springformrand geben und glatt streichen. Den Aprikosen-Käsekuchen zugedeckt etwa 30 Minuten in den Kühlschrank stellen.

4. Für das Aprikosenpüree Gelatine nach Packungsanleitung einweichen. 200 g der Aprikosenhälften fein pürieren. Etwa 4 Esslöffel von dem Püree in einem Topf leicht erwärmen. Die eingeweichte Gelatine leicht ausdrücken und darin unter Rühren auflösen. Den Topf von der Kochstelle nehmen. Das restliche Püree unterrühren.

5. Das Aprikosenpüree auf den Käsekuchen geben und glatt streichen. Den Aprikosen-Käsekuchen zugedeckt etwa 3 Stunden in den Kühlschrank stellen.

6. Den Aprikosen-Käsekuchen mit den restlichen Aprikosenhälften garnieren.

Tipp: Den Aprikosen-Käsekuchen zusätzlich mit ungeschälten Mandeln und einigen Minzeblättchen garnieren.

Aprikosenkuchen | Klassisch

12 Stücke

Pro Stück: E: 4 g, F: 10 g, Kh: 49 g, kJ: 1276, kcal: 305

Für den Knetteig:

200 g Weizenmehl
100 g Puderzucker
2 Eigelb (Größe M)
100 g Butter

Außerdem:

250 g Aprikosenkonfitüre
480 g abgetropfte Aprikosenhälften (aus der Dose)
25 g gehobelte Mandeln

Zubereitungszeit: 45 Minuten, ohne Abkühlzeit
Backzeit: etwa 42 Minuten

1. Für den Teig das Mehl in eine Rührschüssel geben. Restliche Zutaten hinzufügen und mit Handrührgerät mit Knethaken zunächst kurz auf niedrigster, dann auf höchster Stufe gut durcharbeiten.

2. Anschließend auf einer leicht bemehlten Arbeitsfläche zu einem glatten Teig verkneten. Sollte er kleben, ihn in Frischhaltefolie gewickelt eine Zeit lang kalt stellen.

3. Den Backofen vorheizen.
Ober-/Unterhitze: etwa 180 °C
Heißluft: etwa 160 °C

4. Zwei Drittel des Teiges auf dem Boden einer Springform (Ø 26 cm, gefettet) ausrollen, den Springformrand darumstellen. Den Teigboden mit einer Gabel mehrmals einstechen. Die Form auf dem Rost in den vorgeheizten Backofen schieben. Den Knetteigboden **etwa 12 Minuten vorbacken.**

5. Die Form auf einen Kuchenrost stellen. Den Knetteigboden etwas abkühlen lassen. Restlichen Teig zu einer langen Rolle formen, auf den vorgebackenen Boden legen und so an die Form drücken, dass ein etwa 2 cm hoher Rand entsteht.

6. Den Knetteigboden mit Konfitüre bestreichen. Die Aprikosenhälften darauflegen und mit Mandeln bestreuen.

7. Die Form wieder auf dem Rost in den heißen Backofen schieben. Den Aprikosenkuchen **bei gleicher Backofentemperatur in etwa 30 Minuten fertig backen.**

8. Die Form auf einen Kuchenrost stellen. Den Aprikosenkuchen etwas abkühlen lassen. Dann aus der Form lösen und auf einen mit Backpapier belegten Kuchenrost setzen. Den Aprikosenkuchen erkalten lassen.

Tipp: Dazu schmeckt steif geschlagene Sahne.

Aprikosenparfait-Torte

Etwas Besonderes – ohne zu backen

16 Stücke

Pro Stück: E: 3 g, F: 11 g, Kh: 23 g, kJ: 848, kcal: 202

Zum Vorbereiten:

evtl. 2–3 Rosenblüten (ungespritzt)
1 Eiweiß (Größe M)
150 g Zucker

Für den Boden:

100 g Nuss-Nougat
2 EL Speiseöl, z. B. Sonnenblumenöl
160 g Amarettini (ital. Mandelmakronen)

Für die Aprikosencreme:

480 g abgetropfte Aprikosenhälften (aus der Dose)
2–3 TL Rosenwasser
3 Eiweiß (Größe M)
100 g Zucker
3 Eigelb (Größe M)
300 g Schlagsahne

Zubereitungszeit: 30 Minuten, ohne Trocken- und Kühlzeit

1. Zum Vorbereiten nach Belieben die Rosenblätter vorsichtig vom Stiel lösen. Die Rosenblätter vorsichtig mit verschlagenem Eiweiß bepinseln und auf ein Backblech (mit Backpapier belegt) legen. Die Rosenblätter von beiden Seiten mit Zucker bestreuen und am besten eine Nacht lang an der offenen Luft trocknen lassen.

2. Für den Boden Nougat in Stücke schneiden und mit Speiseöl in einem kleinen Topf im Wasserbad bei schwacher Hitze unter Rühren schmelzen. Die Amarettini in einen Gefrierbeutel geben. Den Beutel fest verschließen. Die Amarettini mit einer Teigrolle fein zerbröseln und zu dem geschmolzenen Nougat geben. Die Zutaten gut verrühren.

3. Die Amarettini-Nougat-Masse in eine Springform (Ø 26 cm, Boden gefettet, mit Backpapier belegt) geben und mit einem Löffel fest zu einem Boden andrücken. Den Nougat-Bröselboden zugedeckt eine Zeit lang in den Kühlschrank stellen.

4. Für die Aprikosencreme die Aprikosenhälften mit dem Rosenwasser pürieren. Das Eiweiß mit 50 g des Zuckers steif schlagen. Das Eigelb mit dem restlichen Zucker in einer Rührschüssel mit Handrührgerät mit Rührbesen auf höchster Stufe in etwa 5 Minuten schaumig schlagen. In einer anderen Rührschüssel die Sahne steif schlagen.

5. Die Eigelbmasse vorsichtig unter das Aprikosenpüree heben. Den Eischnee und die Sahne abwechselnd in 2 Portionen unter die Aprikosenmasse heben.

6. An den Springformrand (gefettet) 2 Backpapierstreifen (je etwa 6 x 40 cm) legen. Aprikosencreme auf den Nougat-Bröselboden geben und glatt streichen. Die Torte zugedeckt mindestens 6 Stunden in das Gefrierfach stellen.

7. Die Aprikosenparfait-Torte vorsichtig aus der Form lösen und auf eine Tortenplatte setzen. Das Backpapier vorsichtig entfernen. Die Aprikosenparfait-Torte mit vorbereiteten Rosenblättern garnieren.

Hinweis: Nur ganz frische Eier verwenden, die nicht älter als 5 Tage sind (Legedatum beachten!). Die Aprikosenparfait-Torte im Kühlschrank aufbewahren und innerhalb von 24 Stunden verzehren.

Aprikosen-Quarktorte | Einfach

16 Stücke

Pro Stück: E: 7 g, F: 11 g, Kh: 45 g, kJ: 1295, kcal: 309

Zum Vorbereiten:

150 g weiche Butter

Für den Rührteig:

125 g Zucker
1 Pck. Dr. Oetker Vanillin-Zucker
1 Prise gemahlener Zimt
3 Eier (Größe L)
1 Eigelb (Größe L)
220 g Weizenmehl
3 gestr. TL Dr. Oetker Backin

960 g abgetropfte Aprikosenhälften (aus der Dose)

Für den Belag:

250 g Magerquark
60 g Zucker
3 Eigelb (Größe M)
1 Pck. Dr. Oetker Bourbon-Vanille-Zucker
40 g Speisestärke
4 Eiweiß (3 x Größe M, 1 x Größe L)
100 g Zucker

Zum Bestäuben:

50 g Puderzucker

Zubereitungszeit: 60 Minuten, ohne Abkühlzeit
Backzeit: etwa 85 Minuten

1. Den Backofen vorheizen.
Ober-/Unterhitze: etwa 180 °C
Heißluft: etwa 160 °C

2. Zum Vorbereiten die Butter in eine Rührschüssel geben und in heißes Wasser stellen. Die Butter leicht anschmelzen lassen.

3. Für den Teig angeschmolzene Butter mit Handrührgerät mit Rührbesen auf höchster Stufe geschmeidig rühren. Nach und nach Zucker, Vanillin-Zucker und Zimt unterrühren. So lange rühren, bis eine gebundene Masse entstanden ist.

4. Eier und Eigelb nach und nach unterrühren (jedes Ei/Eigelb etwa 1/2 Minute). Mehl mit Backpulver mischen und in 2 Portionen auf mittlerer Stufe kurz unterrühren.

5. Den Teig in eine Springform (Ø 28 cm, Boden gefettet, mit Backpapier belegt) geben und sorgfältig glatt streichen.

6. 200 g der abgetropften Aprikosenhälften beiseitestellen. Die restlichen Aprikosenhälften auf dem Teig verteilen.

7. Die Form auf dem Rost in den vorgeheizten Backofen schieben. Den Gebäckboden **etwa 45 Minuten backen.**

8. Für den Belag beiseitegelegte Aprikosenhälften in kleine Würfel schneiden. Quark mit Zucker, Eigelb, Vanille-Zucker und Speisestärke in einer Rührschüssel glatt rühren. Die Aprikosenwürfel unterheben.

9. Das Eiweiß mit Handrührgerät mit Rührbesen auf höchster Stufe steif schlagen. Zucker hinzugeben und weitere etwa 2 Minuten schlagen. Den Eischnee unter die Quark-Aprikosen-Masse heben.

10. Die Form auf einen Kuchenrost stellen. Die Quark-Aprikosen-Masse auf den vorgebackenen Gebäckboden geben und glatt streichen.

11. Die Form wieder auf dem Rost in den heißen Backofen schieben. Die Aprikosen-Quarktorte **bei gleicher Backofentemperatur in etwa 40 Minuten fertig backen.** Die Torte evtl. nach etwa 20 Minuten Backzeit mit einem Stück Backpapier zudecken.

12. Die Form auf einen Kuchenrost stellen. Die Aprikosen-Quarktorte erkalten lassen. Dann vorsichtig aus der Form lösen und auf eine Tortenplatte setzen.

13. Die Aprikosen-Quarktorte vor dem Servieren mit Puderzucker bestäuben.

Baiser-Mango-Eistorte

Ohne zu backen – fettarm

16 Stücke

Pro Stück: E: 3 g, F: 7 g, Kh: 23 g, kJ: 716, kcal: 171

Für den Boden:

200 g Baisertropfen (Mini-Tropfen, Ø etwa 2 cm)

Für die Parfaitmasse:

2–3 reife Mangos (etwa 900 g)
3 EL Zitronensaft
3 Eiweiß (Größe M)
100 g Zucker
3 Eigelb (Größe M)
300 g Schlagsahne

Zubereitungszeit: 35 Minuten, ohne Kühlzeit

1. Für den Boden 100 g Baisertupfen in eine Springform (Ø 26 cm, Boden gefettet, mit Backpapier belegt) geben und gleichmäßig verteilen.

2. Für die Parfaitmasse die Mangos abspülen und abtrocknen. Dann halbieren und das Fruchtfleisch vom Stein lösen. 1 Mangohälfte in dünne Spalten schneiden und zugedeckt in den Kühlschrank stellen.

3. Restliches Mangofruchtfleisch in Stücke schneiden und mit dem Zitronensaft in einem Rührbecher fein pürieren. 50 g Baisertupfen grob mit einem Messer hacken.

4. Eiweiß mit 50 g Zucker steif schlagen. Das Eigelb mit dem restlichen Zucker in einer Rührschüssel mit Handrührgerät mit Rührbesen auf höchster Stufe in etwa 5 Minuten schaumig schlagen. Die Sahne steif schlagen.

5. Die Eigelbmasse und die Baiserbrösel mit einem Schneebesen vorsichtig unter das Mangopüree heben.

6. Eischnee und Schlagsahne in 2 Portionen abwechselnd unter die Mangomasse heben.

7. Zwei Backpapierstreifen (je etwa 6 x 40 cm) an den Springformrand (gefettet) legen. Die Parfaitmasse auf den Baiserboden geben, vorsichtig glatt streichen.

8. Die Baiser-Mango-Eistorte zugedeckt mindestens 6 Stunden in das Gefrierfach stellen.

9. Die Eistorte kurz vor dem Servieren aus dem Gefrierfach nehmen und vorsichtig aus der Form lösen. Das Backpapier entfernen.

10. Die Baiser-Mango-Eistorte auf eine Tortenplatte setzen und mit den restlichen Baisertupfen und den Mangospalten garnieren.

Hinweis: Nur ganz frische Eier verwenden, die nicht älter als 5 Tage sind (Legedatum beachten!). Die Eistorte im Gefrierfach aufbewahren und innerhalb von 24 Stunden verzehren.

Baisertorte mit Himbeeren

Für Gäste

10 Stücke

Pro Stück: E: 5 g, F: 24 g, Kh: 46 g,
kJ: 1771, kcal: 423

Für die Baiserböden:

4 Eiweiß (Größe M, etwa 200 ml)
1 Prise Salz
180 g Zucker
1 Pck. Dr. Oetker Vanillin-Zucker

Für die Füllung und den Belag:

1 1/2 l Himbeereis
250 g Himbeeren

Zum Verzieren und Bestäuben:

300 g Schlagsahne
etwas Puderzucker

Zubereitungszeit: 40 Minuten,
ohne Abkühl- und Antauzeit
Trockenzeit: etwa 60 Minuten

1. Für die Baiserböden auf 2 Bögen Backpapier jeweils einen Kreis (Ø etwa 22 cm) zeichnen. Die vorgezeichneten Bögen jeweils auf ein Backblech legen.

2. Den Backofen vorheizen.
Heißluft: etwa 150 °C

3. Für die Baiserböden Eiweiß mit Salz und 100 g des Zuckers in einer Rührschüssel mit Handrührgerät mit Rührbesen auf höchster Stufe steif schlagen. Den restlichen Zucker hinzugeben und weitere etwa 4 Minuten schlagen. Der Schnee muss so fest sein, dass ein Messerschnitt sichtbar bleibt. Den Vanillin-Zucker kurz unterschlagen.

4. Zehn Esslöffel der Baisermasse als Tupfen auf die freien Flächen der mit Backpapier belegten Backbleche streichen oder spritzen. Die restliche Baisermasse halbieren.

5. Jeweils die Hälfte der Baisermasse auf die vorgezeichneten Kreise geben und etwa 2 cm dick verstreichen. Die Backbleche zusammen (übereinander) in den vorgeheizten Backofen schieben. Die Baiserböden und -tupfen **etwa 60 Minuten trocknen.**

6. Die Baiserböden und -tupfen mit dem Backpapier von den Backblechen auf Kuchenroste ziehen. Das Baisergebäck erkalten lassen.

7. Für die Füllung und den Belag das Himbeereis antauen lassen. Die Himbeeren verlesen, evtl. kurz abspülen und gut abtropfen lassen.

8. Einen Baiserboden auf eine Tortenplatte legen. Das angetaute Himbeereis evtl. mit Handrührgerät mit Rührbesen kurz cremig schlagen, auf den Baiserboden geben und glatt streichen.

9. Zweiten Baiserboden darauflegen. Baisertupfen an den Tortenrand stellen und vorsichtig andrücken.

10. Zum Verzieren und Bestäuben die Schlagsahne steif schlagen und in einen Spritzbeutel mit Sterntülle (Ø etwa 12 mm) füllen. Die Zwischenräume zwischen den Tupfen und dem oberen äußeren Rand mit der Sahne verzieren. Die Tortenmitte mit den Himbeeren belegen. Die Baisertupfen mit Puderzucker bestäuben. Die Baisertorte sofort servieren oder bis zum Verzehr zugedeckt in das Gefrierfach stellen.

Bananen-Kefir-Quarktorte

Ohne zu backen

12 Stücke

Pro Stück: E: 6 g, F: 13 g, Kh: 27 g, kJ: 1048, kcal: 250

Für den Boden:

120 g Zartbitter-Kuvertüre
2 EL Speiseöl, z. B. Sonnenblumenöl
140 g Schokoladen-Reis-Flakes

Für den Belag:

3–4 Bananen (etwa 500 g)

Für die Kefir-Quark-Creme:

6 Blatt weiße Gelatine
250 g Kefir
250 g Magerquark
40 g Zucker
1 Pck. Dr. Oetker Bourbon-Vanille-Zucker
250 g Schlagsahne

Zubereitungszeit: 40 Minuten, ohne Kühlzeit

1. Für den Boden Kuvertüre in Stücke hacken und mit dem Speiseöl in einem kleinen Topf im Wasserbad bei schwacher Hitze unter Rühren schmelzen. Den Topf von der Kochstelle nehmen und die Schokoladen-Reis-Flakes unter die Sckokolade rühren.

2. Ein Stück Backpapier auf einen flachen Teller oder ein Tablett legen. Mit einem Teelöffel von der Schokoladen-Reis-Flakes-Masse 12 kleine Häufchen abnehmen und daraufsetzen.

3. Die restliche Schokoladen-Reis-Flakes-Masse in eine Springform (Ø 26 cm, Boden gefettet, mit Backpapier belegt) geben und mit einem Löffel fest zu einem Boden andrücken. Die Schokoladen-Reis-Flakes-Häufchen und den Boden zugedeckt in den Kühlschrank stellen.

4. Für den Belag die Bananen schälen und in etwa 2 ½ cm breite Scheiben schneiden. Die Bananenscheiben mit der Schnittfläche nach unten auf den Schokoladen-Reis-Flakes-Boden setzen.

5. Für die Kefir-Quark-Creme die Gelatine nach Packungsanleitung einweichen. Kefir mit Quark, Zucker und Vanille-Zucker in einer Schüssel glatt rühren.

6. Die Gelatine leicht ausdrücken und in einem kleinen Topf bei schwacher Hitze unter Rühren auflösen. Die aufgelöste Gelatine zunächst mit etwa 4 Esslöffeln von der Kefir-Quark-Masse verrühren, dann unter die restliche Kefir-Quark-Masse rühren. Die Kefir-Quark-Masse in den Kühlschrank stellen.

7. Sobald die Kefir-Quark-Masse anfängt dicklich zu werden, Sahne steif schlagen und unterheben. Die Kefir-Quark-Creme auf die Bananen geben und glatt streichen. Die Torte zugedeckt mindestens 3 Stunden in den Kühlschrank stellen.

8. Die Torte vorsichtig aus der Form lösen und das Backpapier entfernen. Die Bananen-Kefir-Torte auf eine Tortenplatte setzen und mit den Schokoladen-Reis-Flakes-Häufchen garnieren.

Bananentorte mit Mandel-Kokos-Baiser | Vollwert – für Gäste

12 Stücke

Pro Stück: E: 7 g, F: 18 g, Kh: 43 g, kJ: 1562, kcal: 373

Für den Knetteig:

250 g Vollkorn-Weizenmehl
1 gestr. TL Dr. Oetker Backin
80 g flüssiger Honig
1 Prise Meersalz
1 Ei (Größe M)
100 g Butter oder Margarine

1 EL Weizenmehl

Für den Belag:

1 1/2 kg Bananen
Saft von
2 Zitronen
200 g verlesene Himbeeren

Für das Mandel-Kokos-Baiser:

3 Eiweiß (Größe M)
70 g flüssiger Honig
75 g abgezogene, gemahlene Mandeln
125 g Kokosraspel

Zubereitungszeit: 40 Minuten, ohne Abkühlzeit
Backzeit: 32–35 Minuten

1. Für den Teig Mehl mit Backpulver in einer Rührschüssel mischen. Restliche Zutaten hinzufügen und mit Handrührgerät mit Knethaken zunächst kurz auf niedrigster, dann auf höchster Stufe gut durcharbeiten. Auf einer leicht bemehlten Arbeitsfläche zu einem glatten Teig verkneten. Sollte er kleben, ihn in Frischhaltefolie gewickelt eine Zeit lang kalt stellen.

2. Den Backofen vorheizen.
Ober-/Unterhitze: etwa 200 °C
Heißluft: etwa 180 °C

3. Gut zwei Drittel des Teiges auf dem Boden einer Springform (Ø 26 cm, gefettet) ausrollen, den Springformrand darumstellen. Den Teigboden mit einer Gabel mehrmals einstechen. Restlichen Teig mit 1 Esslöffel Mehl verkneten, zu einer langen Rolle formen, auf den Teigboden legen und so an die Form drücken, dass ein 2–3 cm hoher Rand entsteht. Die Form auf dem Rost in den vorgeheizten Backofen schieben. Den Knetteigboden **etwa 20 Minuten vorbacken.**

4. Die Form auf einen Kuchenrost stellen. Den Knetteigboden in der Form erkalten lassen.

5. Für den Belag Bananen schälen und in etwa 3 cm breite Scheiben schneiden. Die Bananenscheiben mit Zitronensaft beträufeln und dicht nebeneinander mit der Schnittfläche nach unten auf den vorgebackenen Knetteigboden setzen. Die Himbeeren zwischen den Bananenstücken verteilen.

6. Für das Mandel-Kokos-Baiser Eiweiß mit Handrührgerät mit Rührbesen auf höchster Stufe steif schlagen. Der Schnee muss so fest sein, dass ein Messerschnitt sichtbar bleibt. Nach und nach Honig und Mandeln kurz unterschlagen. Die Kokosraspel unterheben. Die Baisermasse auf die Früchte geben und glatt streichen. Die Form wieder auf dem Rost in den heißen Backofen schieben. Bananentorte **bei gleicher Backofentemperatur in 12–15 Minuten fertig backen.**

7. Die Form auf einen Kuchenrost stellen. Die Bananentorte etwas abkühlen lassen. Aus der Form lösen, auf eine Tortenplatte setzen und erkalten lassen.

Beeren-Sahnecreme-Torte

Für Gäste – mit Alkohol
16 Stücke

Pro Stück: E: 5 g, F: 21 g, Kh: 39 g, kJ: 1571, kcal: 376

Für den Biskuitteig:
30 g Butter
4 Eier (Größe M)
120 g Zucker
1 Pck. Dr. Oetker Vanillin-Zucker
1 Pck. Dr. Oetker Finesse Geriebene Zitronenschale
100 g Weizenmehl
1 gestr. TL Dr. Oetker Backin

Für die Beerenfüllung:
1 Pck. Rote Grütze Himbeer-Geschmack (Dessertpulver)
100 ml schwarzer Johannisbeernektar
300 g TK-Beeren, z. B. Himbeeren oder Johannisbeeren
80 g Zucker

Für die Sahnecreme:
8 Blatt weiße Gelatine
250 g Crème double
100 g Zucker
3 Pck. Dr. Oetker Vanillin-Zucker
4 EL Himbeergeist
600 g kalte Schlagsahne

Für den Guss:
1 Pck. ungezuckerter Tortenguss, rot
2 gestr. EL Zucker
250 ml (1/4 l) schwarzer Johannisbeernektar

Zubereitungszeit: 60 Minuten, ohne Kühlzeit
Backzeit: etwa 25 Minuten

1. Für den Teig die Butter in einem kleinen Topf zerlassen und abkühlen lassen.

2. Den Backofen vorheizen.
Ober-/Unterhitze: etwa 180 °C
Heißluft: etwa 160 °C

3. Eier in einer Rührschüssel mit Handrührgerät mit Rührbesen auf höchster Stufe in 1 Minute schaumig schlagen. Zucker mit Vanillin-Zucker und Zitronenschale mischen, in 1 Minute einstreuen, dann noch etwa 2 Minuten weiterschlagen.

4. Mehl mit Backpulver mischen und kurz auf niedrigster Stufe unterrühren. Zuletzt die zerlassene Butter kurz unterrühren. Teig in eine Springform (Ø 26 cm, Boden gefettet, mit Backpapier belegt) geben und glatt streichen. Die Form auf dem Rost in den vorgeheizten Backofen (unteres Drittel) schieben. Den Biskuitboden **etwa 25 Minuten backen.**

5. Den Biskuitboden vorsichtig aus der Form lösen, auf einen mit Backpapier belegten Kuchenrost stürzen und erkalten lassen. Das mitgebackene Backpapier abziehen, den Biskuitboden einmal waagerecht durchschneiden. Den unteren Boden auf eine Tortenplatte legen.

6. Für die Beerenfüllung Dessertpulver mit etwa 4 Esslöffeln des Nektars glatt rühren. Restlichen Nektar, gefrorene Beeren und Zucker in einem Topf aufkochen lassen. Das angerührte Dessertpulver in die von der Kochstelle genommene Beerenmischung rühren und noch etwa 1 Minute kochen. Die Beerenmasse etwas abkühlen lassen. Anschließend auf dem Biskuitboden verteilen, dabei einen gut 1 cm breiten Rand frei lassen. Den oberen Boden darauflegen und leicht andrücken. Einen Tortenring so um die Torte stellen, dass rundherum zwischen Torte und Ring mindestens 1 cm frei bleibt.

7. Für die Sahnecreme Gelatine nach Packungsanleitung einweichen. Crème double mit Zucker, Vanillin-Zucker und Himbeergeist verrühren. Die Sahne steif schlagen. Die Gelatine leicht ausdrücken und in einem kleinen Topf bei schwacher Hitze unter Rühren auflösen. Die aufgelöste Gelatine zunächst mit etwa 4 Esslöffeln von der Creme verrühren, dann unter die restliche Creme rühren. Sahne unterheben. Sahnecreme in den Tortenring auf die Torte geben. Die Sahnecreme dabei auch in dem Zwischenraum vollständig verteilen und glatt streichen. Die Beeren-Sahnecreme-Torte zugedeckt mindestens 2 Stunden in den Kühlschrank stellen.

8. Für den Guss aus Tortengusspulver, Zucker und Nektar einen Guss nach Packungsanleitung zubereiten. Den noch heißen Guss auf die Torte geben und durch Bewegen der Form verteilen, sodass eine „Marmoroptik" entsteht. Die Beeren-Sahnecreme-Torte zugedeckt nochmals mindestens 1 Stunde in den Kühlschrank stellen. Den Tortenring vorsichtig lösen und entfernen.

Beerentorte | Fruchtig – für Gäste

16 Stücke

Pro Stück: E: 7 g, F: 23 g, Kh: 36 g, kJ: 1618, kcal: 387

Für den Knetteig:

100 g Weizenmehl
25 g Zucker
1 Pck. Dr. Oetker Vanillin-Zucker
75 g Butter oder Margarine

Für den Rührteig:

175 g weiche Butter oder Margarine
175 g Zucker
1 Pck. Dr. Oetker Bourbon-Vanille-Zucker
3 Eier (Größe M)
175 g Weizenmehl
2 TL gesiebtes Kakaopulver
½ gestr. TL Dr. Oetker Backin

Für die Füllung:

6 Blatt weiße Gelatine
500 g gemischte Beeren, z. B. Erdbeeren, Heidelbeeren, Himbeeren, Johannisbeeren, Brombeeren
250 g Speisequark (20 % Fett)
1 Pck. Dr. Oetker Vanillin-Zucker
abgeriebene Schale von
1 Bio-Limette (unbehandelt, ungewachst)
2 EL Limettensaft
50 g Puderzucker
400 g Schlagsahne

2 EL Erdbeerkonfitüre

Zum Bestäuben und Garnieren:

etwas Puderzucker
einige vorbereitete Minzeblättchen

Zubereitungszeit: 60 Minuten, ohne Kühlzeit
Backzeit: Knetteig etwa 10 Minuten, Rührteig etwa 10 Minuten je Backblech

1. Für den Knetteig Mehl in eine Rührschüssel geben. Restliche Zutaten hinzufügen und mit Handrührgerät mit Knethaken zunächst kurz auf niedrigster, dann auf höchster Stufe gut durcharbeiten.

2. Anschließend auf einer leicht bemehlten Arbeitsfläche zu einem glatten Teig verkneten. Den Teig in Frischhaltefolie gewickelt etwa 30 Minuten kalt stellen.

3. Den Backofen vorheizen.
Ober-/Unterhitze: etwa 180 °C
Heißluft: etwa 160 °C

4. Den Teig zu einer runden Platte (Ø etwa 24 cm) ausrollen, auf ein Backblech (mit Backpapier belegt) legen und mit einer Gabel mehrmals einstechen. Das Backblech in den vorgeheizten Backofen schieben. Den Knetteigboden **etwa 10 Minuten backen.**

5. Den Boden mit dem Backpapier auf einen Kuchenrost ziehen und erkalten lassen.

6. Für den Rührteig in der Zwischenzeit Butter oder Margarine in einer Rührschüssel mit Handrührgerät mit Rührbesen auf höchster Stufe geschmeidig rühren. Nach und nach Zucker und Vanille-Zucker unterrühren. So lange rühren, bis eine gebundene Masse entstanden ist.

7. Die Eier nach und nach unterrühren (jedes Ei etwa ½ Minute) unterrühren. Mehl mit Kakao und Backpulver mischen und kurz auf mittlerer Stufe unterrühren. Den Teig in 3 Portionen teilen.

8. Auf 3 Backbleche (gefettet) jeweils ein Stück Backpapier legen und jeweils einen Kreis (Ø etwa 24 cm) aufzeichnen. Auf jeden Kreis 1 Teigportion geben und glatt streichen.

9. Die Backbleche nacheinander (bei Heißluft 2 Backbleche zusammen) in den heißen Backofen schieben. Die Rührteigböden **bei gleicher Backofentemperatur etwa 10 Minuten je Backblech backen.**

10. Die Böden mit dem Backpapier auf Kuchenroste ziehen und erkalten lassen.

11. Für die Füllung Gelatine nach Packungsanleitung einweichen. Die Beeren abspülen, gut abtropfen lassen, entstielen und große Früchte evtl. halbieren. Den Quark mit Vanillin-Zucker, Limettenschale, -saft und Puderzucker mit Handrührgerät mit Rührbesen glatt rühren. Aufgelöste Gelatine zunächst mit etwa 2 Esslöffeln von der Quarkmasse verrühren, dann unter die restliche Quarkmasse rühren. Sahne steif schlagen und unterheben.

12. Unter zwei Drittel der Quarkcreme zwei Drittel der Beeren heben. Restliche Quarkcreme und restliche Beeren beiseitestellen.

13. Den Knetteigboden auf eine Tortenplatte legen und mit Erdbeerkonfitüre bestreichen. Einen Rührteigboden darauflegen und mit der Hälfte der Quark-Beeren-Creme bestreichen. Einen weiteren Boden darauflegen und mit der restlichen Quark-Beeren-Creme bestreichen. Den letzten Boden darauflegen.

14. Tortenoberfläche mit der restlichen Quarkcreme bestreichen und mit den restlichen Beeren garnieren.

15. Torte zugedeckt etwa 1 Stunde in den Kühlschrank stellen. Die Torte mit Puderzucker bestäuben und mit Minzeblättchen garnieren.

Beerige Streuseltorte |

Für Kinder

12 Stücke

Pro Stück: E: 12 g, F: 22 g, Kh: 52 g, kJ: 1925, kcal: 459

Für den Rührteig:

125 g weiche Butter oder Margarine
100 g Zucker
1 Pck. Dr. Oetker Vanillin-Zucker
3 Eier (Größe M)
250 g Weizenmehl
3 schwach geh. TL gesiebtes Kakaopulver
2 gestr. TL Dr. Oetker Backin
1 EL Milch

Für die Streusel:

125 g Weizenmehl
50 g Zucker
1 Pck. Dr. Oetker Vanillin-Zucker
75 g Butter oder Margarine

Für die Füllung:

6 Blatt weiße Gelatine
500 g Magerquark
3 EL Zucker
500 g Rote Grütze (aus dem Kühlregal)
200 g Schlagsahne

Zum Bestäuben:

etwas Puderzucker

Zubereitungszeit: 40 Minuten, ohne Kühlzeit
Backzeit: etwa 35 Minuten

1. Den Backofen vorheizen.
Ober-/Unterhitze: etwa 180 °C
Heißluft: etwa 160 °C

2. Für den Rührteig Butter oder Margarine in einer Rührschüssel mit Handrührgerät mit Rührbesen auf höchster Stufe geschmeidig rühren. Nach und nach Zucker und Vanillin-Zucker unterrühren. So lange rühren, bis eine gebundene Masse entstanden ist.

3. Die Eier nach und nach unterrühren (jedes Ei etwa ½ Minute). Mehl mit Kakao und Backpulver mischen, in 2 Portionen abwechselnd mit der Milch auf mittlerer Stufe kurz unterrühren. Den Teig in eine Springform (Ø 26 cm, Boden gefettet) geben und glatt streichen.

4. Für die Streusel Mehl in eine Rührschüssel geben. Zucker, Vanillin-Zucker und Butter oder Margarine hinzufügen. Die Zutaten mit Handrührgerät mit Rührbesen zunächst kurz auf niedrigster, dann auf höchster Stufe zu Streuseln von gewünschter Größe verarbeiten. Die Teigstreusel auf dem Rührteig verteilen. Die Form auf dem Rost in den vorgeheizten Backofen schieben und den Gebäckboden **etwa 35 Minuten backen.**

5. Die Form auf einen Kuchenrost stellen. Den Gebäckboden etwas abkühlen lassen. Anschließend aus der Form lösen, auf einen mit Backpapier belegten Kuchenrost setzen und erkalten lassen. Gebäckboden einmal waagerecht durchschneiden.

6. Für die Füllung Gelatine nach Packungsanleitung einweichen. Quark mit Zucker und Roter Grütze in einer Rührschüssel verrühren. Die Gelatine leicht ausdrücken und in einem kleinen Topf bei schwacher Hitze unter Rühren auflösen. Die aufgelöste Gelatine zunächst mit etwa 3 Esslöffeln von der Quark-Grütze-Masse verrühren, dann unter die restliche Quark-Grütze-Masse rühren. Die Masse in den Kühlschrank stellen.

7. Sobald die Quark-Grütze-Masse anfängt dicklich zu werden, Sahne steif schlagen und unterheben.

8. Den unteren Gebäckboden auf eine Tortenplatte legen, einen Tortenring oder den gesäuberten Springformrand darumstellen.

9. Die Quark-Grütze-Creme auf den Gebäckboden geben und glatt streichen. Den Streuselboden darauflegen und leicht andrücken. Die Torte zugedeckt etwa 2 Stunden in den Kühlschrank stellen.

10. Zum Bestäuben den Tortenring oder Springformrand vorsichtig lösen und entfernen. Die Torte kurz vor dem Servieren mit Puderzucker bestäuben.

Bellini-Torte | Erfrischend – mit Alkohol

16 Stücke

Pro Stück: E: 7 g, F: 11 g, Kh: 26 g, kJ: 1058, kcal: 253

Für den Rührteig:

125 g weiche Butter oder Margarine
100 g Zucker
1 Pck. Dr. Oetker Vanillin-Zucker
1 Prise Salz
2 Eier (Größe M)
150 g Weizenmehl
1 gestr. TL Dr. Oetker Backin

Für den Belag:

8 Blatt weiße Gelatine
500 g abgetropfte Pfirsichhälften (aus der Dose)
4 EL Pfirsichsaft (aus der Dose)
500 g Magerquark
75 g Zucker
3–4 EL Pfirsichlikör
2–3 EL Zitronensaft
150 ml Prosecco
200 g Schlagsahne

Zubereitungszeit: 60 Minuten, ohne Kühlzeit
Backzeit: etwa 25 Minuten

1. Den Backofen vorheizen.
Ober-/Unterhitze: etwa 180 °C
Heißluft: etwa 160 °C

2. Für den Teig Butter oder Margarine in einer Rührschüssel mit Handrührgerät mit Rührbesen auf höchster Stufe geschmeidig rühren. Nach und nach Zucker, Vanillin-Zucker und Salz unterrühren. So lange rühren, bis eine gebundene Masse entstanden ist.

3. Die Eier nach und nach unterrühren (jedes Ei etwa ½ Minute). Das Mehl mit Backpulver mischen und auf mittlerer Stufe kurz unterrühren.

4. Den Teig in eine Springform (Ø 26 cm, Boden gefettet) geben und glatt streichen. Die Form auf dem Rost in den vorgeheizten Backofen schieben. Den Tortenboden **etwa 25 Minuten backen.**

5. Die Form auf einen Kuchenrost stellen. Den Tortenboden etwas abkühlen lassen. Anschließend den Boden aus der Form lösen, auf einen mit Backpapier belegten Kuchenrost legen und erkalten lassen.

6. Für den Belag 6 Blatt Gelatine nach Packungsanleitung einweichen. Von den Pfirsichhälften 2 Stück zusammen mit 4 Esslöffeln von dem Saft pürieren. Die restlichen Pfirsichhälften in Spalten schneiden und beiseitelegen.

7. Quark mit Zucker, Likör und Zitronensaft gut verrühren. Prosecco unter die Quarkmasse rühren.

8. Die Gelatine leicht ausdrücken und in einem kleinen Topf bei schwacher Hitze unter Rühren auflösen.

9. Die aufgelöste Gelatine zunächst mit etwa 3 Esslöffeln von der Quark-Prosecco-Masse verrühren, dann unter die restliche Quark-Prosecco-Masse rühren. Die Masse in den Kühlschrank stellen.

10. Tortenboden auf eine Tortenplatte legen. Einen Tortenring oder den gesäuberten Springformrand darumstellen. Die beiseitegestellten Pfirsichspalten auf dem Tortenboden verteilen.

11. Die restliche Gelatine nach Packungsanleitung einweichen, leicht ausdrücken und wie unter Punkt 8 beschrieben auflösen. Die aufgelöste Gelatine mit dem Pfirsichpüree gut verrühren.

12. Sobald die Quark-Prosecco-Masse anfängt dicklich zu werden, Sahne steif schlagen und unterheben. Die Quark-Prosecco-Creme auf die Pfirsichspalten geben und glatt streichen.

13. Das Pfirsichpüree nach und nach mit einem Löffel als „Schlieren" unter die Quark-Prosecco-Creme ziehen. Die Bellini-Torte zugedeckt etwa 3 Stunden in den Kühlschrank stellen.

14. Den Tortenring oder Springformrand lösen und entfernen. Die Torte auf eine Tortenplatte setzen.

Birnen-Eierlikör-Torte

Raffiniert – mit Alkohol

16 Stücke

Pro Stück: E: 3 g, F: 16 g, Kh: 29 g, kJ: 1281, kcal: 306

Für den Knetteig:

200 g Weizenmehl
100 g Zucker
125 g Butter oder Margarine
1–2 EL Wasser

einige getrocknete Hülsenfrüchte zum Blindbacken

Für die Füllung:

460 g abgetropfte Birnenhälften (aus der Dose)
1 Pck. Dr. Oetker Pudding-Pulver Vanille-Geschmack
1 EL Zucker
250 ml (1/4 l) Birnensaft (aus der Dose)
250 ml (1/4 l) trockener Weißwein

Für den Belag:

250 g Schlagsahne
2 Pck. Dr. Oetker Sahnesteif
1 Pck. Dr. Oetker Vanillin-Zucker
200 ml Eierlikör
200 g Schmand (Sauerrahm)
1 Pck. Saucenpulver Vanille-Geschmack ohne Kochen

Zubereitungszeit: 40 Minuten, ohne Kühlzeit
Backzeit: 20–30 Minuten

1. Für den Knetteig Mehl in eine Rührschüssel geben. Restliche Zutaten hinzufügen und mit Handrührgerät mit Knethaken zunächst kurz auf niedrigster, dann auf höchster Stufe gut durcharbeiten.

2. Anschließend auf einer leicht bemehlten Arbeitsfläche zu einem glatten Teig verkneten. Sollte er kleben, ihn in Frischhaltefolie gewickelt eine Zeit lang kalt stellen.

3. Den Backofen vorheizen.
Ober-/Unterhitze: etwa 200 °C
Heißluft: etwa 180 °C

4. Zwei Drittel des Knetteiges auf dem Boden einer Springform (Ø 26 cm, Boden gefettet) ausrollen, den Springformrand darumstellen. Restlichen Teig zu einer langen Rolle formen, auf den Teigboden legen und so an die Form drücken, dass ein etwa 4 cm hoher Rand entsteht.

5. Ein Stück Backpapier auf den Teigboden legen und die Hülsenfrüchte etwa 2 cm hoch einfüllen. Die Form auf dem Rost in den vorgeheizten Backofen schieben. Den Knetteigboden **15–20 Minuten vorbacken.**

6. Das Backpapier mit den Hülsenfrüchten entfernen und den Boden **bei gleicher Backofentemperatur in 5–10 Minuten fertig backen.**

7. Die Form auf einen Kuchenrost stellen. Den Springformrand lösen und entfernen. Den Knetteigboden sofort vom Springformboden lösen, aber darauf erkalten lassen. Anschließend den Knetteigboden auf eine Tortenplatte legen und einen Tortenring oder den gesäuberten Springformrand darumstellen.

8. Für die Füllung die Birnen in Würfel schneiden. Aus Pudding-Pulver, Zucker, Birnensaft und Weißwein einen Pudding nach Packungsanleitung, aber mit den hier angegeben Zutaten, zubereiten. Die Birnenwürfel unterheben. Den Birnen-Pudding auf den Knetteigboden geben und glatt streichen. Sofort Frischhaltefolie direkt auf den Pudding legen. Torte etwa 2 Stunden in den Kühlschrank stellen. Die Frischhaltefolie entfernen.

9. Für den Belag Sahne mit Sahnesteif und Vanillin-Zucker steif schlagen, auf den Birnen-Pudding geben und glatt streichen. Eierlikör mit Schmand und Saucenpulver verrühren und vorsichtig auf der Sahne verteilen. Die Birnen-Eierlikör-Torte zugedeckt in den Kühlschrank stellen, bis die Eierlikörmasse fest geworden ist.

10. Den Tortenring oder Springformrand vorsichtig lösen und entfernen.

Biskuitrollentorte „Exotic"

Fruchtig – für Gäste

10 Stücke

Pro Stück: E: 6 g, F: 11 g, Kh: 78 g, kJ: 1858, kcal: 444

Für den Knetteig:

125 g Weizenmehl
40 g Zucker
1 Pck. Dr. Oetker Vanillin-Zucker
80 g Butter oder Margarine

Für den Biskuitteig:

3 Eier (Größe M)
3 EL heißes Wasser
150 g Zucker
1 Pck. Dr. Oetker Vanillin-Zucker
100 g Weizenmehl
50 g Speisestärke
1 gestr. TL Dr. Oetker Backin

Zum Bestreichen:

200 g Erdbeerkonfitüre
1 EL Pfirsich-Maracuja-Konfitüre

Für den Belag:

1 Pck. Saucenpulver Vanille-Geschmack zum Kochen
20 g Zucker
225 ml Milch
500 g vorbereitetes Obst, z. B. Litschis, Karambole, Kiwis, Nektarinen, Erdbeeren, Ananas, Belegkirschen

Für den Guss:

1 Pck. ungezuckerter Tortenguss, klar
25 g Zucker
250 ml (1/4 l) Apfelsaft
1 EL Zitronensaft

Für den Tortenrand:

2 EL Erdbeerkonfitüre
20 g Kokosraspel

Zubereitungszeit: 50 Minuten, ohne Kühlzeit
Backzeit: Knetteig etwa 15 Minuten, Biskuitteig etwa 12 Minuten

1. Den Backofen vorheizen.
Ober-/Unterhitze: etwa 200 °C
Heißluft: etwa 180 °C

2. Für den Knetteig Mehl in eine Rührschüssel geben. Restliche Zutaten hinzufügen und mit Handrührgerät mit Knethaken zunächst kurz auf niedrigster, dann auf höchster Stufe gut durcharbeiten.

3. Anschließend auf einer leicht bemehlten Arbeitsfläche zu einem glatten Teig verkneten. Den Teig auf dem Boden einer Springform (Ø 22 cm, gefettet) ausrollen, den Springformrand darumstellen. Den Teigboden mit einer Gabel mehrmals einstechen. Die Form auf dem Rost in den vorgeheizten Backofen schieben. Den Knetteigboden **etwa 15 Minuten backen.**

4. Die Form auf einen Kuchenrost stellen. Den Springformrand lösen und entfernen. Den Knetteigboden vom Springformboden lösen, aber darauf erkalten lassen.

5. Für den Biskuitteig Eier und Wasser in einer Rührschüssel mit Handrührgerät mit Rührbesen auf höchster Stufe in 1 Minute schaumig schlagen. Zucker und Vanillin-Zucker mischen, in 1 Minute einstreuen, dann noch etwa 2 Minuten weiterschlagen.

6. Mehl mit Speisestärke und Backpulver mischen, auf die Eiercreme geben und kurz auf niedrigster Stufe unterrühren. Den Teig auf ein Backblech (30 x 40 cm, gefettet, mit Backpapier belegt) geben und glatt streichen. An der offenen Seite des Backblechs das Backpapier unmittelbar vor dem Teig zur Falte knicken, sodass ein Rand entsteht. Das Backblech in den heißen Backofen schieben. Die Biskuitplatte **bei gleicher Backofentemperatur etwa 12 Minuten backen.**

7. Die Biskuitplatte sofort nach dem Backen auf ein mit Zucker bestreutes Backpapier stürzen. Das mitgebackene Backpapier vorsichtig, aber schnell abziehen. Die Erdbeerkonfitüre auf der Biskuitplatte verstreichen.

Die Biskuitplatte von der kürzeren Seite aus aufrollen und erkalten lassen.

8. Die Biskuitrolle in 10 gleich dicke Scheiben schneiden. Den Knetteigboden auf eine Tortenplatte legen, einen Tortenring darumstellen. Boden mit Pfirsich-Maracuja-Konfitüre bestreichen und dicht mit den Biskuitrollenscheiben belegen.

9. Für den Belag aus Saucenpulver, Zucker und Milch einen Pudding nach Packungsanleitung, aber mit den hier angegebenen Mengen, zubereiten. Den Pudding etwas abkühlen lassen, dabei gelegentlich umrühren.

10. Den Pudding lauwarm in die Form auf die Biskuitrollenscheiben geben und glatt streichen. Das Obst in Scheiben oder Spalten schneiden und darauf verteilen.

11. Für den Guss aus Tortengusspulver, Zucker, Apfel- und Zitronensaft einen Guss nach Packungsanleitung, aber mit den hier angegebenen Zutaten, zubereiten. Guss mit einem Pinsel auf dem Obst verteilen und fest werden lassen. Tortenring vorsichtig lösen und entfernen. Erdbeerkonfitüre durch ein Sieb streichen, den Tortenrand der Torte damit bestreichen und mit Kokosraspeln bestreuen.

Biskuitschnitten, gefüllt

Für Gäste – raffiniert

18 Stücke

Pro Stück: E: 5 g, F: 14 g, Kh: 20 g, kJ: 937, kcal: 252

Zum Vorbereiten:

75 g Sonnenblumenkerne

Für den Biskuitteig:

3 Eier (Größe M)
2 EL heißes Wasser
120 g Zucker
100 g Weizenmehl
2 gestr. TL Dr. Oetker Backin

Für die Füllung:

400 g Doppelrahm-Frischkäse
2 EL Puderzucker
200 g Schlagsahne
200 g Waldfruchtgelee

Zubereitungszeit: 45 Minuten, ohne Kühlzeit
Backzeit: etwa 35 Minuten

1. Zum Vorbereiten Sonnenblumenkerne grob mahlen und in einer Pfanne ohne Fett unter Wenden goldbraun rösten. Die Sonnenblumenkerne auf einen Teller geben.

2. Den Backofen vorheizen.
Ober-/Unterhitze: etwa 180 °C
Heißluft: etwa 160 °C

3. Für den Teig Eier und Wasser in einer Rührschüssel mit Handrührgerät mit Rührbesen auf höchster Stufe in 1 Minute schaumig schlagen. Zucker in 1 Minute einstreuen, noch etwa 2 Minuten weiterschlagen.

4. Mehl mit Backpulver und Sonnenblumenkernen mischen, die Hälfte davon auf die Eiercreme geben und kurz auf niedrigster Stufe unterrühren. Restliches Mehlgemisch auf die gleiche Weise unterarbeiten.

5. Den Teig in eine Kastenform (30 x 11 cm, gefettet, mit Backpapier ausgelegt) geben und glatt streichen. Die Form auf dem Rost in den vorgeheizten Backofen schieben. Den Kuchen **etwa 35 Minuten backen.**

6. Die Form auf einen Kuchenrost stellen. Den Kuchen etwas abkühlen lassen. Kuchen aus der Form lösen und auf einen mit Backpapier belegten Kuchenrost stürzen. Das mitgebackene Backpapier abziehen. Den Kuchen wieder umdrehen und erkalten lassen. Kuchen zweimal waagerecht durchschneiden.

7. Für die Füllung Frischkäse mit Puderzucker in einer Rührschüssel glatt rühren. Die Sahne steif schlagen und unterheben. Frischkäse-Sahne-Creme in einen Spritzbeutel mit Lochtülle (Ø 12 mm) füllen. Das Gelee sehr glatt rühren oder pürieren, in einen Gefrierbeutel füllen und eine kleine Ecke abschneiden.

8. Die untere Biskuitplatte auf eine Tortenplatte legen und rundherum einen Rand mit der Frischkäse-Sahne-Creme aufspritzen. Dann der Länge nach, mit etwas Abstand zueinander, je 2 Streifen aufspritzen. In die Zwischenräume Gelee spritzen. Die mittlere Biskuitplatte darauflegen und ebenso mit Käse-Sahne-Creme und Gelee bespritzen. Die obere Biskuitplatte darauflegen und leicht andrücken.

9. Kuchenoberfläche und -rand mit der restlichen Käse-Sahne-Creme bestreichen. Die Kuchenoberfläche mit dem restlichen Gelee besprenkeln. Den Biskuitkuchen zugedeckt 1–2 Stunden in den Kühlschrank stellen.

Blaue-Grütze-Torte | Einfach

16 Stücke

Pro Stück: E: 4 g, F: 12 g, Kh: 29 g,
kJ: 1036, kcal: 248

Für den Schüttelteig:

100 g Butter oder Margarine
200 g Weizenmehl
3 gestr. TL Dr. Oetker Backin
100 g Zucker
2 Pck. Dr. Oetker Vanillin-Zucker
3 Eier (Größe M)
100 ml Milch

Für die Füllung:

2 geh. EL Heidelbeerkonfitüre

Für den Belag:

150 g Mascarpone (ital. Frischkäse)
1 Pck. Dr. Oetker Vanillin-Zucker
2 Pck. ungezuckerter Tortenguss, klar
350 ml Apfelsaft
50 g Zucker
300 g verlesene Heidelbeeren

Zum Verzieren:

50 g Mascarpone (ital. Frischkäse)
1 TL Zucker
1 EL Milch

Zubereitungszeit: 30 Minuten, ohne Kühlzeit
Backzeit: etwa 25 Minuten

1. Den Backofen vorheizen.
Ober-/Unterhitze: etwa 180 °C
Heißluft: etwa 160 °C

2. Für den Teig Butter oder Margarine in einem kleinen Topf zerlassen und abkühlen lassen. Mehl mit Backpulver mischen, in eine verschließbare Schüssel (etwa 3-Liter-Inhalt) geben, mit Zucker und Vanillin-Zucker mischen. Eier, zerlassene Butter oder Margarine und Milch hinzufügen. Die Schüssel mit dem Deckel fest verschließen und mehrmals kräftig schütteln (insgesamt 15–30 Sekunden), sodass alle Zutaten gut vermischt sind.

3. Alles mit einem Schneebesen oder Rührlöffel nochmals sorgfältig durchrühren, damit trockene Zutaten vom Rand mit untergerührt werden. Den Teig in eine Springform (Ø 26 cm, Boden gefettet) geben und glatt streichen. Die Form auf dem Rost in den vorgeheizten Backofen schieben. Boden **etwa 25 Minuten backen.**

4. Den Gebäckboden aus der Form lösen, auf einen mit Backpapier belegten Kuchenrost legen und erkalten lassen. Anschließend den Gebäckboden einmal durchschneiden. Den unteren Boden auf eine Tortenplatte legen und mit Konfitüre bestreichen. Den oberen Boden darauflegen und leicht andrücken.

5. Für den Belag Mascarpone mit Vanillin-Zucker verrühren. Die Mascarponecreme auf den Gebäckboden geben und kuppelförmig verstreichen, dabei einen etwa 1 cm breiten Rand frei lassen. Einen Tortenring oder den gesäuberten Springformrand darumstellen. Die Torte zugedeckt in den Kühlschrank stellen.

6. Aus Tortengusspulver, Saft und Zucker einen Guss nach Packungsanleitung zubereiten. Die Heidelbeeren vorsichtig unterheben. Die Masse auf die Mascarponecreme geben, glatt streichen und fest werden lassen.

7. Zum Verzieren Mascarpone mit Zucker und Milch verrühren. Die Tortenoberfläche mit der Mascarponecreme verzieren. Die Blaue-Grütze-Torte nochmals zugedeckt 1–2 Stunden in den Kühlschrank stellen. Vor dem Servieren den Tortenring oder Springformrand lösen und entfernen.

Blutorangen-Charlotte-Torte

Fruchtig – ohne zu backen
16 Stücke

Pro Stück: E: 3 g, F: 13 g, Kh: 14 g, kJ: 800, kcal: 191

Für den Boden und den Rand:
125 g Azora Kekse (zartes Orangengebäck)
50 g abgezogene, gemahlene Mandeln
75 g Butter

Für den Belag:
etwa 8 Blutorangen
2 Eier (Größe M)
75 g Zucker
6 Blatt weiße Gelatine
125 ml (1/8 l) Blutorangensaft (von den Blutorangen)
150 g Joghurt
250 g Schlagsahne
1 Pck. Dr. Oetker Vanillin-Zucker
etwa 200 g Blutorangenfilets (von den Blutorangen)

Zum Garnieren:
etwa 2 Blutorangen

Zubereitungszeit: 40 Minuten, ohne Kühlzeit

1. Für den Boden und den Rand von dem Orangengebäck etwa 20 Kekse beiseitelegen. Restliches Orangengebäck in einen Gefrierbeutel geben. Den Beutel fest verschließen. Das Orangengebäck mit einer Teigrolle fein zerbröseln. Die Gebäckbrösel in eine Rührschüssel geben und mit den Mandeln gut vermischen. Die Butter in einem kleinen Topf zerlassen und zu der Brösel-Mandel-Mischung geben. Die Zutaten gut verrühren.

2. Einen Tortenring oder Springformrand (Ø 24 cm) auf eine mit Tortenspitze oder Backpapier belegte Tortenplatte stellen. Die Bröselmasse hineingeben und mit einem Löffel fest zu einem Boden andrücken. Die restlichen Kekse so an den Springformrand stellen, dass jeweils die gewölbte Seite nach außen zeigt. Die Kekse leicht in den Bröselboden drücken. Den Bröselboden zugedeckt in den Kühlschrank stellen.

3. Für den Belag 4 Blutorangen so schälen, dass die weiße Haut vollständig entfernt wird. Die Orangenfilets herausschneiden und 200 g davon abwiegen.

4. Die Orangenfilets halbieren, in ein Sieb geben, den Saft auffangen. Restliche Orangen halbieren und den Saft auspressen. Von diesem und dem aufgefangenen Saft insgesamt 125 ml (1/8 l) abmessen.

5. Eier und Zucker in eine Rühr- oder Edelstahlschüssel geben und im heißen Wasserbad mit Handrührgerät mit Rührbesen bei mittlerer Hitze schaumig schlagen, bis eine dickflüssige Masse entstanden ist. Gelatine nach Packungsanleitung einweichen. Die Gelatine leicht ausdrücken und in einem kleinen Topf bei schwacher Hitze unter Rühren auflösen.

6. Zuerst die aufgelöste Gelatine, dann den Orangensaft und den Joghurt unter die Eiermasse rühren. Die Masse unter Rühren erkalten lassen.

7. Sobald die Eiermasse anfängt dicklich zu werden, Sahne mit Vanillin-Zucker steif schlagen. Die Orangenfilets unterheben.

8. Die Orangencreme auf den Bröselboden geben und glatt streichen. Die Torte zugedeckt etwa 3 Stunden in den Kühlschrank stellen.

9. Zum Garnieren Blutorangen so schälen, dass die weiße Haut vollständig entfernt wird. Die Orangen in dünne Scheiben schneiden. Tortenring oder Springformrand vorsichtig lösen und entfernen. Die Tortenoberfläche mit den Orangenscheiben garnieren.

Hinweis: Nur ganz frische Eier verwenden, die nicht älter als 5 Tage sind (Legedatum beachten!). Die Blutorangen-Charlotte-Torte im Kühlschrank aufbewahren und innerhalb von 24 Stunden verzehren.

Tipps: Statt Joghurt kann auch Schmand (Sauerrahm) verwendet werden. Nach Belieben die Blutorangen-Charlotte-Torte zusätzlich mit vorbereiteten Minzeblättchen garnieren.

Brombeer-Käse-Sahne-Torte

Erfrischend – mit Alkohol

16 Stücke

Pro Stück: E: 9 g, F: 25 g, Kh: 32 g, kJ: 1351, kcal: 412

Für den Rührteig:

75 g weiche Marzipan-Rohmasse
150 g weiche Butter oder Margarine
125 g Zucker
1 Pck. Dr. Oetker Vanillin-Zucker
3 Eier (Größe M)
125 g Weizenmehl
1 Msp. Dr. Oetker Backpulver

Für die Füllung:

2 Pck. gemahlene Gelatine, weiß
8 EL kaltes Wasser
400 g vorbereitete Brombeeren
100 ml Weißwein
125 g Zucker
1 Pck. Dr. Oetker Vanillin-Zucker
500 g Magerquark
400 g Schlagsahne

Für den Belag:

150 g vorbereitete Brombeeren

1 Pck. ungezuckerter Tortenguss, klar
25 g Zucker
125 ml (1/8 l) Weißwein
125 ml (1/8 l) Wasser

Zum Garnieren und Verzieren:

250 g Schlagsahne
1 Pck. Dr. Oetker Sahnesteif
evtl. etwas gehobelte Vollmilch-Schokolade

Zubereitungszeit: 55 Minuten, ohne Kühlzeit
Backzeit: 25–30 Minuten

1. Den Backofen vorheizen.
Ober-/Unterhitze: etwa 180 °C
Heißluft: etwa 160 °C

2. Für den Teig Marzipan-Rohmasse in kleine Stücke schneiden. Marzipanstücke und Butter oder Margarine in einer Rührschüssel mit Handrührgerät mit Rührbesen auf höchster Stufe geschmeidig rühren. Nach und nach Zucker und Vanillin-Zucker unterrühren. So lange rühren, bis eine gebundene Masse entstanden ist.

3. Die Eier nach und nach unterrühren (jedes Ei etwa 1/2 Minute). Das Mehl mit Backpulver mischen und auf mittlerer Stufe kurz unterrühren. Den Rührteig in eine Springform (Ø 26 cm, Boden gefettet, mit Backpapier belegt) geben und glatt streichen.

4. Die Form auf dem Rost in den vorgeheizten Backofen schieben. Den Gebäckboden **25–30 Minuten backen.**

5. Den Gebäckboden aus der Form lösen und auf einen mit Backpapier belegten Kuchenrost stürzen. Das mitgebackene Backpapier abziehen, den Gebäckboden erkalten lassen.

6. Anschließend den Gebäckboden einmal waagerecht durchschneiden. Den unteren Boden auf eine Tortenplatte legen, einen Tortenring oder den gesäuberten Springformrand darumstellen.

7. Für die Füllung die Gelatine mit Wasser nach Packungsanleitung in einem kleinen Topf anrühren und quellen lassen. 250 g der Brombeeren pürieren, mit dem Weißwein, Zucker und Vanillin-Zucker verrühren. Die gequollene Gelatine im Topf unter Rühren bei schwacher Hitze auflösen.

8. Die aufgelöste Gelatine zunächst mit etwa 4 Esslöffeln von der Brombeer-Weinmasse verrühren, dann unter die restliche Brombeer-Weinmasse rühren. Zuerst den Quark portionsweise unterrühren, dann die Sahne steif schlagen und unterheben.

9. Die Hälfte der Brombeer-Weincreme auf den Gebäckboden geben und glatt streichen. Die restlichen Brombeeren darauf verteilen. Die restliche Brombeer-Weincreme daraufgeben, glatt streichen und mit dem zweiten Boden bedecken. Den Boden leicht andrücken. Die Torte zugedeckt etwa 2 Stunden in den Kühlschrank stellen.

10. Für den Belag die Tortenoberfläche mit Brombeeren belegen. Aus Tortengusspulver, Zucker, Weißwein und Wasser einen Guss nach Packungsanleitung, aber mit den hier angegebenen Zutaten, zubereiten. Den Guss auf den Brombeeren verteilen. Die Brombeer-Käse-Sahne-Torte nochmals zugedeckt etwa 1 Stunde in den Kühlschrank stellen.

11. Zum Verzieren und Garnieren zunächst den Tortenring oder Springformrand vorsichtig lösen und entfernen. Sahne mit Sahnesteif steif schlagen und in einen Spritzbeutel mit Lochtülle füllen.

12. Die Tortenoberfläche mit Sahnetuffs verzieren und nach Belieben mit gehobelter Schokolade bestreuen.

Bunte Götterspeisetorte | Für Kinder

16 Stücke

Pro Stück: E: 10 g, F: 23 g, Kh: 42 g, kJ: 1755, kcal: 419

Für den All-in-Teig:

150 g Weizenmehl
3 gestr. TL Dr. Oetker Backin
150 g Zucker
1 Pck. Dr. Oetker Vanillin-Zucker
1 Pck. Dr. Oetker Finesse Geriebene Zitronenschale
3 Eier (Größe M)
150 g weiche Butter oder Margarine

Für die Füllung:

1 Beutel aus
1 Pck. Götterspeise Zitronen-Geschmack
300 ml Wasser
125 g Zucker
1 Beutel aus
1 Pck. Götterspeise Himbeer-Geschmack
300 ml Wasser
125 g Zucker
500 g Magerquark
500 g Schlagsahne

Für den Belag:

1 Beutel aus
1 Pck. Götterspeise Waldmeister-Geschmack
300 ml Wasser
100 g Zucker

Zum Bestreichen:

200 g Schlagsahne
1 Pck. Dr. Oetker Vanillin-Zucker

Zubereitungszeit: 100 Minuten, ohne Kühlzeit
Backzeit: etwa 30 Minuten

1. Den Backofen vorheizen.
Ober-/Unterhitze: etwa 180 °C
Heißluft: etwa 160 °C

2. Für den Teig Mehl mit Backpulver in einer Rührschüssel mischen. Restliche Zutaten hinzufügen und mit Handrührgerät mit Rührbesen auf höchster Stufe in etwa 2 Minuten zu einem glatten Teig verarbeiten.

3. Den Teig in eine Springform (Ø 26 cm, Boden gefettet, mit Backpapier belegt) geben und glatt streichen. Form auf dem Rost in den vorgeheizten Backofen schieben. Den Gebäckboden **etwa 30 Minuten backen.**

4. Den Gebäckboden aus der Form lösen, auf einen mit Backpapier belegten Kuchenrost stürzen und erkalten lassen. Anschließend das mitgebackene Backpapier abziehen und den Gebäckboden einmal waagerecht durchschneiden.

5. Für die Füllung die Zitronen-Götterspeise nach Packungsanleitung, aber nur mit 150 ml Wasser, anrühren und quellen lassen. 125 g Zucker hinzufügen und die Götterspeise bei schwacher Hitze unter Rühren auflösen. Von der Kochstelle nehmen und nochmals 150 ml kaltes Wasser unterrühren. Die Himbeer-Götterspeise auf die gleiche Weise zubereiten.

6. Den Quark in 2 Portionen teilen. Von jeder Götterspeise-Flüssigkeit 150 ml abmessen und mit jeweils 1 Quarkportion verrühren. Götterspeise-Quark-Massen zugedeckt in den Kühlschrank stellen.

7. Sobald die Götterspeise-Quark-Massen anfangen dicklich zu werden, Sahne steif schlagen und jeweils die Hälfte der Sahne unter eine Götterspeise-Quark-Masse heben.

8. Von der Zitronen-Quark-Creme 3 Esslöffel abnehmen und beiseitestellen.

9. Den unteren Gebäckboden auf eine Tortenplatte legen und einen Tortenring darumstellen. Jede Götterspeise-Quark-Creme in je einen Gefrierbeutel geben und eine Ecke abschneiden. Von außen nach innen abwechselnd dicke Ringe auf den Tortenboden spritzen. Den oberen Boden darauflegen, leicht andrücken und mit der beiseitegestellten Zitronen-Quark-Creme bestreichen. Die Torte zugedeckt etwa 1 Stunde in den Kühlschrank stellen.

10. Einige runde Ausstechformen auf die Tortenoberfläche stellen und leicht in die Creme drücken. Die Formen mit der restlichen gelben und roten Götterspeise-Flüssigkeit ausfüllen, dabei darauf achten, dass die Götterspeise gleich hoch in die Förmchen gefüllt wird. Torte zugedeckt mindestens 1 Stunde in den Kühlschrank stellen. Die Götterspeise fest werden lassen.

11. Für den Belag in der Zwischenzeit die grüne Götterspeise wie unter Punkt 5 beschrieben mit 300 ml Wasser und 100 g Zucker zubereiten. Die Flüssigkeit bei Zimmertemperatur erkalten, aber nicht fest werden lassen. Die Ausstechformen vorsichtig mit einem Messer lösen und von der Torte entfernen. Die Zwischenräume vorsichtig mit der erkalteten, grünen Götterspeise-Flüssigkeit ausfüllen. Die Torte nochmals zugedeckt mindestens 1 Stunde in den Kühlschrank stellen. Die Götterspeise fest werden lassen.

12. Zum Bestreichen den Tortenring vorsichtig lösen und entfernen. Die Sahne mit dem Vanillin-Zucker steif schlagen und den Rand der Götterspeisetorte damit bestreichen.

Bunte Obsttorte | Klassisch

12 Stücke

Pro Stück: E: 4 g, F: 10 g, Kh: 36 g, kJ: 1063, kcal: 254

Für den Rührteig:

100 g weiche Butter oder Margarine
100 g Zucker
1 Pck. Dr. Oetker Vanillin-Zucker
1 Prise Salz
2 Eier (Größe M)
100 g Weizenmehl
1 Msp. Dr. Oetker Backin

Für den Belag:

16–20 kernlose, grüne Weintrauben
1 Banane
etwas Zitronensaft

1 Pck. Dr. Oetker Pudding-Pulver Vanille-Geschmack
40 g Zucker
500 ml (1/2 l) Milch
330 g abgetropfte Aprikosenhälften (aus der Dose)
15–20 Kaiserkirschen (aus dem Glas)

Für den Guss:

1 Pck. ungezuckerter Tortenguss, klar
250 ml (1/4 l) Aprikosensaft (aus der Dose), evtl. mit Wasser aufgefüllt
evtl. etwas Zucker

Zubereitungszeit: 30 Minuten, ohne Abkühlzeit
Backzeit: 20–25 Minuten

1. Den Backofen vorheizen.
Ober-/Unterhitze: etwa 180 °C
Heißluft: etwa 160 °C

2. Für den Teig Butter oder Margarine in einer Rührschüssel mit Handrührgerät mit Rührbesen auf höchster Stufe geschmeidig rühren. Nach und nach Zucker, Vanillin-Zucker und Salz unterrühren. So lange rühren, bis eine gebundene Masse entstanden ist.

3. Die Eier nach und nach unterrühren (jedes Ei etwa 1/2 Minute). Mehl mit Backpulver mischen und auf mittlerer Stufe kurz unterrühren.

4. Den Teig in eine Obstbodenform (Ø 28 cm, gefettet) geben und glatt streichen. Die Form auf dem Rost in den vorgeheizten Backofen schieben. Den Tortenboden **20–25 Minuten backen.**

5. Den Tortenboden aus der Form lösen, auf einen mit Backpapier belegten Kuchenrost stürzen und erkalten lassen. Anschließend den Tortenboden auf eine Tortenplatte legen.

6. Für den Belag Weintrauben abspülen, trocken tupfen und entstielen. Die Banane schälen und in Scheiben schneiden. Bananenscheiben mit Zitronensaft beträufeln.

7. Aus Pudding-Pulver, Zucker und Milch einen Pudding nach Packungsanleitung zubereiten. Pudding etwas abkühlen lassen, dabei ab und zu umrühren. Anschließend den Pudding auf den Tortenboden geben und glatt streichen. Das vorbereitete Obst, die Aprikosenhälften und die Kirschen kreisförmig auf dem Pudding verteilen.

8. Für den Guss aus Tortengusspulver und Saft einen Guss nach Packungsanleitung zubereiten. Den Guss evtl. mit Zucker abschmecken und von der Mitte aus auf dem Obst verteilen. Guss fest werden lassen.

Tipp: Für den Belag kann beliebiges Obst verwendet werden, z. B. auch Stachelbeeren, Sauerkirschen oder Pfirsiche.

Cranberry-Rosette | Fettarm

12 Stücke

Pro Stück: E: 5 g, F: 8 g, Kh: 43 g, kJ: 1089, kcal: 260

Für den Knetteig:

250 g Weizenmehl
½ gestr. TL Dr. Oetker Backin
75 g Puderzucker
1 Prise Salz
5 EL Schlagsahne
50 g Butter oder Margarine

Zum Bestreuen:

½ EL Semmelbrösel

Für den Belag:

350 g frische Cranberrys
330 ml rote Limonade
100 g Zucker
3 Eier (Größe M)
50 g Zucker
1 Pck. Dr. Oetker Vanillin-Zucker
1 Pck. Dr. Oetker Pudding-Pulver Vanille-Geschmack
25 g Marzipan-Rohmasse

evtl. etwas Puderzucker

Zubereitungszeit: 50 Minuten, ohne Abkühlzeit
Backzeit: etwa 40 Minuten

1. Für den Teig Mehl mit Backpulver in einer Rührschüssel mischen. Restliche Zutaten hinzufügen und mit Handrührgerät mit Knethaken zunächst kurz auf niedrigster, dann auf höchster Stufe gut durcharbeiten.

2. Anschließend auf einer leicht bemehlten Arbeitsfläche zu einem glatten Teig verkneten. Sollte er kleben, ihn in Frischhaltefolie gewickelt eine Zeit lang kalt stellen.

3. Gut zwei Drittel des Teiges auf der leicht bemehlten Arbeitsfläche zu einer runden Platte (Ø etwa 32 cm) ausrollen. Die Teigplatte in eine Rosetten- oder Tarteform (Ø 28 cm, gefettet) legen und am Rand etwas hochdrücken. Den überstehenden Teig abschneiden. Den Teigboden mit einer Gabel mehrmals einstechen und mit Semmelbröseln bestreuen.

4. Für den Belag Cranberrys abspülen und gut abtropfen lassen. Die Limonade mit dem Zucker in einen Topf geben und unter Rühren zum Kochen bringen. Die Cranberrys dazugeben und etwa 5 Minuten kochen lassen, bis die Beeren aufgeplatzt sind. Den Topf von der Kochstelle nehmen, das Beerenkompott erkalten lassen.

5. Den Backofen vorheizen.
Ober-/Unterhitze: etwa 180 °C
Heißluft: etwa 160 °C

6. Die Eier in eine Rührschüssel geben. Zucker mit Vanillin-Zucker und Pudding-Pulver mischen und hinzufügen. Die Zutaten gut verrühren, das Beerenkompott unterheben. Die Kompottmasse auf den Knetteigboden geben und glatt streichen.

7. Den restlichen Teig mit dem Marzipan verkneten und auf der leicht bemehlten Arbeitsfläche dünn ausrollen. Die Teigplatte mit einem Teigrädchen oder Messer in schmale Streifen schneiden. Das Kompott mit den Teigstreifen belegen. Die Form auf dem Rost in den vorgeheizten Backofen schieben. Cranberry-Rosette **etwa 40 Minuten backen.**

8. Die Form auf einen Kuchenrost stellen. Die Cranberry-Rosette etwas abkühlen lassen. Dann vorsichtig aus der Form lösen, auf einen mit Backpapier belegten Kuchenrost setzen und erkalten lassen. Die Cranberry-Rosette auf eine Tortenplatte setzen und nach Belieben mit etwas Puderzucker bestäuben.

Eierlikörtorte mit Joghurt-Kokos-Creme | Exotisch – mit Alkohol

16 Stücke

Pro Stück: E: 6 g, F: 15 g, Kh: 27 g, kJ: 1177, kcal: 281

Für den Schüttelteig:

100 g Butter oder Margarine
200 g Weizenmehl
3 gestr. TL Dr. Oetker Backin
100 g Zucker
1 Pck. Dr. Oetker Bourbon-Vanille-Zucker
3 Eier (Größe M)
150 ml Eierlikör

Für den Belag:

8 Blatt weiße Gelatine
3 EL weißer Rum
500 g Kokosjoghurt
300 g Schlagsahne
1 EL Puderzucker

Zum Garnieren:

1 Mango
2 Kiwis

Zubereitungszeit: 55 Minuten, ohne Kühlzeit
Backzeit: 30–35 Minuten

1. Für den Teig Butter oder Margarine in einem kleinen Topf zerlassen und abkühlen lassen.

2. Den Backofen vorheizen.
Ober-/Unterhitze: etwa 180 °C
Heißluft: etwa 160 °C

3. Mehl mit Backpulver mischen, in eine verschließbare Schüssel (etwa 3-Liter-Inhalt) geben, mit Zucker und Vanille-Zucker mischen. Eier, Eierlikör und zerlassene Butter oder Margarine hinzufügen. Die Schüssel mit dem Deckel fest verschließen und mehrmals kräftig schütteln (insgesamt 15–30 Sekunden), sodass alle Zutaten gut vermischt sind.

4. Alles mit einem Rührlöffel nochmals sorgfältig durchrühren, damit trockene Zutaten vom Rand mit untergerührt werden. Den Teig in eine Springform (Ø 26 cm, Boden gefettet, mit Backpapier belegt) geben und glatt streichen.

5. Die Form auf dem Rost in den vorgeheizten Backofen schieben. Tortenboden **30–35 Minuten backen.**

6. Tortenboden aus der Form lösen und auf einen mit Backpapier belegten Kuchenrost stürzen. Das mitgebackene Backpapier abziehen, Tortenboden wieder umdrehen und erkalten lassen.

7. Für den Belag Gelatine nach Packungsanleitung einweichen. Die Gelatine leicht ausdrücken und mit dem Rum in einem kleinen Topf bei schwacher Hitze unter Rühren auflösen. Die aufgelöste Gelatine zunächst mit 1–2 Esslöffeln von dem Joghurt verrühren, dann unter den restlichen Joghurt rühren. Die Joghurtmasse in den Kühlschrank stellen.

8. Sobald die Joghurtmasse anfängt dicklich zu werden, Sahne mit Puderzucker steif schlagen und unterheben. Den Tortenboden auf eine Tortenplatte legen. Einen Tortenring oder den gesäuberten Springformrand darumstellen. Die Joghurtcreme auf den Tortenboden geben und glatt streichen. Torte zugedeckt 2–3 Stunden in den Kühlschrank stellen.

9. Zum Garnieren zunächst den Tortenring oder Springformrand vorsichtig lösen und entfernen. Die Mango halbieren und den Stein herauslösen. Mango und Kiwis schälen, in Scheiben oder Spalten schneiden und die Tortenoberfläche damit garnieren.

Eisgugelhupf | Für Gäste

16 Stücke

Pro Stück: E: 3 g, F: 13 g, Kh: 17 g, kJ: 899, kcal: 215

50 g gehobelte Haselnusskerne

Für den Gugelhupf:
750 ml (3/4 l) Vanille-Eiscreme
500 ml (1/2 l) Haselnuss-Eiscreme

6 Orangen
250 g Schlagsahne
etwas Kakaopulver

Zubereitungszeit: 40 Minuten, ohne Antau- und Gefrierzeit

1. Die Haselnusskerne in einer Pfanne ohne Fett unter Wenden goldbraun rösten und auf einen Teller geben.

2. Für den Gugelhupf beide Eiscremesorten etwas antauen lassen. Jede Sorte in eine Rührschüssel geben und leicht cremig rühren.

3. Die Vanille-Eiscreme in eine vorgekühlte Gugelhupfform (Ø 20 cm) geben und glatt streichen. Die Haselnuss-Eiscreme daraufgeben und ebenfalls glatt streichen. Eine Gabel spiralförmig so durch die Eiscreme ziehen, dass ein Marmormuster entsteht. Frischhaltefolie direkt auf die Eiscreme legen. Die Form mindestens 6 Stunden in das Gefrierfach stellen.

4. Die Orangen so schälen, dass die weiße Haut vollständig entfernt wird. Die Fruchtfilets herausschneiden. Die Sahne steif schlagen und in einen Spritzbeutel mit Sterntülle füllen.

5. Die Gugelhupfform kurz in heißes Wasser tauchen. Die Form kurz abtrocknen und den Eisgugelhupf auf einen großen Teller stürzen.

6. Den Gugelhupf mit Haselnusskernen bestreuen und mit Kakao bestäuben. Den Tellerrand mit Orangenfilets garnieren und mit Sahnetuffs bespritzen.

Tipps: Die Orangenfilets mit etwa 6 Esslöffeln Orangenlikör beträufeln. Aufgetaute und wieder eingefrorene Eiscreme nicht noch einmal einfrieren.

Eistorte mit Mandelböden

Etwas Besonderes – mit Alkohol

16 Stücke

Pro Stück: E: 6 g, F: 21 g, Kh: 26 g, kJ: 1354, kcal: 323

Für die Mandelböden:

2 Eiweiß (Größe M)
1 EL Zitronensaft
250 g abgezogene, gemahlene Mandeln
160 g Puderzucker

Für die Füllung:

3 Eier (Größe M)
120 g Zucker
1 Pck. Dr. Oetker Bourbon-Vanille-Zucker
75 ml Espresso
60 ml Kaffeelikör
500 g Schlagsahne
20 g Zucker

Zum Beträufeln:

20 ml Kaffeelikör

Zum Garnieren:

100 g geschabte Schokoladenlocken

Zubereitungszeit: 60 Minuten, ohne Abkühl- und Gefrierzeit
Backzeit: etwa 15 Minuten je Boden

1. Den Backofen vorheizen.
Ober-/Unterhitze: etwa 160 °C
Heißluft: etwa 140 °C

2. Für die Böden Eiweiß mit Zitronensaft sehr steif schlagen. Die Mandeln mit dem Puderzucker verrühren, den Eischnee unterheben.

3. Einen Tortenring (Ø 24 cm) auf ein Backblech (gefettet, mit Backpapier belegt) stellen. Den Mandelteig in 3 Portionen teilen. 1 Portion Mandelteig in den Tortenring geben und mit einem Löffelrücken zu einem Boden verstreichen. Aus dem restlichen Teig 2 weitere Böden vorbereiten.

4. Die Backbleche nacheinander (bei Heißluft zusammen) in den vorgeheizten Backofen schieben. Die Mandelböden **etwa 15 Minuten je Boden backen.**

5. Die Mandelböden mit dem Backpapier von den Backblechen auf Kuchenroste ziehen. Die Mandelböden erkalten lassen. Das Backpapier vorsichtig abziehen.

6. Für die Füllung die Eier mit Zucker, Vanille-Zucker und Espresso in einem Topf unter ständigem Rühren mit einem Schneebesen bei mittlerer Hitze zu einer dicklich-cremigen Masse aufschlagen. Die Masse darf dabei nicht kochen.

7. Den Topf von der Kochstelle nehmen und sofort in eiskaltes Wasser stellen. Die Masse unter Rühren erkalten lassen. Den Kaffeelikör unter die Eiermasse rühren. Die Sahne mit dem Zucker steif schlagen und ebenfalls unterrühren.

8. Einen Mandelboden in eine gefrierfeste Springform (Ø 26 cm, mit Backpapier belegt) legen und mit Kaffeelikör beträufeln. Etwa ein Drittel der Eismasse daraufstreichen.

9. Einen weiteren Mandelboden darauflegen, wieder mit Kaffeelikör beträufeln und mit der Hälfte der restlichen Eismasse bestreichen.

10. Den dritten Mandelboden darauflegen und mit dem restlichen Kaffeelikör beträufeln.

11. Restliche Eismasse darauf verteilen. Die Form zugedeckt in das Gefrierfach stellen. Die Eistorte etwa 6 Stunden gefrieren lassen.

12. Die Form aus dem Gefrierfach nehmen. Ein heißes Geschirrtuch um den Rand der Form legen. Die Eistorte aus der Form lösen und auf eine Tortenplatte setzen. Die Tortenoberfläche mit Schokoladenlocken garnieren.

Hinweis: Nur ganz frische Eier verwenden, die nicht älter als 5 Tage sind (Legedatum beachten!). Die Eistorte im Gefrierfach aufbewahren und innerhalb von 24 Stunden verzehren.

Erdbeerbiskuit mit Pistaziensahne | Für Gäste

16 Stücke

Pro Stück: E: 5 g, F: 18 g, Kh: 39 g, kJ: 1445, kcal: 345

Für den Knetteig:

150 g Weizenmehl
40 g Zucker
1 Pck. Dr. Oetker Vanillin-Zucker
100 g Butter oder Margarine

Für den Biskuitteig:

3 Eier (Größe M)
3–4 EL heißes Wasser
150 g Zucker
1 Pck. Dr. Oetker Vanillin-Zucker
100 g Weizenmehl
100 g Speisestärke
3 gestr. TL Dr. Oetker Backin

Für die Füllung:

500 g Erdbeeren
500 g Schlagsahne
2 Pck. Dr. Oetker Sahnesteif
1 Pck. Dr. Oetker Vanillin-Zucker
1 EL Zucker
25 g gehackte Pistazienkerne

Zum Bestreichen:

2–3 EL Erdbeerkonfitüre

Zum Garnieren:

einige gehackte Pistazienkerne
etwas Erdbeerkonfitüre

Zubereitungszeit: 60 Minuten, ohne Abkühlzeit
Backzeit: Knetteig 12–15 Minuten, Biskuitteig 20–30 Minuten

1. Für den Knetteig Mehl in eine Rührschüssel geben. Restliche Zutaten hinzufügen und mit Handrührgerät mit Knethaken zunächst kurz auf niedrigster, dann auf höchster Stufe gut durcharbeiten.

2. Anschließend auf einer leicht bemehlten Arbeitsfläche zu einem glatten Teig verkneten. Sollte er kleben, ihn in Frischhaltefolie gewickelt eine Zeit lang kalt stellen.

3. Den Backofen vorheizen.
Ober-/Unterhitze: etwa 200 °C
Heißluft: etwa 180 °C

4. Den Knetteig auf dem Boden einer Springform (Ø 28 cm, gefettet) ausrollen, den Springformrand darumstellen. Den Teigboden mit einer Gabel mehrmals einstechen. Form auf dem Rost in den vorgeheizten Backofen schieben. Knetteig **12–15 Minuten backen.**

5. Die Form auf einen Kuchenrost stellen. Den Springformrand lösen und entfernen. Den Knetteigboden sofort vom Springformboden lösen, aber darauf erkalten lassen.

6. Die Backofentemperatur um etwa 20 °C herunterschalten.

7. Für den Biskuitteig Eier und Wasser in einer Rührschüssel mit Handrührgerät mit Rührbesen auf höchster Stufe in 1 Minute schaumig schlagen. Zucker und Vanillin-Zucker mischen, in 1 Minute einstreuen, dann noch etwa 2 Minuten weiterschlagen.

8. Mehl mit Speisestärke und Backpulver mischen, die Hälfte davon auf die Eiercreme geben und kurz auf niedrigster Stufe unterrühren. Restliches Mehlgemisch auf die gleiche Weise unterarbeiten.

9. Den Teig in eine Springform (Ø 28 cm, Boden gefettet, mit Backpapier belegt) geben und glatt streichen. Die Form auf dem Rost in den heißen Backofen schieben. Den Biskuitboden **20–30 Minuten backen.**

10. Den Biskuitboden aus der Form lösen und auf einen mit Backpapier belegten Kuchenrost stürzen. Das mitgebackene Backpapier abziehen und den Biskuitboden erkalten lassen. Den Biskuitboden einmal waagerecht durchschneiden.

11. Für die Füllung Erdbeeren abspülen, gut abtropfen lassen und entstielen. 8–10 Erdbeeren in Scheiben

schneiden und zum Garnieren beiseitelegen. Die restlichen Erdbeeren halbieren.

12. Die Sahne mit Sahnesteif, Vanillin-Zucker und Zucker steif schlagen. Unter die Hälfte der Sahne die Pistazienkerne heben.

13. Zum Bestreichen den Knetteigboden auf eine Tortenplatte legen und mit der Konfitüre bestreichen. Den unteren Biskuitboden darauflegen und mit den Erdbeerhälften belegen. Pistaziensahne daraufgeben, glatt streichen und mit dem oberen Biskuitboden belegen. Tortenoberfläche und -rand mit der restlichen Sahne bestreichen.

14. Zum Garnieren die Torte mit den beiseitegelegten Erdbeerscheiben belegen. Mit Pistazienkernen und glatt gerührter Konfitüre garnieren.

Erdbeer-Dickmilch-Torte

Für Gäste – fruchtig

16 Stücke

Pro Stück: E: 5 g, F: 16 g, Kh: 30 g, kJ: 1218, kcal: 291

Für den Knetteig:

125 g Weizenmehl
1 Msp. Dr. Oetker Backin
50 g Puderzucker
1 Pck. Dr. Oetker Vanillin-Zucker
1 Prise Salz
1 Eigelb (Größe M)
80 g Butter oder Margarine

Für den Biskuitteig:

1 Ei (Größe M)
1 Eiweiß (Größe M)
2 EL heißes Wasser
50 g Puderzucker
1 Pck. Dr. Oetker Vanillin-Zucker
½ Pck. Dr. Oetker Finesse Geriebene Zitronenschale
50 g Weizenmehl
1 gestr. TL Dr. Oetker Backin

Zum Bestreichen:

2 EL Erdbeerkonfitüre

Für die Erdbeercreme:

400 g Schlagsahne
200 g pürierte Erdbeeren
1 Pck. Käse-Sahne Tortencreme (Cremepulver)
½ Pck. Dr. Oetker Finesse Geriebene Zitronenschale
500 g Dickmilch

Zum Verzieren und Garnieren:

100 g Schlagsahne
200 g vorbereitete Erdbeeren
einige gehackte Pistazienkerne

Zubereitungszeit: 50 Minuten, ohne Kühlzeit
Backzeit: Knetteig 10–12 Minuten, Biskuitteig 8–10 Minuten

1. Für den Knetteig das Mehl mit Backpulver in einer Rührschüssel mischen. Restliche Zutaten hinzufügen und mit Handrührgerät mit Knethaken zunächst kurz auf niedrigster, dann auf höchster Stufe gut durcharbeiten.

2. Anschließend auf einer leicht bemehlten Arbeitsfläche zu einem glatten Teig verkneten. Sollte er kleben, ihn in Frischhaltefolie gewickelt eine Zeit lang kalt stellen.

3. Den Backofen vorheizen.
Ober-/Unterhitze: etwa 200 °C
Heißluft: etwa 180 °C

4. Teig auf dem Boden einer Springform (Ø 26 cm, gefettet) ausrollen, den Springformrand darumstellen. Den Teigboden mit einer Gabel mehrmals einstechen. Die Form auf dem Rost in den vorgeheizten Backofen schieben und den Knetteigboden **10–12 Minuten backen.**

5. Die Form auf einen Kuchenrost stellen. Den Springformrand lösen und entfernen. Den Knetteigboden sofort vom Springformboden lösen, aber darauf erkalten lassen.

6. Für den Biskuitteig Ei mit Eiweiß und Wasser in einer Rührschüssel mit Handrührgerät mit Rührbesen auf höchster Stufe in 1 Minute schaumig schlagen. Puderzucker mit Vanillin-Zucker und Zitronenschale mischen, in 1 Minute einstreuen, dann noch etwa 2 Minuten weiterschlagen.

7. Mehl mit Backpulver mischen, auf die Eiercreme geben und kurz auf niedrigster Stufe unterrühren. Den Teig in eine Springform (Ø 26 cm, Boden gefettet, mit Backpapier belegt) geben und glatt streichen.

8. Die Form auf dem Rost in den vorgeheizten Backofen schieben. Den Biskuitboden **bei gleicher Backofentemperatur 8–10 Minuten backen.**

9. Den Biskuitboden aus der Form lösen und auf einen mit Backpapier belegten Kuchenrost stürzen. Das mitgebackene Backpapier abziehen und den Boden erkalten lassen.

10. Zum Bestreichen den Knetteigboden auf eine Tortenplatte legen und mit der Konfitüre bestreichen. Den Biskuitboden darauflegen, leicht andrücken und einen Tortenring oder den gesäuberten Springformrand darumstellen.

11. Für die Erdbeercreme Sahne steif schlagen. Das Erdbeerpüree mit dem Dekorzucker aus der Tortencreme-Packung verrühren. Die Tortencreme nach Packungsanleitung – aber mit Erdbeerpüree, nicht mit Wasser – zubereiten. Die Zitronenschale und die Dickmilch unterrühren, die Sahne unterheben.

12. Die Erdbeercreme auf den Biskuitboden geben und glatt streichen. Die Torte zugedeckt 2–3 Stunden in den Kühlschrank stellen.

13. Zum Verzieren und Garnieren den Tortenring oder Springformrand vorsichtig lösen und entfernen.

14. Sahne steif schlagen und in einen Spritzbeutel mit Sterntülle füllen. Die Tortenoberfläche damit verzieren.

15. Die Erdbeeren evtl. halbieren und darauf verteilen. Zuletzt die Pistazienkerne darüberstreuen.

Erdbeer-Limetten-Torte

Fruchtig – für Gäste

16 Stücke

Pro Stück: E: 4 g, F: 19 g, Kh: 28 g, kJ: 1302, kcal: 311

Für den Boden:

300 g TK-Blätterteig

Zum Bestreichen und Bestreuen:

1 Eigelb (Größe M)
etwas Wasser
50 g gehobelte Mandeln

Für die Limettencreme:

5 Blatt weiße Gelatine
100 ml Milch
50 g Schlagsahne
abgeriebene Schale von
3 Bio-Limetten (unbehandelt, ungewachst)
100 g Zucker
Saft von
3 Bio-Limetten (unbehandelt, ungewachst)
600 g Schlagsahne

Für den Belag:

500 g Erdbeeren

Für den Guss:

200 ml schwarzer Johannisbeersaft
3 EL schwarzes Johannisbeergelee
50 g Zucker
1 Pck. ungezuckerter Tortenguss, rot

Zum Bestäuben:

1 EL Puderzucker

Zubereitungszeit: 65 Minuten, ohne Auftau-, Ruhe- und Kühlzeit
Backzeit: 20–25 Minuten

1. Für den Boden die Blätterteigplatten zugedeckt nach Packungsanleitung auftauen lassen.

2. Die Blätterteigplatten aufeinanderlegen und auf einer leicht bemehlten Arbeitsfläche zu einer runden Platte (Ø etwa 34 cm) ausrollen.

3. Den Backofen vorheizen.
Ober-/Unterhitze: etwa 200 °C
Heißluft: etwa 180 °C

4. Die Teigplatte in eine Tarteform (Ø 28 cm, gefettet, mit Wasser besprenkelt) legen, dabei den Rand überlappen lassen. Den Teigboden mit einer Gabel mehrmals einstechen und etwa 15 Minuten ruhen lassen. Das Eigelb mit dem Wasser verschlagen. Den Teig damit bestreichen und mit den Mandeln bestreuen. Die Form auf dem Rost in den vorgeheizten Backofen schieben. Boden **20–25 Minuten backen.**

5. Die Form auf einen Kuchenrost stellen. Den Blätterteigboden erkalten lassen, dann aus der Form lösen und auf eine Tortenplatte legen.

6. Für die Limettencreme Gelatine nach Packungsanleitung einweichen. Milch, Sahne, Limettenschale und Zucker in einen Topf geben und unter Rühren erwärmen. Den Topf von der Kochstelle nehmen, die Sahnemilch etwas abkühlen lassen. Den Limettensaft unter die Sahnemilch rühren.

7. Gelatine gut ausdrücken und unter Rühren in der Sahne-Limetten-Milch auflösen. Die Sahne-Limetten-Milch zugedeckt in den Kühlschrank stellen.

8. Sobald die Sahne-Limetten-Milch anfängt dicklich zu werden, Sahne steif schlagen und unterheben. Die Sahne-Limetten-Creme auf den Blätterteigboden geben und glatt streichen.

9. Für den Belag die Erdbeeren abspülen, gut abtropfen lassen und entstielen. Die Erdbeeren auf der Sahne-Limetten-Creme verteilen.

10. Für den Guss Johannisbeersaft und -gelee mit dem Zucker in einem Topf verrühren. Tortenguspulver gut unterrühren und unter Rühren zum Kochen bringen. Die Erdbeeren mit dem Guss überziehen. Den Guss fest werden lassen. Die Torte mit Puderzucker bestäubt sofort servieren.

Erdbeer-Stracciatella-Torte

Etwas Besonderes

14–16 Stücke

Pro Stück: E: 3 g, F: 19 g, Kh: 15 g,
kJ: 1155, kcal: 276

Für den Knetteig:

125 g Weizenmehl
50 g Zucker
1 Eigelb (Größe M)
75 g Butter oder Margarine

Für die Blätterteigböden:

300 g TK- Blätterteig

Für die Füllung:

600 g Erdbeeren
1 Pck. ungezuckerter Tortenguss, klar oder rot
20 g Zucker
250 ml (1/4 l) Johannisbeer- oder Erdbeersaft
400 g Schlagsahne
2 Pck. Dr. Oetker Sahnesteif
50 g Zartbitter-Raspelschokolade

Zum Bestäuben:

etwas Puderzucker

Zubereitungszeit: 60 Minuten,
ohne Auftau-, Ruhe und Abkühlzeit
Backzeit: Knetteig etwa 15 Minuten,
Blätterteig etwa 15 Minuten je Boden

1. Für den Knetteig Mehl in eine Rührschüssel geben. Restliche Zutaten hinzufügen und mit Handrührgerät mit Knethaken zunächst kurz auf niedrigster, dann auf höchster Stufe gut durcharbeiten.

2. Anschließend auf einer leicht bemehlten Arbeitsfläche zu einem glatten Teig verkneten. Sollte er kleben, ihn in Frischhaltefolie gewickelt eine Zeit lang kalt stellen.

3. Den Backofen vorheizen.
Ober-/Unterhitze: etwa 180 °C
Heißluft: etwa 160 °C

4. Teig auf dem Boden einer Springform (Ø 26 cm, gefettet) ausrollen, den Springformrand darumstellen. Den Teigboden mit einer Gabel mehrmals einstechen.

5. Die Form auf dem Rost in den vorgeheizten Backofen schieben. Den Knetteigboden **etwa 15 Minuten backen.**

6. Die Form auf einen Kuchenrost stellen. Den Springformrand lösen und entfernen. Den Knetteigboden sofort vom Springformboden lösen, aber darauf erkalten lassen.

7. Für die Blätterteigböden in der Zwischenzeit den Blätterteig zugedeckt nach Packungsanleitung auftauen lassen. Die Teigplatten aufeinanderlegen und auf der leicht bemehlten Arbeitsfläche ausrollen.

8. Aus dem Teig 2 runde Platten (Ø je etwa 30 cm) ausschneiden. Jede Teigplatte auf ein Backblech (mit Backpapier belegt) legen und etwa 30 Minuten ruhen lassen.

9. Teigplatten mit einer Gabel mehrmals einstechen. Die Backbleche nacheinander (bei Heißluft zusammen) in den heißen Backofen schieben.

10. Die Böden **bei gleicher Backofentemperatur etwa 15 Minuten je Boden backen.**

11. Die Backbleche auf Kuchenroste stellen. Die Blätterteigböden sofort vom Backblech lösen, aber darauf liegen lassen. Einen der Böden mit einem Sägemesser in 14 oder 16 Tortenstücke schneiden. Das Blätterteiggebäck erkalten lassen.

12. Für die Füllung Erdbeeren abspülen, gut abtropfen lassen und entstielen. Etwa 6 Erdbeeren in Scheiben schneiden und zum Garnieren beiseitelegen. Restliche Erdbeeren vierteln.

13. Den Knetteigboden auf eine Tortenplatte legen, einen Tortenring darumstellen. Aus Tortengusspulver, Zucker und Saft einen Guss nach Packungsanleitung zubereiten, die Erdbeerviertel unterheben. Die Erdbeermasse auf den Knetteigboden geben, glatt streichen und mit dem Blätterteigboden belegen.

14. Sahne mit Sahnesteif steif schlagen. 3 Esslöffel Sahne in einen Spritzbeutel mit Sterntülle füllen. Unter die restliche Sahne die Raspelschokolade heben. Die Schokoladensahne auf den Blätterteigboden geben und glatt streichen.

15. Mit der Sahne aus dem Spritzbeutel 14 oder 16 Tuffs auf die Tortenoberfläche spritzen. Jeden Sahnetuff mit einer Erdbeerscheibe garnieren. Die Blätterteigtortenstücke schräg anlegen. Die Erdbeer-Stracciatella-Torte mit Puderzucker bestäuben.

Erdbeertorte | Klassisch – dauert länger

16 Stücke

Pro Stück: E: 7 g, F: 16 g, Kh: 31 g, kJ: 1313, kcal: 314

Für den Knetteig:

100 g Weizenmehl
30 g Zucker
1 Pck. Dr. Oetker Vanillin-Zucker
75 g Butter

Für den Biskuitteig:

1 Ei (Größe M)
3 EL heißes Wasser
75 g Zucker
1 Pck. Dr. Oetker Vanillin-Zucker
100 g Weizenmehl
1 gestr. TL Dr. Oetker Backin

Für den Belag:

500 g Erdbeeren
10 Blatt weiße Gelatine
500 g Magerquark
125 g Zucker
1 Pck. Dr. Oetker Vanillin-Zucker
6 EL Orangensaft
500 g Schlagsahne

Zum Bestreichen:

2 EL Johannisbeergelee

einige gehackte Pistazienkerne

Zubereitungszeit: 90 Minuten, ohne Kühlzeit
Backzeit: Knetteig etwa 15 Minuten, Biskuitteig 15–20 Minuten

1. Für den Knetteig Mehl in eine Rührschüssel geben. Restliche Zutaten hinzufügen und mit Handrührgerät mit Knethaken zunächst kurz auf niedrigster, dann auf höchster Stufe gut durcharbeiten.

2. Anschließend auf einer leicht bemehlten Arbeitsfläche zu einem glatten Teig verkneten. Sollte er kleben, ihn in Frischhaltefolie gewickelt eine Zeit lang kalt stellen.

3. Den Backofen vorheizen.
Ober-/Unterhitze: etwa 200 °C
Heißluft: etwa 180 °C

4. Teig auf dem Boden einer Springform (Ø 26 cm, gefettet) ausrollen, den Springformrand darumstellen. Den Teigboden mit einer Gabel mehrmals einstechen. Die Form auf dem Rost in den vorgeheizten Backofen schieben. Knetteigboden **etwa 15 Minuten backen.**

5. Die Form auf einen Kuchenrost stellen. Den Springformrand lösen und entfernen. Den Knetteigboden sofort vom Springformboden lösen, aber darauf erkalten lassen. Die Backofentemperatur um etwa 20 °C herunterschalten.

6. Für den Biskuitteig das Ei und heißes Wasser in einer Rührschüssel mit Handrührgerät mit Rührbesen auf höchster Stufe in 1 Minute schaumig schlagen. Zucker mit Vanillin-Zucker mischen, in 1 Minute einstreuen, dann noch etwa 2 Minuten weiterschlagen.

7. Mehl mit Backpulver mischen, auf die Eiercreme geben und kurz auf niedrigster Stufe unterrühren. Den Teig in eine Springform (Ø 26 cm, Boden gefettet, mit Backpapier belegt) geben und glatt streichen. Die Form auf dem Rost in den heißen Backofen schieben. Den Biskuitboden **15–20 Minuten backen.**

8. Den Biskuitboden aus der Form lösen, auf einen mit Backpapier belegten Kuchenrost stürzen und erkalten lassen.

9. Für den Belag Erdbeeren abspülen, gut abtropfen lassen, entstielen und halbieren. Die Gelatine nach Packungsanleitung einweichen. Gelatine leicht ausdrücken und in einem kleinen Topf bei schwacher Hitze unter Rühren auflösen.

10. Den Quark mit Zucker, Vanillin-Zucker und Saft glatt rühren. Die aufgelöste Gelatine zunächst mit etwa 4 Esslöffeln von der Quarkmasse verrühren, dann unter die restliche Quarkmasse rühren.

11. Die Sahne steif schlagen. Zwei Drittel der Sahne unter die Quarkmasse heben, die Erdbeerhälften ebenfalls unterheben.

12. Den Knetteigboden auf eine Tortenplatte legen und mit Johannisbeergelee bestreichen. Den Biskuitboden darauflegen. Einen Tortenring oder den gesäuberten Springformrand darumstellen. Die Erdbeer-Quark-Creme auf den Biskuitboden geben und glatt streichen. Die Erdbeertorte so lange zugedeckt in den Kühlschrank stellen, bis die Erdbeer-Quark-Creme fest geworden ist.

13. Den Tortenring oder Springformrand vorsichtig lösen und entfernen. Restliche Sahne in einen Spritzbeutel, zum Beispiel mit Kronentülle, füllen. Die Torte mit der Sahne verzieren und mit gehackten Pistazienkernen bestreuen.

Tipp: Den Orangensaft für den Belag können Sie durch Orangenlikör ersetzen.

Erdbeertorte mit Baiserhaube

Für Gäste

12 Stücke

Pro Stück: E: 6 g, F: 15 g, Kh: 33 g, kJ: 1264, kcal: 302

Für den Knetteig:

150 g Weizenmehl
100 g abgezogene, gemahlene Mandeln
65 g Zucker
1 Pck. Dr. Oetker Vanillin-Zucker
1 Ei (Größe M)
125 g Butter

1 EL Weizenmehl

Für den Belag:

750 g Erdbeeren
etwas Zucker

Für das Baiser:

3 Eiweiß (Größe M)
150 g Zucker

Zum Bestreuen:

einige gehackte Pistazienkerne

Zubereitungszeit: 50 Minuten, ohne Kühlzeit
Backzeit: 20–25 Minuten
Grillzeit: 3–5 Minuten

1. Für den Teig das Mehl mit Mandeln in einer Rührschüssel mischen. Zucker, Vanillin-Zucker, Ei und Butter hinzufügen. Die Zutaten mit Handrührgerät mit Knethaken zunächst kurz auf niedrigster, dann auf höchster Stufe gut durcharbeiten.

2. Anschließend auf einer leicht bemehlten Arbeitsfläche zu einem glatten Teig verkneten. Sollte er kleben, ihn in Frischhaltefolie gewickelt eine Zeit lang kalt stellen.

3. Den Backofen vorheizen.
Ober-/Unterhitze: etwa 200 °C
Heißluft: etwa 180 °C

4. Zwei Drittel des Knetteiges auf dem Boden einer Springform (Ø 26 cm, gefettet) ausrollen, den Springformrand darumstellen. Unter den restlichen Knetteig 1 Esslöffel Mehl kneten. Den Teig zu einer langen Rolle formen, auf den Teigboden legen und so an die Form drücken, dass ein 2–3 cm hoher Rand entsteht. Den Teigboden mit einer Gabel mehrmals einstechen. Die Form auf dem Rost in den vorgeheizten Backofen schieben. Knetteigboden **20–25 Minuten backen.**

5. Für den Belag in der Zwischenzeit Erdbeeren abspülen, gut abtropfen lassen, entstielen, evtl. halbieren, mit Zucker bestreuen und abtropfen lassen.

6. Für das Baiser Eiweiß mit Handrührgerät mit Rührbesen auf höchster Stufe steif schlagen. Der Schnee muss so fest sein, dass ein Messerschnitt sichtbar bleibt. Nach und nach den Zucker kurz unterschlagen.

7. Die Form auf einen Kuchenrost stellen. Den Backofengrill anstellen. Die Erdbeeren auf den Knetteigboden geben und verteilen. Das Baiser auf die Erdbeeren geben und glatt streichen. Mit einem Löffel Spitzen hoch ziehen.

8. Die Form auf dem Rost unter den vorgeheizten Backofengrill schieben. Das Baiser **in 3–5 Minuten bräunen.**

9. Die Form auf einen Kuchenrost stellen. Die Erdbeertorte mit Pistazien bestreuen. Die Erdbeertorte erkalten lassen.

Tipp: Die Erdbeertorte statt mit der Baiserhaube mit Tortenguss überziehen.

Erfrischende Cremeschnitten |

Fruchtig

15 Stücke

Pro Stück: E: 3 g, F: 15 g, Kh: 17 g, kJ: 935, kcal: 223

Für den Biskuitteig:

50 g Butter
2 Eier (Größe M)
2–3 EL heißes Wasser
100 g Zucker
1 Pck. Dr. Oetker Vanillin-Zucker
75 g Weizenmehl
25 g Speisestärke
10 g gesiebtes Kakaopulver
1 gestr. TL Dr. Oetker Backin

Für die Füllung:

1 Pck. Vanilla-Tortencreme (Cremepulver)
300 ml Milch
abgeriebene Schale von
1 Bio-Zitrone (unbehandelt, ungewachst)
4 EL Zitronensaft
200 g Butter

Zum Garnieren:

1 Bio-Zitrone (unbehandelt, ungewachst)

Zubereitungszeit: 45 Minuten, ohne Abkühlzeit
Backzeit: etwa 30 Minuten

1. Den Backofen vorheizen.
Ober-/Unterhitze: etwa 180 °C
Heißluft: etwa 160 °C

2. Für den Teig Butter in einem kleinen Topf zerlassen und abkühlen lassen.

3. Eier und Wasser in einer Rührschüssel mit Handrührgerät mit Rührbesen auf höchster Stufe in 1 Minute schaumig schlagen. Den Zucker und Vanillin-Zucker mischen, in 1 Minute einstreuen, dann noch etwa 2 Minuten weiterschlagen.

4. Das Mehl mit Speisestärke, Kakao und Backpulver mischen, auf die Eiercreme geben und kurz auf niedrigster Stufe unterrühren. Zuletzt die zerlassene Butter kurz unterrühren.

5. Den Teig in eine Kastenform (30 x 11 cm, gefettet, mit Backpapier ausgelegt) geben und glatt streichen.

6. Die Form auf dem Rost in den vorgeheizten Backofen schieben. Den Biskuitkuchen **etwa 30 Minuten backen.**

7. Die Form auf einen Kuchenrost stellen. Den Biskuitkuchen etwas abkühlen lassen. Anschließend den Kuchen aus der Form lösen und auf einen mit Backpapier belegten Kuchenrost stürzen. Das mitgebackene Backpapier abziehen, den Biskuitkuchen erkalten lassen.

8. Für die Füllung aus Cremepulver und Milch eine Tortencreme nach Packungsanleitung zubereiten, Zitronenschale und -saft kurz unterrühren.

9. Die Butter mit Handrührgerät mit Rührbesen auf höchster Stufe geschmeidig rühren. Die Tortencreme unterrühren. Die Torten-Buttercreme in 3 Portionen teilen.

10. Den Biskuitkuchen zweimal waagerecht durchschneiden. Den unteren Boden auf eine Kuchenplatte legen und mit 1 Cremeportion bestreichen. Den zweiten Boden darauflegen, mit einer weiteren Cremeportion bestreichen und mit dem oberen Boden belegen. Von der dritten Portion Creme etwa 2 Esslöffel abnehmen und in einen Spritzbeutel mit Sterntülle füllen. Kuchenrand und -oberfläche gleichmäßig mit der restlichen Creme bestreichen.

11. Das Biskuitgebäck mit der Creme aus dem Spritzbeutel verzieren.

12. Zum Garnieren die Zitrone heiß abspülen, abtrocknen und halbieren. Eine Zitronenhälfte zunächst in Scheiben, dann in Achtel schneiden. Von der anderen Zitronenhälfte die Schale mit einem Zestenreißer abschälen. Das Biskuitgebäck mit Zitronenachteln und -schale garnieren.

Erfrischende Limetten-Trauben-Schnittchen | Gut vorzubereiten – mit Alkohol

10 Stücke

Pro Stück: E: 6 g, F: 16 g, Kh: 43 g, kJ: 1507, kcal: 360

Für den Biskuitteig:

4 Eier (Größe M)
100 g Zucker
abgeriebene Schale von
½ Bio-Limette (unbehandelt, ungewachst)
75 g Weizenmehl
25 g Speisestärke
25 ml Citrus-Limette mit Wodka (Likör 15 Vol.-%)

Für die Creme:

8 Blatt weiße Gelatine
400 g kernlose, grüne Weintrauben
150 ml Citrus-Limette mit Wodka (Likör 15 Vol.-%)
100 ml Limettensaft
3–4 EL Zucker
250 ml (¼ l) heller Traubensaft
400 g Schlagsahne

Zum Bestäuben:

1–2 EL Puderzucker

Zum Garnieren:

1 Bio-Limette (unbehandelt, ungewachst)

Zubereitungszeit: 50 Minuten, ohne Kühlzeit
Backzeit: etwa 12 Minuten

1. Den Backofen vorheizen.
Ober-/Unterhitze: etwa 180 °C
Heißluft: etwa 160 °C

2. Für den Teig Eier in einer Rührschüssel mit Handrührgerät mit Rührbesen auf höchster Stufe in 1 Minute schaumig schlagen. Zucker mit Limettenschale mischen, in 1 Minute einstreuen, dann noch etwa 2 Minuten weiterschlagen.

3. Mehl mit Speisestärke mischen und mit dem Likör auf niedrigster Stufe kurz unterrühren. Den Teig auf ein Backblech (30 x 40 cm, gefettet, mit Backpapier belegt) geben und glatt streichen. Das Backblech in den vorgeheizten Backofen schieben. Die Biskuitplatte **etwa 12 Minuten backen.**

4. Die Biskuitplatte auf einen mit Backpapier belegten Kuchenrost stürzen. Das mitgebackene Backpapier abziehen. Die Biskuitplatte erkalten lassen.

5. Die Biskuitplatte senkrecht halbieren, sodass 2 Platten (je etwa 30 x 20 cm) entstehen. 1 Biskuithälfte auf eine Kuchenplatte legen und einen Backrahmen darumstellen.

6. Für die Creme Gelatine nach Packungsanleitung einweichen. Die Weintrauben abspülen, gut abtropfen lassen, entstielen und halbieren. Likör mit Limettensaft und Zucker verrühren.

7. Die Gelatine leicht ausdrücken und mit dem Traubensaft in einem kleinen Topf bei schwacher Hitze unter Rühren auflösen.

8. Die aufgelöste Gelatine zunächst mit etwa 2 Esslöffeln von der Likör-Limetten-Mischung verrühren, dann mit der restlichen Likör-Limetten-Mischung verrühren. Die Mischung in den Kühlschrank stellen.

9. Sobald die Likör-Limetten-Mischung anfängt dicklich zu werden, die Sahne steif schlagen und unterheben. Die Traubenhälften vorsichtig unterheben.

10. Die Creme auf den Biskuitboden geben und glatt streichen. Die zweite Biskuitplatte darauflegen, leicht andrücken. Das Gebäck zugedeckt etwa 3 Stunden in den Kühlschrank stellen.

11. Den Backrahmen vorsichtig lösen und entfernen. Das Gebäck in Schnittchen schneiden und mit Puderzucker bestäuben.

12. Zum Garnieren die Limette heiß abspülen, abtrocknen und in dünne Scheiben schneiden. Die Scheiben bis zur Mitte hin einschneiden und gegeneinander verdrehen. Schnittchen damit garnieren.

Erfrischungstorte | Für Kinder

16 Stücke

Pro Stück: E: 4 g, F: 13 g, Kh: 23 g, kJ: 973, kcal: 233

Für den Teig:

2 Eier (Größe M)
125 g Zucker
1 Pck. Dr. Oetker Vanillin-Zucker
5 EL Speiseöl, z. B. Sonnenblumenöl
6 EL Zitronenlimonade
125 g Weizenmehl
15 g gesiebtes Kakaopulver
2 gestr. TL Dr. Oetker Backin

Für den Belag:

150 g Erfrischungsstäbchen
8 Blatt weiße Gelatine
6 EL Mandarinensaft (aus der Dose)
300 g Joghurt
40 g Zucker
175 g abgetropfte Mandarinen (aus der Dose)
400 g Schlagsahne

Zum Garnieren:

75 g Erfrischungsstäbchen

Zubereitungszeit: 45 Minuten, ohne Kühlzeit
Backzeit: etwa 25 Minuten

1. Den Backofen vorheizen.
Ober-/Unterhitze: etwa 180 °C
Heißluft: etwa 160 °C

2. Für den Teig Eier, Zucker und Vanillin-Zucker in einer Rührschüssel mit Handrührgerät mit Rührbesen auf höchster Stufe in 1 Minute schaumig schlagen. Das Speiseöl und die Limonade unterrühren.

3. Mehl mit Kakao und Backpulver mischen, hinzufügen und kurz auf mittlerer Stufe unterrühren.

4. Den Teig in eine Springform (Ø 26 cm, Boden gefettet, mit Backpapier belegt) geben und glatt streichen. Die Form auf dem Rost in den vorgeheizten Backofen schieben. Den Gebäckboden **etwa 25 Minuten backen.**

5. Den Gebäckboden aus der Form lösen und auf einen mit Backpapier belegten Kuchenrost stürzen. Das mitgebackene Backpapier abziehen. Den Gebäckboden erkalten lassen.

6. Für den Belag die Erfrischungsstäbchen in kleine Stücke schneiden.

7. Die Gelatine nach Packungsanleitung einweichen. Gelatine leicht ausdrücken und mit dem Mandarinensaft in einem kleinen Topf bei schwacher Hitze unter Rühren auflösen.

8. Den Joghurt mit dem Zucker verrühren. Die aufgelöste Gelatine zunächst mit etwa 4 Esslöffeln von dem Joghurt verrühren, dann unter den restlichen Joghurt rühren.

9. Sobald die Joghurtmasse anfängt dicklich zu werden, die zerkleinerten Erfrischungsstäbchen und die Mandarinenspalten (einige Mandarinenspalten zum Garnieren beiseitelegen) unterheben. Die Sahne steif schlagen und ebenfalls unterheben.

10. Den Gebäckboden auf eine Tortenplatte legen, einen Tortenring oder den gesäuberten Springformrand darumstellen. Die Joghurt-Mandarinen-Creme auf den Gebäckboden geben und glatt streichen. Die Torte zugedeckt 2–3 Stunden in den Kühlschrank stellen.

11. Den Tortenring oder Springformrand vorsichtig lösen und entfernen. Tortenoberfläche mit Erfrischungsstäbchen und beiseitegelegten Mandarinenspalten garnieren.

Etagentorte | Etwas Besonderes

20 Stücke

Pro Stück: E: 4 g, F: 19 g, Kh: 21 g,
kJ: 1161, kcal: 278

Für den Rührteig:

175 g weiche Butter oder Margarine
150 g Zucker
1 Prise Salz
4 Eier (Größe M)
200 g Weizenmehl
1 gestr. TL Dr. Oetker Backin

40 g gemahlene Pistazienkerne
25 g Trinkschokoladenpulver
1 EL Milch
40 g Sauerkirschkonfitüre
1 geh. TL Semmelbrösel
40 g abgezogene, gemahlene Mandeln

Für die Füllung:

400 g Schlagsahne
2 Pck. Dr. Oetker Sahnesteif
1 TL Zucker
150 g Sahne-Pudding Vanille-Geschmack (aus dem Kühlregal)

Zum Garnieren:

evtl. etwas Sauerkirschkonfitüre
etwa 1 EL gehobelte Zartbitter-Schokolade
etwa 1 EL gehackte Pistazienkerne
etwa 1 EL geröstete, gehobelte Mandeln

Zubereitungszeit: 45 Minuten, ohne Kühlzeit
Backzeit: etwa 20 Minuten

1. Den Backofen vorheizen.
Ober-/Unterhitze: etwa 180 °C
Heißluft: etwa 160 °C

2. Für den Teig Butter oder Margarine in einer Rührschüssel mit Handrührgerät mit Rührbesen auf höchster Stufe geschmeidig rühren. Nach und nach Zucker und Salz unterrühren. So lange rühren, bis eine gebundene Masse entstanden ist.

3. Die Eier nach und nach unterrühren (jedes Ei etwa ½ Minute). Das Mehl mit Backpulver mischen und in 2 Portionen auf mittlerer Stufe kurz unterrühren. Den Teig in 4 Portionen teilen.

4. Unter die erste Teigportion die Pistazienkerne rühren. Trinkschokoladenpulver und Milch unter die zweite sowie Konfitüre und Semmelbrösel unter die dritte Teigportion rühren. Die Mandeln unter die vierte Teigportion rühren.

5. Aus Backpapier oder Alufolie 2 Streifen in Breite und Länge eines Backblechs (30 x 40 cm, gefettet, mit Semmelbröseln bestreut) herstellen. Die Streifen so auf das Backblech „stellen", dass 4 gleich große Rechtecke entstehen. Die einzelnen Teige jeweils in ein Rechteck geben und glatt streichen. Oder einen Backrahmen mit Einteilung auf das Backblech stellen und mit den einzelnen Teigen füllen. Das Backblech in den vorgeheizten Backofen schieben. Die 4 Rührteigböden **etwa 20 Minuten backen.**

6. Das Backblech auf einen Kuchenrost stellen. Die Rührteigböden erkalten lassen.

7. Für die Füllung Sahne mit Sahnesteif und Zucker steif schlagen. Den Pudding unterheben. Etwa 4 Esslöffel der Pudding-Sahne in einen Spritzbeutel mit Sterntülle füllen und in den Kühlschrank legen.

8. Die einzelnen Rührteigböden vom Backblech lösen. Den Schokoladenboden auf eine Tortenplatte legen, mit einem Drittel der restlichen Pudding-Sahne bestreichen und mit dem Mandelboden belegen. Wieder ein Drittel der Pudding-Sahne daraufstreichen und den Früchteboden darauflegen. Restliche Pudding-Sahne daraufgeben, glatt streichen und mit dem Pistazienboden belegen.

9. Die Tortenoberfläche mit der Pudding-Sahne aus dem Spritzbeutel verzieren. Nach Belieben mit Konfitüre besprenkeln, mit Raspelschokolade, Pistazienkernen und Mandeln bestreuen. Die Torte zugedeckt etwa 2 Stunden in den Kühlschrank stellen.

Tipp: Die einzelnen Böden zusätzlich mit 1 Esslöffel roter Konfitüre bestreichen.

Exotiktorte | Fruchtig – schnell

16 Stücke

Pro Stück: E: 5 g, F: 22 g, Kh: 20 g,
kJ: 1253, kcal: 299

Für den All-in-Teig:

100 g Weizenmehl
40 g Kokosraspel
1 Prise Salz
2 gestr. TL Dr. Oetker Backin
125 g Zucker
1 Pck. Dr. Oetker Vanillin-Zucker
½ Pck. Dr. Oetker Finesse Geriebene Zitronenschale
125 g weiche Butter oder Margarine
2 Eier (Größe M)

Für die Creme:

3 Maracujas (Passionsfrüchte)
375 g Mascarpone (ital. Frischkäse)
100 g Schlagsahne
50 g Puderzucker
abgeriebene Schale von
1 Bio-Limette oder Bio-Zitrone (unbehandelt, ungewachst)
50 ml Limetten- oder Zitronensaft
1 Pck. Dr. Oetker Sahnesteif
200 g Magerquark

Zum Garnieren:

frische, vorbereitete Früchte, z. B. Physalis, unbehandelte Mandarinen in Spalten, Granatapfelkerne, Limettenzesten, Kokoschips

Zubereitungszeit: 20 Minuten, ohne Kühlzeit
Backzeit: 25–30 Minuten

1. Den Backofen vorheizen.
Ober-/Unterhitze: etwa 180 °C
Heißluft: etwa 160 °C

2. Für den Teig Mehl mit Kokosraspeln, Salz und Backpulver in einer Rührschüssel mischen. Restliche Zutaten hinzufügen und mit Handrührgerät mit Rührbesen erst kurz auf niedrigster, dann auf höchster Stufe in etwa 2 Minuten zu einem glatten Teig verarbeiten.

3. Den Teig in eine Springform (Ø 26 cm, Boden gefettet, mit Backpapier belegt) geben und sorgfältig glatt streichen.

4. Die Form auf dem Rost in den vorgeheizten Backofen (unteres Drittel) schieben und den Gebäckboden **25–30 Minuten backen.**

5. Die Form auf einen Kuchenrost stellen. Den Gebäckboden etwas abkühlen lassen. Anschließend den Boden aus der Form lösen, auf einen mit Backpapier belegten Kuchenrost legen und erkalten lassen.

6. Für die Creme Maracujas halbieren. Das Fruchtfleisch mit einem Teelöffel herausschaben, durch ein feines Sieb streichen, dabei den Saft auffangen.

7. Mascarpone mit Sahne, Puderzucker, Limetten- oder Zitronenschale und -saft in eine Rührschüssel geben und mit Handrührgerät mit Rührbesen erst kurz auf niedrigster Stufe verrühren.

8. Die Mascarponemischung auf höchster Stufe cremig aufschlagen, dabei das Sahnesteif einrieseln lassen. Den Quark in 2 Portionen unterrühren, dann den Maracujasaft unterrühren.

9. Das mitgebackene Backpapier vom Gebäckboden abziehen. Den Boden auf eine Tortenplatte legen, die Creme daraufgeben und wellenartig verstreichen.

10. Die Torte bis zum Servieren zugedeckt in den Kühlschrank stellen.

11. Zum Garnieren die Torte mit den vorbereiteten Früchten belegen.

Tipps: Die Torte ist ohne Garnierung gefriergeeignet. Noch schneller ist die Creme zubereitet, wenn Sie Mascarpone, Sahne, Zitronenschale und -saft mit nur der Hälfte des Puderzuckers aufschlagen. Dann 200 g Quarkzubereitung aus dem Kühlregal (Maracuja-Geschmack) und 75 ml Maracujanektar unterrühren.

Feigen-Dickmilch-Torte

Ohne zu backen

16 Stücke

Pro Stück: E: 4 g, F: 16 g, Kh: 25 g, kJ: 1077, kcal: 257

Für den Waffelboden:

100 g Butter
200 g belgische Waffeln
70 g getrocknete Feigen (ungeschwefelt)
½ Pck. Dr. Oetker Finesse Geriebene Zitronenschale

Für den Belag:

8 Blatt weiße Gelatine
75 g Zucker
½ Pck. Dr. Oetker Finesse Geriebene Zitronenschale
4 EL Orangensaft
500 g Dickmilch (3,5 % Fett)
250 g Schlagsahne
6 reife Feigen

Für den Guss:

1 Pck. ungezuckerter Tortenguss, klar
2 gestr. EL Zucker
250 ml (¼ l) Apfelsaft

Zubereitungszeit: 35 Minuten, ohne Kühlzeit

1. Für den Boden die Butter in einem kleinen Topf zerlassen. Die Waffeln in einen Gefrierbeutel geben. Den Beutel fest verschließen. Die Waffeln mit einer Teigrolle fein zerbröseln und in eine Rührschüssel geben.

2. Von den Feigen die Stängel abschneiden. Feigen sehr fein hacken. Gehackte Feigen, Zitronenschale und Butter zu den Waffelbröseln geben. Die Zutaten gut verrühren.

3. Waffelbrösel-Feigen-Masse in eine Springform (Ø 26 cm, Boden gefettet, mit Backpapier belegt) geben und mit einem Löffel fest zu einem Boden andrücken.

4. Für den Belag Gelatine nach Packungsanleitung einweichen. Zucker mit Zitronenschale, Orangensaft und Dickmilch verrühren. Die Gelatine leicht ausdrücken und in einem kleinen Topf bei schwacher Hitze unter Rühren auflösen.

5. Die aufgelöste Gelatine zunächst mit etwa 4 Esslöffeln von der Dickmilchmasse verrühren, dann unter die restliche Dickmilchmasse rühren und in den Kühlschrank stellen.

6. Sobald die Dickmilchmasse anfängt dicklich zu werden, Sahne steif schlagen und unterheben. Die Dickmilchcreme auf den Waffelboden geben und glatt streichen. Die Torte zugedeckt etwa 2 Stunden in den Kühlschrank stellen.

7. Die Feigen abspülen, abtrocknen und in Scheiben schneiden. Die Tortenoberfläche mit den Feigenscheiben belegen.

8. Für den Guss aus Tortengusspulver, Zucker und Apfelsaft einen Guss nach Packungsanleitung zubereiten. Den Guss vorsichtig auf der Torte verteilen. Guss fest werden lassen.

9. Die Feigen-Dickmilch-Torte vorsichtig aus der Springform lösen und vom Backpapier auf eine Tortenplatte setzen.

Tipps: Die Torte möglichst frisch verzehren. Für eine Torte mit Alkohol den Orangensaft in der Creme durch 4–6 cl Wodka mit Feige ersetzen.

Florentiner-Waldbeer-Torte

Ohne zu backen – fruchtig

14 Stücke

Pro Stück: E: 5 g, F: 17 g, Kh: 22 g,
kJ: 1117, kcal: 267

Für den Boden:

100 g Zartbitter-Kuvertüre
2 EL Speiseöl, z. B. Sonnenblumenöl
250 g Florentiner (Honig-Mandel-Gebäck)

Für den Belag:

600 g gemischte Beeren, z. B. Johannisbeeren, Himbeeren, Brombeeren, Heidelbeeren, Erdbeeren

Für die Kefir-Sahne-Creme:

50 g Pistazienkerne
7 Blatt weiße Gelatine
300 g Kefir
60 g Zucker
300 g Schlagsahne

2 EL Puderzucker

Zubereitungszeit: 40 Minuten, ohne Kühlzeit

1. Für den Boden Kuvertüre in grobe Stücke hacken und mit dem Speiseöl in einem kleinen Topf im Wasserbad bei schwacher Hitze unter Rühren schmelzen. Die Florentiner in einen Gefrierbeutel geben und den Beutel fest verschließen. Florentiner mit einer Teigrolle fein zerbröseln und unter die warme Kuvertüre rühren.

2. Die Florentiner-Kuvertüre-Masse in eine Springform (Ø 26 cm, Boden gefettet, mit Backpapier belegt) geben und mit einem Löffel fest zu einem Boden andrücken. Den Tortenboden zugedeckt in den Kühlschrank stellen.

3. Für den Belag die Johannisbeeren und Erdbeeren abspülen und gut abtropfen lassen. Himbeeren, Brombeeren und Heidelbeeren verlesen, evtl. kurz abspülen und gut abtropfen lassen. Die Johannisbeeren von den Rispen streifen, die Erdbeeren vierteln und evtl. entstielen.

4. Für die Kefir-Sahne-Creme die Pistazienkerne grob hacken und 2 Esslöffel davon zum Garnieren beiseitelegen.

5. Die Gelatine nach Packungsanleitung einweichen. Den Kefir mit dem Zucker in einer Schüssel glatt rühren. Die Gelatine leicht ausdrücken und in einem kleinen Topf bei schwacher Hitze unter Rühren auflösen. Die aufgelöste Gelatine zunächst mit etwa 4 Esslöffeln von dem Kefir verrühren, dann unter den restlichen Kefir rühren. Pistazien kurz unterrühren. Die Sahne steif schlagen und unterheben.

6. Ein Viertel der Kefir-Sahne-Creme auf den Tortenboden geben, glatt streichen und mit etwa 150 g der vorbereiteten Beeren belegen. Die restliche Kefir-Sahne-Creme auf den Beeren verstreichen.

7. Sobald die Kefir-Sahne-Creme anfängt dicklich zu werden, die restlichen Beeren auf der Torte verteilen und mit beiseitegelegten Pistazienkernen bestreuen. Florentiner-Waldbeer-Torte zugedeckt etwa 3 Stunden in den Kühlschrank stellen.

8. Torte vorsichtig aus der Springform lösen, auf eine Tortenplatte setzen und mit Puderzucker bestäuben.

Frischkäse-Melonen-Torte

Ohne zu backen – erfrischend

16 Stücke

Pro Stück: E: 4 g, F: 18 g, Kh: 19 g, kJ: 1008, kcal: 241

Für den Boden:

150 g Löffelbiskuits
100 g Butter

Für die Füllung:

1 Beutel aus
1 Pck. Götterspeise Waldmeister-Geschmack
250 ml (1/4 l) Wasser
50 g Zucker
200 g Doppelrahm-Frischkäse
75 g Zucker
1 Pck. Dr. Oetker Vanillin-Zucker
2 EL Zitronensaft
400 g Schlagsahne

Zum Garnieren:

etwas Wassermelone (in Kugeln)
einige Zitronenmelisseblättchen

Zubereitungszeit: 45 Minuten, ohne Kühl- und Quellzeit

1. Für den Boden die Löffelbiskuits in einen Gefrierbeutel geben. Den Beutel fest verschließen. Die Löffelbiskuits mit einer Teigrolle fein zerbröseln und in eine Rührschüssel geben. Die Butter in einem kleinen Topf zerlassen und zu den Biskuitbröseln geben. Die Zutaten gut verrühren.

2. Einen Tortenring oder Springformrand (Ø 24 cm) auf eine mit Tortenspitze oder Backpapier belegte Tortenplatte stellen. Die Bröselmasse hineingeben und mit einem Löffel fest zu einem Boden andrücken. Den Bröselboden zugedeckt in den Kühlschrank stellen.

3. Für die Füllung aus Götterspeisepulver, Wasser und Zucker eine Götterspeise nach Packungsanleitung zubereiten. Die Götterspeise in den Kühlschrank stellen.

4. Den Frischkäse mit Zucker, Vanillin-Zucker und Zitronensaft gut verrühren.

5. Sobald die Götterspeise anfängt dicklich zu werden, zunächst die Frischkäsemasse unterheben. Dann die Sahne steif schlagen (2 Esslöffel der Sahne beiseitestellen) und ebenfalls unterheben.

6. Die Frischkäse-Sahne-Creme auf den Bröselboden geben und glatt streichen. Die Torte zugedeckt in den Kühlschrank stellen. Die Creme fest werden lassen.

7. Die restliche Sahne in Tuffs auf die Tortenoberfläche setzen und mit einer Gabel locker durchziehen. Die Torte nochmals zugedeckt etwa 3 Stunden in den Kühlschrank stellen.

8. Den Tortenring oder Springformrand vorsichtig lösen und entfernen. Die Torte mit Wassermelonenkugeln und abgespülten, trocken getupften Zitronenmelisseblättchen garnieren.

Tipps: Maximal einen Tag vor dem Verzehr zubereiten. Schmeckt auch gut mit Himbeer-Götterspeise und Himbeeren und Johannisbeeren.

Fruchtige Götterspeisetorte

Für Kinder

16 Stücke

Pro Stück: E: 5 g, F: 13 g, Kh: 31 g, kJ: 1097, kcal: 262

Für den All-in-Teig:

- *200 g Weizenmehl*
- *1 gestr. TL Dr. Oetker Backin*
- *125 g Zucker*
- *1 Pck. Dr. Oetker Vanillin-Zucker*
- *2 Eier (Größe M)*
- *50 ml Speiseöl*
- *50 ml Orangenlimonade*

Für die Füllung:

- *300 g TK-Himbeeren*
- *300 g TK-Erdbeeren*
- *1 Beutel aus 1 Pck. Götterspeise Himbeer-Geschmack*
- *100 g Zucker*
- *150 ml Fruchtsaft (von den Himbeeren und Erdbeeren)*
- *4 Blatt weiße Gelatine*
- *300 g Joghurt*
- *200 g Schmand (Sauerrahm)*
- *50 g Zucker*
- *250 g Schlagsahne*

Zum Garnieren:

- *evtl. etwas Minze*
- *evtl. einige Erdbeeren und Himbeeren*

- *etwas Puderzucker*

Zubereitungszeit: 45 Minuten, ohne Auftau- und Kühlzeit
Backzeit: etwa 25 Minuten

1. Den Backofen vorheizen.
Ober-/Unterhitze: etwa 180 °C
Heißluft: etwa 160 °C

2. Für den Teig Mehl mit Backpulver in einer Rührschüssel mischen. Restliche Zutaten hinzufügen und mit Handrührgerät mit Rührbesen zunächst kurz auf niedrigster, dann auf höchster Stufe in etwa 2 Minuten zu einem glatten Teig verarbeiten.

3. Den Teig in eine Springform (Ø 26 cm, gefettet, mit Backpapier belegt) geben, glatt streichen. Die Form auf dem Rost in den vorgeheizten Backofen schieben. Den Tortenboden **etwa 25 Minuten backen.**

4. Den Tortenboden aus der Form lösen und auf einen mit Backpapier belegten Kuchenrost stürzen. Boden erkalten lassen. Mitgebackenes Backpapier entfernen.

5. Für die Füllung Himbeeren und Erdbeeren nach Packungsanleitung auftauen lassen. Himbeeren und Erdbeeren in einem Sieb abtropfen lassen, den Saft auffangen und 150 ml abmessen.

6. Götterspeise mit dem Zucker in einem Topf mischen. Den Fruchtsaft gut unterrühren, unter Rühren erhitzen (nicht kochen), bis alles gelöst ist. Den Topf von der Kochstelle nehmen. Himbeeren und Erdbeeren unterrühren.

7. Die Gelatine nach Packungsanleitung einweichen. Joghurt mit Schmand und Zucker verrühren. Gelatine leicht ausdrücken und in einem kleinen Topf unter Rühren bei schwacher Hitze auflösen.

8. Gelatine zunächst mit 2–3 Esslöffeln der Joghurt-Schmand-Masse verrühren, dann unter die restliche Joghurt-Schmand-Masse rühren. Die Sahne steif schlagen und unterheben.

9. Den Tortenboden einmal waagerecht durchschneiden. Den unteren Boden auf eine Tortenplatte legen. Einen Tortenring darumstellen. Die Hälfte der Götterspeisefrüchte auf den unteren Boden geben und glatt streichen. Die Hälfte der Joghurt-Sahne-Creme vorsichtig daraufgeben und glatt streichen. Den oberen Boden darauflegen.

10. Unter die restlichen Götterspeisefrüchte die restliche Joghurt-Sahne-Creme rühren. Die Creme nach Belieben bergartig auf den oberen Tortenboden streichen. Die Torte zugedeckt etwa 2 Stunden in den Kühlschrank stellen. Tortenring lösen und entfernen.

11. Nach Belieben zum Garnieren Minze abspülen und trocken tupfen. Die Blättchen von den Stängeln zupfen. Erdbeeren abspülen, trocken tupfen, entstielen und evtl. halbieren. Himbeeren evtl. kurz abspülen und gut trocken tupfen. Die Torte mit Minzeblättchen, Erdbeeren und Himbeeren garnieren.

12. Die Torte mit Puderzucker bestäuben.

Fruchtige Sandwich-Schnitten |

Für Kinder – einfach

8–12 Stücke

Pro Stück: E: 5 g, F: 10 g, Kh: 40 g, kJ: 1159, kcal: 277

Für den Biskuitteig:

3 Eier (Größe M)
1 Eigelb (Größe M)
3 EL Orangensaft
150 g Zucker
1 Pck. Dr. Oetker Vanillin-Zucker
100 g Weizenmehl
50 g Speisestärke
1 gestr. TL Dr. Oetker Backin

Für die Vanillecreme:

1 Pck. Galetta Vanille-Pudding-Pulver
250 ml (1/4 l) Milch
200 g Schmand (Sauerrahm)

Zum Belegen:

500–700 g frische Früchte, z. B. Erdbeeren, Pfirsiche, Kiwis

Zubereitungszeit: 35 Minuten, ohne Kühlzeit
Backzeit: etwa 10 Minuten

1. Den Backofen vorheizen.
Ober-/Unterhitze: etwa 220 °C
Heißluft: etwa 200 °C

2. Für den Teig Eier, Eigelb und Orangensaft in einer Rührschüssel mit Handrührgerät mit Rührbesen auf höchster Stufe in 1 Minute schaumig schlagen. Zucker und Vanillin-Zucker mischen, in 1 Minute einstreuen, dann noch etwa 2 Minuten weiterschlagen.

3. Mehl mit Speisestärke und Backpulver mischen, auf die Eiercreme geben und kurz auf niedrigster Stufe unterrühren. Den Teig auf ein Backblech (30 x 40 cm, gefettet, mit Backpapier belegt) geben und glatt streichen. Einen mehrfach geknickten Streifen Alufolie als Rand an die offene Seite des Backblechs legen. Das Backblech in den vorgeheizten Backofen schieben. Biskuitplatte **etwa 10 Minuten backen.**

4. Die Biskuitplatte sofort nach dem Backen auf ein Stück Backpapier stürzen und erkalten lassen.

5. Für die Vanillecreme aus Pudding-Pulver und Milch einen Pudding nach Packungsanleitung zubereiten. Den Schmand unterrühren. Das mitgebackene Backpapier von der Biskuitplatte abziehen. Biskuitplatte mit dem Backpapier auf ein Backblech ziehen, mit der Vanillecreme bestreichen und kalt stellen.

6. Zum Belegen kurz vor dem Servieren die Erdbeeren abspülen, gut abtropfen lassen, entstielen und in Scheiben schneiden. Die Pfirsiche kreuzweise einschneiden, mit kochendem Wasser übergießen und kurz darin liegen lassen. Die Pfirsiche anschließend mit kaltem Wasser abschrecken, enthäuten, halbieren, entkernen und in Spalten schneiden. Die Kiwis schälen und in Scheiben schneiden.

7. Die Biskuitplatte in 12 Quadrate (jeweils etwa 10 x 10 cm) schneiden und jeweils diagonal teilen, sodass 24 Dreiecke entstehen.

8. Jeweils 2 oder 3 Dreiecke mit dem vorbereiteten Obst bunt zusammensetzen, sodass Sandwiches entstehen.

Tipps: Nach Belieben roten Tortenguss nach Packungsanleitung zubereiten und auf dem Obst zwischen den Sandwichscheiben verteilen. Die Sandwiches mit Sahnetuffs verzieren und mit gehackten Pistazien oder Kokosraspeln garnieren.

Fruchtige Sommertarte

Klassisch – fettarm

16 Stücke

Pro Stück: E: 3 g, F: 9 g, Kh: 24 g, kJ: 812, kcal: 194

Für den Knetteig:

200 g Weizenmehl
1 Msp. Dr. Oetker Backin
100 g Butter oder Margarine
1 Ei (Größe M)
50 g Zucker
1 Prise Salz

Für die Vanillecreme:

½ Dr. Oetker Bourbon Vanilleschote
125 ml (⅛ l) Milch
100 g Crème fraîche
2 Eier (Größe M)
60 g Zucker
3–4 Tropfen Orangenblütenwasser (erhältlich in der Apotheke)

einige getrocknete Hülsenfrüchte zum Blindbacken

Für den Belag:

350 g abgetropfte Sauerkirschen (aus dem Glas)
250 g abgetropfte Aprikosenhälften (aus der Dose)

Zubereitungszeit: 40 Minuten, ohne Abkühlzeit
Backzeit: etwa 40 Minuten

1. Für den Teig Mehl mit Backpulver in einer Rührschüssel mischen. Restliche Zutaten hinzufügen und mit Handrührgerät mit Knethaken zunächst kurz auf niedrigster, dann auf höchster Stufe gut durcharbeiten.

2. Anschließend auf einer leicht bemehlten Arbeitsfläche zu einem glatten Teig verkneten. Den Teig in Frischhaltefolie gewickelt etwa 1 Stunde kalt stellen.

3. Für die Vanillecreme in der Zwischenzeit die Vanilleschote längs aufschneiden und das Mark herausschaben. Milch, Vanilleschote und -mark in einen Topf geben und zum Kochen bringen. Den Topf von der Kochstelle nehmen. Die Vanilleschote entfernen und die Crème fraîche unterrühren.

4. Eier und Zucker in einer Rührschüssel mit Handrührgerät mit Rührbesen kurz verrühren. Die heiße Crème-fraîche-Vanille-Milch unter Rühren hinzugeben.

5. Die Vanillecreme erkalten lassen, dabei ab und zu umrühren. Das Orangenblütenwasser unterrühren.

6. Den Backofen vorheizen.
Ober-/Unterhitze: etwa 200 °C
Heißluft: etwa 180 °C

7. Den Teig auf der leicht bemehlten Arbeitsfläche zu einer runden Platte (Ø etwa 30 cm) ausrollen.

8. Die Teigplatte in eine Tarte- oder Pieform (Ø 28 cm, gefettet) legen, den Rand andrücken.

9. Den Teigboden mit einer Gabel mehrmals einstechen, dann mit Backpapier belegen und mit Hülsenfrüchten bedecken.

10. Die Form auf dem Rost in den vorgeheizten Backofen schieben. Den Knetteigboden **etwa 10 Minuten vorbacken.**

11. Das Backpapier mit den Hülsenfrüchten entfernen und den Knetteigboden **bei gleicher Backofentemperatur weitere etwa 5 Minuten vorbacken.**

12. Die Form auf einen Kuchenrost stellen. Den Knetteigboden etwas abkühlen lassen.

13. Die Kirschen und die Aprikosenhälften auf den vorgebackenen Boden legen. Die Vanillecreme darauf verteilen.

14. Die Form wieder auf dem Rost in den heißen Backofen schieben. Die Tarte **bei gleicher Backofentemperatur in etwa 25 Minuten fertig backen.**

15. Die Form auf einen Kuchenrost stellen. Die Tarte erkalten lassen.

Fruchtige Stracciatella-Torte

Etwas aufwendiger – mit Alkohol
16 Stücke

Pro Stück: E: 5 g, F: 20 g, Kh: 36 g, kJ: 1508, kcal: 361

Für den Biskuitteig:
4 Eier (Größe M)
4 EL heißes Wasser
150 g Zucker
1 Pck. Dr. Oetker Vanillin-Zucker
125 g Weizenmehl
50 g Speisestärke
2 gestr. TL Dr. Oetker Backin

Für die Füllung:
8 Blatt weiße Gelatine
400 ml ungesüßte Kokosmilch
150 ml Batida de Côco (Kokoslikör, z. B. Mangaroca Batida de Côco)
75 g Zucker
Saft von
1 Zitrone

2 EL Batida de Côco
2 EL Erdbeerkonfitüre
500 g Erdbeeren
300 g Schlagsahne
80 g Schokoriegel mit Erdbeer-Joghurt-Creme

Zum Garnieren und Verzieren:
200 g Schlagsahne
2 Schokoriegel mit Erdbeer-Joghurt-Creme
50 g geröstete Kokoschips

Zubereitungszeit: 50 Minuten, ohne Kühlzeit
Backzeit: 35–40 Minuten

1. Den Backofen vorheizen.
Ober-/Unterhitze: etwa 180 °C
Heißluft: etwa 160 °C

2. Für den Teig Eier und Wasser in einer Rührschüssel mit Handrührgerät mit Rührbesen auf höchster Stufe in 1 Minute schaumig schlagen. Zucker mit Vanillin-Zucker mischen, in 1 Minute einstreuen, dann noch etwa 2 Minuten weiterschlagen.

3. Das Mehl mit Speisestärke und Backpulver mischen, die Hälfte davon auf die Eiercreme geben und kurz auf niedrigster Stufe unterrühren. Restliches Mehlgemisch auf die gleiche Weise unterarbeiten.

4. Den Teig in eine Springform (Ø 26 cm, Boden gefettet, mit Backpapier belegt) geben und glatt streichen. Die Form auf dem Rost in den vorgeheizten Backofen schieben. Den Biskuitboden **35–40 Minuten backen.**

5. Den Biskuitboden aus der Form lösen, auf einen mit Backpapier belegten Kuchenrost stürzen und das mitgebackene Backpapier abziehen. Den Biskuitboden erkalten lassen und anschließend zweimal waagerecht durchschneiden. Den unteren Biskuitboden auf eine Tortenplatte legen, einen Tortenring darumstellen.

6. Für die Füllung Gelatine nach Packungsanleitung einweichen. Kokosmilch mit Likör, Zucker und Zitronensaft verrühren. Die Gelatine leicht ausdrücken und in einem kleinen Topf bei schwacher Hitze unter Rühren auflösen.

7. Die aufgelöste Gelatine zunächst mit 2–3 Esslöffeln von der Kokos-Likör-Mischung verrühren, dann unter die restliche Kokos-Likör-Mischung rühren. Die Kokos-Likör-Mischung in den Kühlschrank stellen.

8. Den Likör mit der Konfitüre verrühren. Den unteren Biskuitboden mit der Hälfte der Likör-Konfitüre-Mischung bestreichen. Die Erdbeeren abspülen, abtropfen lassen und entstielen. Einige Erdbeeren zum Garnieren beiseitelegen. Die restlichen Erdbeeren auf den unteren Biskuitboden legen.

9. Sobald die Kokos-Likör-Mischung anfängt dicklich zu werden, die Sahne steif schlagen und unterheben. Zwei Drittel der Kokos-Likör-Creme auf die Erdbeeren geben und glatt streichen. Den mittleren Boden mit der restlichen Likör-Konfitüre-Mischung bestreichen, auf die Kokos-Likör-Creme legen und leicht andrücken.

10. Die Schokoriegel in grobe Stücke hacken und unter die restliche Kokos-Likör-Creme rühren. Diese auf den mittleren Biskuitboden geben und sorgfältig glatt streichen. Den oberen Biskuitboden darauflegen und leicht andrücken.

11. Die Torte zugedeckt etwa 2 Stunden in den Kühlschrank stellen.

12. Zum Garnieren und Verzieren zunächst den Tortenring vorsichtig lösen und entfernen. Die Sahne steif schlagen. Tortenoberfläche und -rand mit der Sahne bestreichen. Die beiseitegelegten Erdbeeren vierteln und dekorativ in die Mitte der Tortenoberfläche legen. Die Schokoriegel in kleine Stücke schneiden und um die Erdbeeren streuen. Den Tortenrand mit Kokoschips garnieren.

Fruchtige Vanilletorte | Raffiniert

12 Stücke

Pro Stück: E: 5 g, F: 23 g, Kh: 28 g, kJ: 1455, kcal: 348

Für den Teig:

450 g TK-Blätterteig

Zum Bestreichen:

1 Eigelb
1 EL Wasser

Für die Füllung:

1 Pck. Dr. Oetker Pudding-Pulver Vanille-Geschmack
50 g Zucker
400 ml Milch
1 Ei (Größe M)
500 g gemischte Beeren, z. B. Erdbeeren, Himbeeren, Heidelbeeren und Johannisbeeren
400 g Schlagsahne

Zum Bestäuben:

etwas Puderzucker

Zubereitungszeit: 45 Minuten, ohne Auftau-, Ruhe und Kühlzeit
Backzeit: etwa 25 Minuten

1. Für den Teig die Blätterteigplatten zugedeckt nach Packungsanleitung auftauen lassen.

2. Die Blätterteigplatten in 3 gleich große Portionen teilen. Jeweils die Teigplatten 1 Portion aufeinanderlegen und auf einer leicht bemehlten Arbeitsfläche zu jeweils 1 Quadrat ausrollen. Aus jedem Teigquadrat 1 runde Platte (Ø etwa 26 cm) ausschneiden. 1 Teigplatte in eine Springform (Ø 26 cm, Boden gefettet) legen und mit einer Gabel mehrmals einstechen.

3. Aus den restlichen Teigplatten 2 etwa 3 cm breite Ringe (Ø etwa 26 cm) ausschneiden. Die Teigringe dünn mit Wasser bestreichen und aufeinander in die Springform legen.

4. Aus Backpapier einen Ring falten und von innen gegen den Teigring legen. Den Teig zugedeckt etwa 20 Minuten ruhen lassen.

5. Den Backofen vorheizen.
Ober-/Unterhitze: etwa 200 °C
Heißluft: etwa 180 °C

6. Zum Bestreichen Eigelb mit Wasser verquirlen. Den Teigring damit bestreichen. Die Form auf dem Rost in den vorgeheizten Backofen schieben. Den Blätterteigboden **etwa 25 Minuten backen.**

7. Blätterteigboden vorsichtig aus der Form lösen, auf einen mit Backpapier belegten Kuchenrost legen und erkalten lassen.

8. Für die Füllung Pudding-Pulver, Zucker, 6 Esslöffel von der Milch, restliches verquirltes Eigelb und Ei verrühren. Die restliche Milch in einem Topf zum Kochen bringen. Den Topf von der Kochstelle nehmen und das angerührte Pudding-Pulver einrühren. Unter Rühren nochmals gut aufkochen lassen.

9. Den Pudding in eine Schüssel geben und sofort Frischhaltefolie direkt darauflegen. Den Pudding erkalten lassen.

10. Von den Beeren die Erdbeeren, Heidelbeeren und Johannisbeeren abspülen, in einem Sieb gut abtropfen lassen und entstielen. Die Erdbeeren halbieren, die Johannisbeeren von den Rispen streifen und die Himbeeren verlesen. Die Hälfte der Beeren auf dem Blätterteigboden verteilen.

11. Die Sahne steif schlagen. Den Pudding gut durchrühren, die Sahne unterheben. Die Puddingcreme auf die Beeren geben und grob verstreichen. Die restlichen Beeren auf der Puddingcreme verteilen.

12. Die Torte zugedeckt etwa 30 Minuten in den Kühlschrank stellen. Vor dem Servieren die Torte mit Puderzucker bestäuben.

Tipp: Aus dem restlichen Teig Figuren ausstechen, dünn mit Butter bestreichen, mit Zucker bestreuen und backen.

Geburtstags-Schnittchen

Einfach – für Kinder

14–16 Stücke

Pro Stück: E: 7 g, F: 19 g, Kh: 40 g, kJ: 1527, kcal: 364

Für den Biskuitteig:

4 Eier (Größe M)
2 EL heißes Wasser
125 g Zucker
1 Pck. Dr. Oetker Vanillin-Zucker
125 g Weizenmehl
25 g Speisestärke
1 gestr. TL Dr. Oetker Backin

Zum Tränken:

150 ml Sauerkirschnektar

Für die Sahnecreme:

1 Beutel aus
1 Pck. Götterspeise Himbeer-Geschmack
100 g Zucker
300 ml Sauerkirschnektar
400 g Doppelrahm-Frischkäse
400 g Schlagsahne
1 Pck. Dr. Oetker Vanillin-Zucker

Für den Guss und Belag:

1 Pck. ungezuckerter Tortenguss, klar
250 ml (1/4 l) Sauerkirschnektar
480 g abgetropfte Aprikosenhälften (aus der Dose)
etwa 6 EL bunte Schokolinsen

Zubereitungszeit: 45 Minuten, ohne Abkühlzeit
Backzeit: 10–12 Minuten

1. Den Backofen vorheizen.
Ober-/Unterhitze: etwa 200 °C
Heißluft: etwa 180 °C

2. Für den Teig Eier und Wasser in einer Rührschüssel mit Handrührgerät mit Rührbesen auf höchster Stufe in 1 Minute schaumig schlagen. Zucker mit Vanillin-Zucker mischen, in 1 Minute einstreuen, dann noch etwa 2 Minuten weiterschlagen.

3. Mehl mit Speisstärke und Backpulver mischen, auf die Eiercreme geben und kurz auf niedrigster Stufe unterrühren.

4. Einen Backrahmen auf ein Backblech (30 x 40 cm, gefettet, mit Backpapier belegt) stellen. Den Teig hineingeben und glatt streichen. Das Bachblech in den vorgeheizten Backofen schieben. Die Biskuitplatte **10–12 Minuten backen.**

5. Das Backblech auf einen Kuchenrost stellen. Den Backrahmen vorsichtig lösen und entfernen. Die Biskuitplatte auf ein mit Zucker bestreutes Stück Backpapier stürzen, das mitgebackene Backpapier vorsichtig abziehen. Die Biskuitplatte erkalten lassen. Anschließend senkrecht halbieren, sodass 2 Platten (je etwa 30 x 20 cm) entstehen.

6. Zum Tränken 1 Biskuitplatte auf eine mit Backpapier belegte Kuchenplatte legen, den gesäuberten Backrahmen darumstellen. Die Biskuitplatte mit der Hälfte des Nektars beträufeln.

7. Für die Sahnecreme aus dem Götterspeisepulver, Zucker und Nektar eine Götterspeise nach Packungsanleitung, aber mit den hier angegebenen Zutaten, zubereiten. Die Götterspeise etwas abkühlen lassen.

8. Den Frischkäse glatt rühren. Sobald die Götterspeise anfängt dicklich zu werden, den Frischkäse nach und nach unterrühren. Sahne mit Vanillin-Zucker steif schlagen und unter die Frischkäsemasse heben.

9. Die Hälfte der Frischkäsecreme auf die getränkte Biskuitplatte geben und glatt streichen. Die zweite Biskuitplatte darauflegen, leicht andrücken und mit dem restlichen Nektar beträufeln. Restliche Sahnecreme daraufgeben und glatt streichen. Den Kuchen zugedeckt in den Kühlschrank stellen.

10. Für den Guss und Belag aus Tortengusspulver und Nektar einen Guss nach Packungsanleitung, aber ohne Zucker, zubereiten. Den Guss auf der Frischkäsecreme verteilen. Den Guss fest werden lassen.

11. Aprikosenhälften zwischen Küchenpapier flach drücken und mit einem kleinen Ausstecher (z. B. Bärchenmotiv) Figuren ausstechen. Den Backrahmen vorsichtig lösen und entfernen.

12. Die Kuchenoberfläche kurz vor dem Servieren mit Schokolinsen und Aprikosenfiguren garnieren.

13. Den Kuchen in Schnittchen schneiden.

Grüne Quarktorte | Für Kinder

8 Stücke

Pro Stück: E: 9 g, F: 19 g, Kh: 33 g, kJ: 1445, kcal: 345

50 g Zartbitter-Kuvertüre

Für den Rührteig:

75 g weiche Butter oder Margarine
35 g Zucker
1 Pck. Dr. Oetker Vanillin-Zucker
1 Prise Salz
1 Ei (Größe M)
75 g Weizenmehl
2 TL gesiebtes Kakaopulver
1 Msp. Dr. Oetker Backin
2 EL Milch

Für den Belag und die Quarkcreme:

1 Beutel aus
1 Pck. Götterspeise Waldmeister-Geschmack
60 g Zucker
200 ml Wasser
200 ml Apfelsaft
250 g Magerquark
1 EL Zucker
1 Pck. Dr. Oetker Vanillin-Zucker
3 EL Zitronensaft
250 g Schlagsahne
1 Pck. Dr. Oetker Sahnesteif

Zubereitungszeit: 40 Minuten, ohne Kühlzeit
Backzeit: etwa 15 Minuten

1. Die Kuvertüre grob hacken und in einem kleinen Topf im Wasserbad bei schwacher Hitze unter Rühren schmelzen. Kuvertüre in ein Papierspritztütchen oder einen kleinen Gefrierbeutel füllen. Eine kleine Ecke abschneiden. Mit der Kuvertüre verschiedene Motive, zum Beispiel Herzen, in verschiedenen Größen auf ein Stück Backpapier spritzen und fest werden lassen.

2. Den Backofen vorheizen.
Ober-/Unterhitze: etwa 180 °C
Heißluft: etwa 160 °C

3. Für den Teig die Butter oder Margarine in einer Rührschüssel mit Handrührgerät mit Rührbesen auf höchster Stufe geschmeidig rühren. Nach und nach Zucker, Vanillin-Zucker und Salz unterrühren. So lange rühren, bis eine gebundene Masse entstanden ist.

4. Das Ei etwa ½ Minute unterrühren. Das Mehl mit Kakao und Backpulver mischen und abwechselnd mit der Milch auf mittlerer Stufe kurz unterrühren. Den Teig in eine Springform (Ø 22 cm, Boden gefettet, mit Backpapier belegt) geben und glatt streichen. Die Form auf dem Rost in den vorgeheizten Backofen schieben. Tortenboden **etwa 15 Minuten backen.**

5. Den Tortenboden aus der Form lösen, auf einen mit Backpapier belegten Kuchenrost stürzen und erkalten lassen. Das mitgebackene Backpapier vorsichtig abziehen. Den Tortenboden auf eine Tortenplatte legen und einen Tortenring oder den gesäuberten Springformrand darumstellen.

6. Für den Belag und die Quarkcreme aus Götterspeisepulver, Zucker, Wasser und Saft eine Götterspeise nach Packungsanleitung, aber mit den hier angegebenen Mengen und Zutaten, zubereiten. Die Götterspeise etwas abkühlen lassen.

7. Quark mit Zucker, Vanillin-Zucker, Zitronensaft und 150 ml von der abgekühlten, noch flüssigen Götterspeise verrühren. Sahne mit Sahnesteif steif schlagen und unter die Quarkmasse heben.

8. Die Quark-Sahne-Creme auf den Tortenboden geben und glatt streichen. Die Torte zugedeckt etwa 1 ½ Stunden in den Kühlschrank stellen. Anschließend mit der runden Seite eines Esslöffels die nun halbfeste Tortenoberfläche unregelmäßig verstreichen.

9. Kuvertüre-Motive vorsichtig vom Backpapier lösen. Einige Kuvertüre-Motive auf die Tortenoberfläche legen. Restliche, noch flüssige Götterspeise darübergießen. Die Quarktorte zugedeckt mindestens 3 Stunden (am besten über Nacht) in den Kühlschrank stellen.

10. Den Tortenring oder Springformrand vorsichtig lösen und entfernen. Die restlichen Kuvertüre-Motive vorsichtig an den Tortenrand drücken.

Heidelbeer-Mousse-Charlotte

Ohne zu backen – fettarm

16 Stücke

Pro Stück: E: 6 g, F: 7 g, Kh: 20 g, kJ: 728, kcal: 174

Für den Boden:

200 g Löffelbiskuits
100 g Butter

Für die Heidelbeer-Mousse:

300 g frische oder TK-Heidelbeeren
7 Blatt weiße Gelatine
250 g Magerquark
500 g Dickmilch
1 Pck. Dr. Oetker Finesse Geriebene Zitronenschale
3 Eiweiß (Größe M)
120 g Zucker

Zum Garnieren:

50 g vorbereitete, frische Heidelbeeren
evtl. einige vorbereitete Minzeblättchen

Zubereitungszeit: 35 Minuten, ohne Kühlzeit

1. Für den Boden 15 Löffelbiskuits halbieren und beiseitelegen. Restliche Löffelbiskuits in einen Gefrierbeutel geben. Den Beutel fest verschließen. Die Löffelbiskuits mit einer Teigrolle fein zerbröseln und in eine Rührschüssel geben. Die Butter in einem kleinen Topf zerlassen und zu den Bröseln geben. Die Zutaten gut vermischen.

2. Die Bröselmasse in eine Springform (Ø 26 cm, Boden gefettet, mit Backpapier belegt) geben und mit einem Löffel fest zu einem Boden andrücken. Die halbierten Löffelbiskuits mit der Schnittfläche nach unten und dem Zuckerrand nach außen an den Springformrand stellen. Den Bröselboden zugedeckt in den Kühlschrank stellen.

3. Für die Heidelbeer-Mousse frische Heidelbeeren verlesen, kurz abspülen und gut abtropfen lassen. Die TK-Heidelbeeren nicht auftauen lassen.

4. Die Gelatine nach Packungsanleitung einweichen. Den Quark mit der Dickmilch und der Zitronenschale in einer Schüssel glatt rühren. Die Gelatine leicht ausdrücken und in einem kleinen Topf bei schwacher Hitze unter Rühren auflösen. Die aufgelöste Gelatine zunächst mit etwa 4 Esslöffeln von der Quark-Dickmilch-Masse verrühren, danach unter die restliche Quark-Dickmilch-Masse rühren.

5. Eiweiß mit dem Zucker steif schlagen. Zunächst den Eischnee, dann die Heidelbeeren (TK-Heidelbeeren gefroren) unter die Quark-Dickmilch-Masse heben. Die Heidelbeer-Mousse auf den Bröselboden geben und glatt streichen. Die Heidelbeer-Mousse-Torte zugedeckt mindestens 4 Stunden in den Kühlschrank stellen.

6. Zum Garnieren die Heidelbeer-Mousse-Torte vorsichtig aus der Springform lösen und auf eine Tortenplatte setzen. Die Heidelbeer-Mousse-Torte mit Heidelbeeren und nach Belieben mit einigen Minzeblättchen garnieren.

Hinweis: Nur ganz frisches Eiweiß verwenden, das nicht älter als 5 Tage ist (Legedatum beachten!). Die Heidelbeer-Mousse-Torte im Kühlschrank aufbewahren und innerhalb von 24 Stunden verzehren.

Heidelbeer-Nektarinen-Torte

Fruchtig – schnell
12 Stücke

Pro Stück: E: 6 g, F: 13 g, Kh: 37 g, kJ: 1243, kcal: 297

Zum Vorbereiten:
3 Nektarinen
200 g Heidelbeeren

Für den Schüttelteig:
125 g Butter oder Margarine
250 g Weizenmehl
3 gestr. TL Dr. Oetker Backin
150 g Puderzucker
1 Pck. Dr. Oetker Bourbon-Vanille-Zucker
1 Prise Salz
4 Eier (Größe M)
200 g saure Sahne

Zum Bestäuben:
2 EL Puderzucker

Zubereitungszeit: 30 Minuten, ohne Abkühlzeit
Backzeit: 40–45 Minuten

1. Zum Vorbereiten Nektarinen abspülen, abtrocknen, halbieren und die Steine herauslösen. Die Nektarinenhälften in Spalten schneiden. Heidelbeeren verlesen, abspülen, in einem Sieb gut abtropfen lassen und mit Küchenpapier trocken tupfen.

2. Den Backofen vorheizen.
Ober-/Unterhitze: etwa 180 °C
Heißluft: etwa 160 °C

3. Für den Teig Butter oder Margarine in einem kleinen Topf zerlassen und abkühlen lassen. Das Mehl mit Backpulver und Puderzucker mischen, in eine verschließbare Schüssel (etwa 3-Liter-Inhalt) geben und mit Vanille-Zucker und Salz mischen. Eier, zerlassene Butter oder Margarine und saure Sahne hinzufügen.

4. Die Schüssel mit dem Deckel fest verschließen und mehrmals (insgesamt 15–30 Sekunden) kräftig schütteln, sodass alle Zutaten gut vermischt sind. Alles mit einem Schneebesen oder Rührlöffel nochmals sorgfältig durchrühren, damit trockene Zutaten vom Rand mit untergerührt werden.

5. Anschließend den Teig in eine Tarteform (Ø 28 cm, gefettet) geben und glatt streichen. Die Nektarinenspalten und Heidelbeeren darauf verteilen. Die Form auf dem Rost in den vorgeheizten Backofen schieben. Die Heidelbeer-Nektarinen-Torte **40–45 Minuten backen.**

6. Die Form auf einen Kuchenrost stellen. Die Heidelbeer-Nektarinen-Torte in der Form erkalten lassen und mit Puderzucker bestäuben.

Tipps: Dazu geschlagene Sahne (nach Belieben mit Orangenlikör aromatisiert) servieren. Sie können statt der Tarteform auch eine Springform (Ø 26 cm, Boden gefettet) verwenden.

Himbeer-Buttermilch-Torte

Erfrischend

12 Stücke

Pro Stück: E: 7 g, F: 16 g, Kh: 40 g, kJ: 1441, kcal: 344

Für den All-in-Teig:

100 g	*Weizenmehl*
3 gestr. TL	*Dr. Oetker Backin*
75 g	*Zucker*
1 Pck.	*Dr. Oetker Vanillin-Zucker*
3	*Eier (Größe M)*
2 EL	*Speiseöl, z. B. Sonnenblumenöl*
1 EL	*Essig*

Zum Tränken:

50 g	*Zucker*
5 EL	*Wasser*
3–4 EL	*Orangensaft*

Für den Belag:

500 g	*TK-Himbeeren*
	Himbeersaft (von den Himbeeren)
6 EL	*Himbeersirup*
500 g	*Buttermilch*
75 g	*Puderzucker*
2 Pck.	*Dr. Oetker Finesse*
	Geriebene Zitronenschale
3 EL	*Zitronensaft*
10 Blatt	*weiße Gelatine*
200 g	*Schlagsahne*

Zum Verzieren und Garnieren:

250 g	*Schlagsahne*
1 Pck.	*Dr. Oetker Sahnesteif*
einige	*vorbereitete Zitronenmelisseblättchen*
einige	*frische, verlesene Himbeeren*

Zubereitungszeit: 45 Minuten, ohne Auftau- und Kühlzeit

Backzeit: 15–20 Minuten

1. Den Backofen vorheizen.
Ober-/Unterhitze: etwa 200 °C
Heißluft: etwa 180 °C

2. Für den Teig Mehl mit Backpulver in einer Rührschüssel mischen. Restliche Zutaten hinzufügen und mit Handrührgerät mit Rührbesen erst kurz auf niedrigster, dann auf höchster Stufe in etwa 2 Minuten zu einem glatten Teig verarbeiten.

3. Den Teig in eine Springform (Ø 26 cm, Boden gefettet, mit Backpapier belegt) geben, glatt streichen. Die Form auf dem Rost in den vorgeheizten Backofen schieben und den Tortenboden **15–20 Minuten backen.**

4. Den Tortenboden aus der Form lösen, auf einen mit Backpapier belegten Kuchenrost stürzen und erkalten lassen. Das mitgebackene Backpapier abziehen. Den Tortenboden auf eine Tortenplatte legen und einen Tortenring oder den gesäuberten Springformrand darumstellen.

5. Zum Tränken Zucker und Wasser in einem kleinen Topf unter Rühren aufkochen. Die Mischung so lange kochen lassen, bis sich der Zucker vollständig gelöst hat. Den Saft unterrühren. Den Tortenboden mit der Wasser-Saft-Mischung beträufeln.

6. Für den Belag die Himbeeren in einem Sieb auftauen und gut abtropfen lassen, den Saft dabei auffangen.

7. Den Himbeersaft mit Himbeersirup und Wasser auf 200 ml ergänzen. Die Himbeeren auf Küchenpapier geben und trocken tupfen.

8. Buttermilch mit Puderzucker, Zitronenschale und -saft in einer Schüssel gut verrühren. Die Himbeer-Flüssigkeit unterrühren.

9. Die Gelatine nach Packungsanleitung einweichen. Die Gelatine leicht ausdrücken und in einem kleinen Topf bei schwacher Hitze unter Rühren auflösen.

10. Die aufgelöste Gelatine zunächst mit etwa 4 Esslöffeln von der Buttermilch-Mischung verrühren, dann unter die restliche Buttermilch-Mischung rühren.

11. Sobald die Buttermilch-Mischung anfängt dicklich zu werden, Sahne steif schlagen und unterheben.

12. Die Himbeeren auf dem Tortenboden verteilen. Buttermilchcreme daraufgeben, glatt streichen. Die Himbeer-Buttermilch-Torte zugedeckt etwa 3 Stunden in den Kühlschrank stellen.

13. Den Tortenring oder Springformrand vorsichtig lösen und entfernen. Sahne mit Sahnesteif steif schlagen und in einen Spritzbeutel mit Sterntülle füllen. Die Tortenoberfläche mit der Sahne verzieren und mit einigen Zitronenmelisseblättchen und Himbeeren garnieren.

Tipp: Zum Tränken den Orangensaft durch Himbeergeist ersetzen.

Himbeer-Frischkäse-Torte

Für Gäste
16 Stücke

Pro Stück: E: 5 g, F: 18 g, Kh: 31 g, kJ: 1317, kcal: 315

Für den Biskuitteig:
3 Eier (Größe M)
1 EL heißes Wasser
150 g Zucker
1 Pck. Dr. Oetker Vanillin-Zucker
100 g Weizenmehl
50 g Speisestärke
2 gestr. TL Dr. Oetker Backin

Zum Bestreichen:
150 g Zartbitter-Kuvertüre
1 TL Butter

Für die Füllung:
3 Blatt weiße Gelatine
250 g frische oder TK-Himbeeren
200 g Doppelrahm-Frischkäse
1 EL Zitronensaft
50 g Zucker
400 g Schlagsahne
1 Pck. Dr. Oetker Sahnesteif

Für den Belag:
200 g Schlagsahne
1 Pck. Dr. Oetker Vanillin-Zucker
1 Pck. Dr. Oetker Sahnesteif

etwas Schokolade (Zartbitter oder Vollmilch)
einige verlesene Himbeeren

Zubereitungszeit: 90 Minuten, ohne Kühlzeit
Backzeit: etwa 30 Minuten

1. Den Backofen vorheizen.
Ober-/Unterhitze: etwa 180 °C
Heißluft: etwa 160 °C

2. Für den Teig Eier und Wasser in einer Rührschüssel mit Handrührgerät mit Rührbesen auf höchster Stufe in 1 Minute schaumig schlagen. Den Zucker und Vanillin-Zucker mischen, in 1 Minute einstreuen, dann noch etwa 2 Minuten weiterschlagen.

3. Mehl mit Speisestärke und Backpulver mischen, auf die Eiercreme geben und kurz auf niedrigster Stufe unterrühren.

4. Den Teig in eine Springform (Ø 28 cm, Boden gefettet, mit Backpapier belegt) geben, glatt streichen.

5. Die Form auf dem Rost in den vorgeheizten Backofen schieben. Den Biskuitboden **etwa 30 Minuten backen.**

6. Den Biskuitboden aus der Form lösen und auf einen mit Backpapier belegten Kuchenrost stürzen. Das mitgebackene Backpapier abziehen und den Boden erkalten lassen.

7. Zum Bestreichen zunächst den Biskuitboden einmal waagerecht durchschneiden. Die Kuvertüre in Stücke hacken und mit der Butter in einem Topf im Wasserbad bei schwacher Hitze unter Rühren schmelzen. Beide Biskuitböden auf den Innenflächen und an den Rändern damit bestreichen. Die Kuvertüre fest werden lassen.

8. Für die Füllung Gelatine nach Packungsanleitung einweichen. Frische Himbeeren verlesen, evtl. kurz abspülen und abtropfen lassen. Die TK-Himbeeren auftauen lassen. 1–2 Esslöffel Himbeeren beiseitelegen. Restliche Himbeeren pürieren.

9. Frischkäse mit Zitronensaft, Zucker und Himbeerpüree glatt rühren. Die Gelatine leicht ausdrücken und in einem kleinen Topf bei schwacher Hitze unter Rühren auflösen.

10. Die aufgelöste Gelatine zunächst mit etwa 4 Esslöffeln von der Frischkäsemasse verrühren, dann unter die restliche Frischkäsemasse rühren.

11. Sobald die Frischkäse-Gelatine-Masse anfängt dicklich zu werden, Sahne mit Sahnesteif steif schlagen und unterheben. Die beiseitegelegten Himbeeren ebenfalls unterheben.

12. Einen Biskuitboden mit der Schokoladenseite nach oben auf eine Tortenplatte legen. Von der Himbeer-Frischkäse-Creme 3–4 Esslöffel abnehmen und beiseitestellen. Restliche Himbeer-Frischkäse-Creme auf den Biskuitboden geben und glatt streichen. Den zweiten Biskuitboden mit der Schokoladenseite nach unten darauflegen und leicht andrücken. Den Tortenrand mit der beiseitegestellten Himbeercreme bestreichen.

13. Für den Belag die Sahne mit Vanillin-Zucker und Sahnesteif steif schlagen. Die Sahne auf die Tortenoberfläche geben und grob verstreichen.

14. Schokolade in feine Stücke hacken. Die Torten mit Himbeeren und Schokolade garnieren.

Tipp: Sie können auch einen fertigen, gekauften, hellen Wiener Boden (Ø 26–28 cm) verwenden.

Himbeer-Haferflocken-Tarte

Schnell

16 Stücke

Pro Stück: E: 4 g, F: 11 g, Kh: 20 g, kJ: 807, kcal: 193

Für den Schüttelteig:

100 g Butter oder Margarine
200 g Weizenmehl
2 gestr. TL Dr. Oetker Backin
30 g Haferflocken, blütenzart
120 g Zucker
1 Pck. Dr. Oetker Bourbon-Vanille-Zucker
3 Eier (Größe M)
4 EL Milch

300 g TK-Himbeeren

Für den Guss:

200 g Schlagsahne

Zubereitungszeit: 15–20 Minuten
Backzeit: 30–35 Minuten

1. Den Backofen vorheizen.
Ober-/Unterhitze: etwa 200 °C
Heißluft: etwa 180 °C

2. Für den Teig Butter oder Margarine in einem kleinen Topf zerlassen und abkühlen lassen. Mehl mit Backpulver mischen, in eine verschließbare Schüssel (etwa 3-Liter-Inhalt) geben und mit den Haferflocken, Zucker und Vanille-Zucker mischen.

3. Eier, Milch und zerlassene Butter oder Margarine hinzufügen. Schüssel mit dem Deckel fest verschließen und mehrmals kräftig schütteln (insgesamt 15–30 Sekunden), sodass alle Zutaten gut vermischt sind.

4. Alles mit einem Schneebesen oder Rührlöffel nochmals sorgfältig durchrühren, damit trockene Zutaten vom Rand mit untergerührt werden.

5. Den Teig in eine Tarteform (Ø 28 cm, gefettet) geben und glatt streichen. Die gefrorenen Himbeeren auf den Teig streuen. Die Form auf dem Rost in den vorgeheizten Backofen schieben. Die Himbeer-Haferflocken-Tarte **30–35 Minuten backen.**

6. Für den Guss die Form auf einen Kuchenrost stellen. Die Sahne nach und nach vorsichtig auf die heiße Tarte gießen. Die Himbeer-Haferflocken-Tarte in der Form erkalten lassen.

Tipp: Nachdem die Sahne auf die Tarte gegeben wurde, zusätzlich 30 g geröstete, gehobelte Mandeln auf die Tarte streuen.

Himbeer-Quark-Torte | Einfach

12 Stücke

Pro Stück: E: 10 g, F: 6 g, Kh: 28 g,
kJ: 922, kcal: 220

Für den Quark-Öl-Teig:

150 g Weizenmehl
4 gestr. TL Dr. Oetker Backin
10 g gesiebtes Kakaopulver
75 g Magerquark
100 ml Milch
50 ml Speiseöl, z. B. Sonnenblumenöl
40 g Zucker
1 Pck. Dr. Oetker Vanillin-Zucker
1 Röhrchen Butter-Vanille-Aroma
1 Prise Salz

Für den Quark-Belag:

2 Eiweiß (Größe M)
500 g Magerquark
50 g Zucker
2 Eigelb (Größe M)
15 g Speisestärke
1 Pck. Dr. Oetker Finesse Geriebene Zitronenschale

500 g verlesene, frische oder TK-Himbeeren

Für den Guss:

1 Pck. ungezuckerter Tortenguss, rot
50 g Zucker
250 ml (1/4 l) Wasser

Zubereitungszeit: 50 Minuten, ohne Abkühlzeit
Backzeit: etwa 50 Minuten

1. Für den Teig Mehl mit Backpulver und Kakaopulver in einer Rührschüssel mischen. Die restlichen Zutaten hinzufügen und mit Handrührgerät mit Knethaken auf höchster Stufe in 1 Minute zu einem Teig verarbeiten (nicht zu lange, Teig klebt sonst).

2. Den Backofen vorheizen.
Ober-/Unterhitze: etwa 160 °C
Heißluft: etwa 140 °C

3. Teig leicht mit Mehl bestäuben, aus der Schüssel nehmen und auf einer Arbeitsfläche nochmals kurz durchkneten. Teig auf dem Boden einer Springform (Ø 26 cm, gefettet) ausrollen, Springformrand darumstellen. Den Teigrand knapp 3 cm hochdrücken.

4. Für den Belag Eiweiß steif schlagen. Quark, Zucker, Eigelb, Speisestärke und Zitronenschale in einer Rührschüssel gut verrühren. Den Eischnee unterheben.

5. Die Quarkmasse auf den Teigboden geben und glatt streichen. Die Form auf dem Rost in den vorgeheizten Backofen schieben. Die Quark-Torte **etwa 50 Minuten backen.**

6. Die Form auf einen Kuchenrost stellen. Die Quark-Torte etwas abkühlen lassen. Anschließend die Quark-Torte aus der Form lösen, auf einen mit Backpapier belegten Kuchenrost setzen und erkalten lassen.

7. Frische oder aufgetaute Himbeeren auf der Torte verteilen.

8. Für den Guss aus Tortengusspulver, Zucker und Wasser einen Guss nach Packungsanleitung zubereiten und auf den Himbeeren verteilen. Den Guss fest werden lassen.

Himbeertarte mit Eiskonfekt

Schnell – raffiniert

16 Stücke

Pro Stück: E: 3 g, F: 13 g, Kh: 30 g, kJ: 1088, kcal: 260

Für den Schüttelteig:

125 g Butterschmalz
170 g Weizenmehl
2 gestr. TL Dr. Oetker Backin
2 gestr. EL Hartweizengrieß
150 g Zucker
3 Eier (Größe M)
2 EL Orangensaft

Für die Füllung:

300 g TK-Himbeeren

Zum Bestreichen und Garnieren:

2 EL Himbeergelee
200 g Eiskonfekt

evtl. etwas Puderzucker

Zubereitungszeit: 15–20 Minuten, ohne Abkühlzeit
Backzeit: 30–35 Minuten

1. Den Backofen vorheizen.
Ober-/Unterhitze: etwa 180 °C
Heißluft: etwa 160 °C

2. Für den Teig das Butterschmalz in einem kleinen Topf zerlassen und abkühlen lassen. Das Mehl mit Backpulver mischen, in eine verschließbare Schüssel (etwa 3-Liter-Inhalt) geben und mit Grieß und Zucker mischen.

3. Eier, Orangensaft und zerlassenes Butterschmalz hinzufügen. Die Schüssel mit dem Deckel fest verschließen und mehrmals kräftig schütteln (insgesamt 15–30 Sekunden), sodass alle Zutaten gut vermischt sind.

4. Alles mit einem Schneebesen oder Rührlöffel nochmals sorgfältig durchrühren, damit trockene Zutaten vom Rand mit untergerührt werden.

5. Den Teig in eine Tarteform (Ø 28 cm, gefettet) geben und glatt streichen. Die gefrorenen Himbeeren auf dem Teig verteilen. Die Form auf dem Rost in den vorgeheizten Backofen schieben. Die Himbeertarte **30–35 Minuten backen.**

6. Zum Bestreichen und Garnieren die Form auf einen Kuchenrost stellen. Himbeergelee glatt rühren. Die heiße Tarte sofort mithilfe eines Pinsels damit bestreichen. Die Tarte erkalten lassen.

7. Das Eiskonfekt in grobe Stücke hacken. Die Himbeertarte mit Eiskonfektstücken bestreuen und nach Belieben mit Puderzucker bestäuben.

Tipp: Der Orangensaft kann durch die gleiche Menge Himbeergeist ersetzt werden.

Himbeertorte mit Joghurtcreme

Ohne zu backen – fruchtig

16 Stücke

Pro Stück: E: 4 g, F: 13 g, Kh: 24 g, kJ: 989, kcal: 236

Für den Boden:

12 Zwiebäcke
200 g Nuss-Nougat

Für die Creme:

6 Blatt weiße Gelatine
300 g Joghurt
150 g saure Sahne
50 g Zucker
1 Pck. Dr. Oetker Vanillin-Zucker
1 Pck. Dr. Oetker Finesse Geriebene Zitronenschale
3–4 EL Zitronensaft
250 g Schlagsahne

500 g Himbeeren
2 Pck. ungezuckerter Tortenguss, rot
4 EL Zucker
200 ml Johannisbeernektar, rot oder schwarz
300 ml Wasser
40 g gehobelte Mandeln
125 g Schlagsahne

Zubereitungszeit: 40 Minuten, ohne Kühlzeit

1. Für den Boden die Zwiebäcke in Stücke brechen und in einen Gefrierbeutel geben. Den Beutel fest verschließen. Die Zwiebäcke mit einer Teigrolle fein zerbröseln und in eine Schüssel geben.

2. Nougat in einem kleinen Topf im heißen Wasserbad bei schwacher Hitze unter Rühren schmelzen, zu den Zwiebackbröseln geben. Zutaten gut vermischen.

3. Die Bröselmasse in eine Springform (Ø 26 cm, Boden gefettet, mit Backpapier belegt) geben und mit einem Löffel fest zu einem Boden andrücken. Den Bröselboden zugedeckt mindestens 15 Minuten in den Kühlschrank stellen.

4. Für die Creme Gelatine nach Packungsanleitung einweichen. Joghurt, saure Sahne, Zucker, Vanillin-Zucker, Zitronenschale und -saft verrühren. Die Gelatine leicht ausdrücken und in einem kleinen Topf bei schwacher Hitze unter Rühren auflösen. Die aufgelöste Gelatine zunächst mit etwa 4 Esslöffeln von der Joghurtmasse verrühren, dann unter die restliche Joghurtmasse rühren. Die Joghurtmasse in den Kühlschrank stellen.

5. Sobald die Joghurtmasse anfängt dicklich zu werden, Sahne steif schlagen und unterheben. Joghurtcreme auf den Bröselboden geben und glatt streichen. Die Torte zugedeckt mindestens 2 Stunden in den Kühlschrank stellen.

6. Die Himbeeren verlesen, evtl. kurz abspülen und gut abtropfen lassen. Himbeeren auf der Torte verteilen. Aus Tortengusspulver, Zucker, Nektar und Wasser einen Guss nach Packungsanleitung, aber mit den hier angegebenen Zutaten, zubereiten. Den Guss auf den Himbeeren verteilen. Die Torte zugedeckt in den Kühlschrank stellen, bis der Guss fest geworden ist.

7. In der Zwischenzeit die Mandeln in einer Pfanne ohne Fett unter Wenden goldbraun rösten und auf einen Teller geben. Die Torte vorsichtig aus der Springform lösen, den Springformrand und das Backpapier entfernen. Die Torte auf eine Tortenplatte setzen.

8. Die Sahne steif schlagen. Den Tortenrand dünn mit Sahne bestreichen und mit Mandeln bestreuen.

Holländer Kirschtorte | Klassisch
12 Stücke

Pro Stück: E: 3 g, F: 19 g, Kh: 34 g, kJ: 1369, kcal: 327

300 g TK-Blätterteig

Für die Kirschfüllung:
25 g Speisestärke
2 Pck. Dr. Oetker Vanillin-Zucker
250 ml (1/4 l) Sauerkirschsaft (aus dem Glas), evtl. mit Wasser aufgefüllt
370 g abgetropfte Sauerkirschen (aus dem Glas)

Für die Sahnefüllung:
500 g Schlagsahne
25 g Zucker
1 Pck. Dr. Oetker Vanillin-Zucker
2 Pck. Dr. Oetker Sahnesteif

Für den Guss:
100 g gesiebter Puderzucker
3–4 EL Zitronensaft oder Wasser

Zubereitungszeit: 60 Minuten, ohne Auftau-, Ruhe- und Abkühlzeit
Backzeit: etwa 15 Minuten je Boden

1. Blätterteigplatten zugedeckt nach Packungsanleitung auftauen lassen.

2. Je die Hälfte der Blätterteigplatten versetzt aufeinanderlegen. Die vorstehenden Ecken leicht einklappen. Blätterteig jeweils auf dem Boden einer Springform (Ø 26 cm, gefettet, mit Wasser besprenkelt) ausrollen.

3. Die Teigböden mit einer Gabel mehrmals einstechen und etwa 15 Minuten ruhen lassen.

4. Den Backofen vorheizen.
Ober-/Unterhitze: etwa 200 °C
Heißluft: etwa 180 °C

5. Die Böden ohne Springformrand nacheinander (bei Heißluft zusammen) auf dem Rost in den vorgeheizten Backofen schieben. Die Blätterteigböden **etwa 15 Minuten je Boden backen.**

6. Die Blätterteigböden sofort von den Springformböden lösen, einzeln auf je einen mit Backpapier belegten Kuchenrost legen und erkalten lassen.

7. Für die Kirschfüllung die Speisestärke mit Vanillin-Zucker mischen, mit etwa 4 Esslöffeln von dem Saft anrühren. Restlichen Saft in einem Topf zum Kochen bringen. Die angerührte Speisestärke in den von der Kochstelle genommenen Saft rühren und unter Rühren aufkochen lassen. Den Topf von der Kochstelle nehmen, die Kirschen unterrühren. Die Kirschmasse erkalten lassen.

8. Für die Sahnefüllung Sahne mit Zucker, Vanillin-Zucker und Sahnesteif steif schlagen. Etwa 5 Esslöffel davon in einen Spritzbeutel mit großer Sterntülle füllen.

9. Einen Blätterteigboden auf eine Tortenplatte legen. Die Kirschmasse vorsichtig darauf verteilen. Einen Sahnering außen als Rand auf die Kirschmasse spritzen. Den Sahnering innen mit der restlichen Sahne ausstreichen.

10. Für den Guss Puderzucker und Zitronensaft oder Wasser zu einer dickflüssigen Masse verrühren.

11. Den zweiten Blätterteigboden vorsichtig mit dem Guss bestreichen. Den Guss fest werden lassen. Den Blätterteigboden mit einem Sägemesser oder einem elektrischen Messer in 12 Tortenstücke schneiden. Die Tortenstücke auf die Sahnefüllung legen.

Italienisches Cremeherz

Für Gäste – ohne zu backen

12 Stücke

Pro Stück: E: 5 g, F: 13 g, Kh: 17 g,
kJ: 909, kcal: 217

Zum Tränken:

etwa 18 Löffelbiskuits
125 ml (1/8 l) starker, gezuckerter Kaffee

Für die Creme:

1 Pck. gemahlene Gelatine, weiß
Saft von
1 Orange
3 Eigelb (Größe M)
100 g Zucker
1 Pck. Dr. Oetker Vanillin-Zucker
250 g Crème fraîche
3 Eiweiß (Größe M)

Zum Garnieren und Verzieren:

50 g gehobelte Mandeln
1 Bio-Orange (unbehandelt, ungewachst)
125 g Schlagsahne
etwas Puderzucker

Zubereitungszeit: 30 Minuten, ohne Kühlzeit

1. Zum Tränken die Löffelbiskuits in eine flache Schale legen und mit dem Kaffee beträufeln.

2. Für die Creme die Gelatine mit Orangensaft nach Packungsanleitung in einem kleinen Topf anrühren und quellen lassen. Eigelb in einer Rührschüssel mit Handrührgerät mit Rührbesen schaumig schlagen. Nach und nach die Hälfte des Zuckers, Vanillin-Zucker und Crème fraîche unterrühren.

3. Die gequollene Gelatine im Topf unter Rühren bei schwacher Hitze auflösen. Die Gelatine unter die Eigelbcreme rühren.

4. Das Eiweiß steif schlagen. Nach und nach den restlichen Zucker kurz unterschlagen. Den Eischnee vorsichtig unter die Eigelbcreme heben.

5. Ein Drittel der getränkten Löffelbiskuits in eine Herzform (Ø 24 cm, etwa 1-Liter-Inhalt) legen. Die Hälfte der Creme darauf verteilen. Wieder ein Drittel der Löffelbiskuits darauflegen und mit der restlichen Creme bestreichen. Die restlichen Löffelbiskuits daraufgeben. Cremeherz zugedeckt etwa 2 Stunden in den Kühlschrank stellen.

6. Zum Garnieren und Verzieren die Mandeln in einer Pfanne ohne Fett unter Wenden goldbraun rösten und auf einen Teller geben. Die Orange heiß abspülen, abtrocknen und die Schale mit einem Zestenreißer abziehen. Die Sahne steif schlagen.

7. Das Cremeherz vorsichtig auf eine Tortenplatte stürzen. Herzrand und -oberfläche mit der Sahne bestreichen. Den Herzrand mit Mandeln bestreuen. Die Herzoberfläche mit Puderzucker bestäuben und mit Orangenschalenstreifen garnieren.

Hinweis: Nur ganz frische Eier verwenden, die nicht älter als 5 Tage sind (Legedatum beachten!). Das Cremeherz im Kühlschrank aufbewahren und innerhalb von 24 Stunden verzehren.

Tipps: Nach Belieben etwas Aprikosenkonfitüre oder Orangenmarmelade durch ein Sieb streichen, in ein Pergamentpapiertütchen füllen und Herzen auf die Tortenoberfläche spritzen. Nach Belieben die Löffelbiskuits zusätzlich mit 3 Esslöffeln Kaffeelikör oder Weinbrand tränken.

Jello-O-Himbeertorte

Raffiniert – für Gäste

12 Stücke

Pro Stück: E: 7 g, F: 18 g, Kh: 43 g, kJ: 1531, kcal: 365

Zum Vorbereiten:

1 Beutel aus
1 Pck. Götterspeise Himbeer-Geschmack
450 ml Wasser
100 g Zucker

Für den Biskuitteig:

60 g Butter
4 Eier (Größe M)
120 g Zucker
1 Pck. Dr. Oetker Vanillin-Zucker
1 Pck. Dr. Oetker Finesse Geriebene Zitronenschale
1 Prise Salz
120 g Weizenmehl
60 g Speisestärke
2 gestr. TL Dr. Oetker Backin

Für den Guss:

80 g weiche Butter
120 g Puderzucker
1 Pck. Dr. Oetker Vanillin-Zucker
200 g Doppelrahm-Frischkäse

250 g verlesene Himbeeren
einige gehobelte Mandeln
einige vorbereitete Minzeblättchen

Zubereitungszeit: 50 Minuten, ohne Kühlzeit
Backzeit: etwa 25 Minuten

1. Zum Vorbereiten Götterspeise in einem kleinen Topf mit 250 ml (1/4 l) Wasser anrühren und etwa 5 Minuten quellen lassen. Zucker hinzugeben und bei schwacher Hitze unter Rühren auflösen. Den Topf von der Kochstelle nehmen und restliches Wasser einrühren. Die Götterspeise-Flüssigkeit in eine runde, flache Schale (Ø etwa 26 cm) gießen und zugedeckt etwa 4 Stunden in den Kühlschrank stellen.

2. Den Backofen vorheizen.
Ober-/Unterhitze: etwa 180 °C
Heißluft: etwa 160 °C

3. Für den Teig Butter in einem kleinen Topf zerlassen und abkühlen lassen. Die Eier in einer Rührschüssel mit Handrührgerät mit Rührbesen auf höchster Stufe in 1 Minute schaumig schlagen. Zucker mit Vanillin-Zucker, Zitronenschale und Salz mischen, in 1 Minute einstreuen, dann noch etwa 2 Minuten weiterschlagen.

4. Mehl mit Speisestärke und Backpulver mischen, die Hälfte davon auf die Eiercreme geben und kurz auf niedrigster Stufe unterrühren. Restliches Mehlgemisch auf die gleiche Weise unterarbeiten. Zuletzt die zerlassene Butter kurz unterrühren.

5. Den Teig in eine Springform (Ø 26 cm, Boden gefettet, mit Backpapier belegt) geben und glatt streichen. Form auf dem Rost in den vorgeheizten Backofen schieben. Den Biskuitboden **etwa 25 Minuten backen.**

6. Den Biskuitboden vorsichtig aus der Form lösen und auf einen mit Backpapier belegten Kuchenrost stürzen. Das mitgebackene Backpapier abziehen. Den Biskuitboden erkalten lassen. Anschließend den Boden einmal waagerecht durchschneiden und den unteren Boden auf eine Tortenplatte legen.

7. Die Schale mit der Götterspeise kurz in heißes Wasser stellen, dann die Götterspeiseplatte vorsichtig auf den Biskuitboden gleiten lassen. Den oberen Biskuitboden darauflegen.

8. Für den Guss Butter, Puderzucker und Vanillin-Zucker in einer Rührschüssel mit Handrührgerät mit Rührbesen geschmeidig rühren. Den Frischkäse unterrühren.

9. Tortenoberfläche und -rand mit der Frischkäse-Butter-Creme bestreichen. Die Tortenoberfläche mit Himbeeren belegen, mit Mandeln bestreuen und mit Minzeblättchen garnieren.

10. Die Torte zugedeckt etwa 30 Minuten in den Kühlschrank stellen.

Joghurt-Frucht-Torte

Fruchtig – dauert länger

12 Stücke

Pro Stück: E: 7 g, F: 24 g, Kh: 36 g,
kJ: 1667, kcal: 399

Für den Knetteig:

150 g Weizenmehl
50 g Zucker
1 Pck. Dr. Oetker Vanillin-Zucker
1 Prise Salz
100 g Butter oder Margarine

Für den Biskuitteig:

2 Eier (Größe M)
50 g Zucker
1 Pck. Dr. Oetker Vanillin-Zucker
50 g Weizenmehl
25 g Speisestärke
1 gestr. TL Dr. Oetker Backin

Zum Bestreichen:

2 EL Johannisbeergelee

Für die Joghurtsahne:

8 Blatt weiße Gelatine
500 g Joghurt
60 g Zucker
4–5 EL Zitronensaft
500 g Schlagsahne

Zum Garnieren:

etwa 500 g vorbereitetes Obst, z. B. Melonenstücke, Erdbeer- und Weintraubenhälften
einige geröstete, gehobelte Mandeln

Zubereitungszeit: 60 Minuten, ohne Kühlzeit
Backzeit: Knetteig etwa 15 Minuten,
Biskuitteig etwa 25 Minuten

1. Für den Knetteig Mehl in eine Rührschüssel geben. Restliche Zutaten hinzufügen und mit Handrührgerät mit Knethaken zunächst kurz auf niedrigster, dann auf höchster Stufe gut durcharbeiten.

2. Anschließend auf einer leicht bemehlten Arbeitsfläche zu einem glatten Teig verkneten. Sollte er kleben, ihn in Frischhaltefolie gewickelt eine Zeit lang kalt stellen.

3. Den Backofen vorheizen.
Ober-/Unterhitze: etwa 200 °C
Heißluft: etwa 180 °C

4. Teig auf dem Boden einer Springform (Ø 26 cm, gefettet) ausrollen, den Springformrand darumstellen. Den Teigboden mit einer Gabel mehrmals einstechen. Die Form auf dem Rost in den vorgeheizten Backofen schieben und den Knetteigboden **etwa 15 Minuten backen.**

5. Die Form auf einen Kuchenrost stellen. Den Springformrand lösen und entfernen. Den Knetteigboden sofort vom Springformboden lösen, aber darauf erkalten lassen.

6. Für den Biskuitteig in der Zwischenzeit die Eier in einer Rührschüssel mit Handrührgerät mit Rührbesen auf höchster Stufe in 1 Minute schaumig schlagen. Den Zucker und Vanillin-Zucker mischen, in 1 Minute einstreuen, noch etwa 2 Minuten weiterschlagen.

7. Mehl mit Speisestärke und Backpulver mischen, auf die Eiercreme geben und kurz auf niedrigster Stufe unterrühren. Teig in eine Springform (Ø 26 cm, Boden gefettet, mit Backpapier belegt) geben und glatt streichen.

8. Die Form auf dem Rost in den heißen Backofen schieben. Den Biskuitboden **bei gleicher Backofentemperatur etwa 25 Minuten backen.**

9. Die Form auf einen Kuchenrost stellen. Den Biskuitboden aus der Form lösen und auf einen mit Backpapier belegten Kuchenrost stürzen. Das mitgebackene Backpapier abziehen. Den Biskuitboden erkalten lassen.

10. Zum Bestreichen den Knetteigboden auf eine Tortenplatte legen und mit Johannisbeergelee bestreichen. Den Biskuitboden darauflegen und leicht andrücken. Einen Tortenring darumstellen.

11. Für die Joghurtsahne Gelatine nach Packungsanleitung einweichen. Joghurt mit Zucker und Zitronensaft verrühren. Die Gelatine leicht ausdrücken und in einem kleinen Topf bei schwacher Hitze unter Rühren auflösen. Die aufgelöste Gelatine zunächst mit etwa 4 Esslöffeln von der Joghurtmasse verrühren, dann unter die restliche Joghurtmasse rühren.

12. Sobald die Joghurtmasse anfängt dicklich zu werden, Sahne steif schlagen und unterheben. Die Joghurtsahne auf den Boden in den Tortenring geben und glatt streichen. Die Torte zugedeckt etwa 3 Stunden in den Kühlschrank stellen.

13. Zum Garnieren das vorbereitete Obst auf der Tortenoberfläche verteilen. Die Torte bis zum Servieren zugedeckt in den Kühlschrank stellen.

14. Den Tortenring vorsichtig lösen und entfernen. Den Tortenrand mit Mandelblättchen bestreuen.

Tipps: Für eine Buttermilch-Frucht-Torte den Joghurt durch die gleiche Menge Buttermilch ersetzen. Die Torte kann bereits am Vortag zubereitet werden, dann aber das Obst erst am Verzehrtag darauflegen. Den Tortenrand können Sie auch mit gehackten Pistazienkernen garnieren.

Joghurt-Heidelbeer-Torte

Raffiniert – für Gäste

16 Stücke

Pro Stück: E: 6 g, F: 19 g, Kh: 47 g, kJ: 1613, kcal: 387

750 g TK-Heidelbeeren

Für den Streuselteig:

250 g Weizenmehl
160 g Butter oder Margarine
70 g Zucker
1 Eigelb (Größe M)

Für den Biskuitteig:

2 Eier (Größe M)
1 Eiweiß (Größe M)
50 g Zucker
60 g Weizenmehl
1 EL gesiebtes Kakaopulver

1 Bio-Orange (unbehandelt, ungewachst)

Für die Füllung:

9 Blatt weiße Gelatine
150 g Zucker
300 g Joghurt
400 g Schlagsahne

2 Pck. ungezuckerter Tortenguss, klar
50 g Zucker
500 ml (½ l) schwarzer Johannisbeernektar

Zubereitungszeit: 90 Minuten, ohne Auftau- und Kühlzeit
Backzeit: Knetteig etwa 12 Minuten je Boden, Biskuitteig etwa 12 Minuten

1. Von den Heidelbeeren 450 g in einer Rührschüssel auftauen lassen. Die restlichen Heidelbeeren zunächst eingefroren lassen.

2. Den Backofen vorheizen.
Ober-/Unterhitze: etwa 200 °C
Heißluft: etwa 180 °C

3. Für den Streuselteig Mehl in eine Rührschüssel geben. Restliche Zutaten hinzufügen und mit Handrührgerät mit Rührbesen zunächst kurz auf niedrigster, dann auf höchster Stufe zu Streuseln verarbeiten.

4. Die Hälfte der Streusel in eine Springform (Ø 28 cm, Boden gefettet, mit Backpapier belegt) geben und fest andrücken. Einen Tortenring (Ø knapp 28 cm) auf ein Backblech (mit Backpapier belegt) stellen. Die restlichen Streusel hineingeben und zu einem Boden andrücken, den Tortenring entfernen.

5. Die Form auf dem Rost und das Backblech nacheinander (bei Heißluft zusammen) in den vorgeheizten Backofen schieben. Die Streuselböden **etwa 12 Minuten je Boden backen.**

6. Die Form und das Backblech auf Kuchenroste stellen. Die Streuselböden erkalten lassen.

7. Für den Biskuitteig Eier und Eiweiß in einer Rührschüssel mit Handrührgerät mit Rührbesen auf höchster Stufe in 1 Minute schaumig schlagen. Den Zucker in 1 Minute einstreuen, dann noch etwa 2 Minuten weiterschlagen.

8. Mehl mit Kakao mischen, auf die Eiercreme geben und kurz auf niedrigster Stufe unterrühren. Den Teig auf den Streuselboden in der Springform geben und glatt streichen. Die Form wieder auf dem Rost in den heißen Backofen schieben. Den Biskuit-Streusel-Boden **bei gleicher Backofentemperatur etwa 12 Minuten backen.**

9. Den Springformrand lösen und entfernen. Den Biskuit-Streusel-Boden mit dem Backpapier vom Springformboden auf einen Kuchenrost ziehen. Den Biskuit-Streusel-Boden erkalten lassen.

10. Orange heiß abspülen, abtrocknen und die Schale abreiben. Die Orange halbieren, den Saft auspressen. Biskuit-Streusel-Boden mit Orangensaft beträufeln.

11. Für die Füllung Gelatine nach Packungsanleitung einweichen. Die aufgetauten Heidelbeeren kurz grob pürieren. Zucker, Joghurt und Orangenschale unterrühren. Die Gelatine leicht ausdrücken und in einem

kleinen Topf bei schwacher Hitze unter Rühren auflösen. Die aufgelöste Gelatine zunächst mit 4–5 Esslöffeln von der Heidelbeer-Joghurt-Masse verrühren, dann unter die restliche Heidelbeer-Joghurt-Masse rühren. Heidelbeer-Joghurt-Masse in den Kühlschrank stellen, dabei gelegentlich umrühren.

12. Sobald die Heidelbeer-Joghurt-Masse anfängt dicklich zu werden, Sahne steif schlagen. Die Heidelbeer-Joghurt-Masse glatt rühren und die Sahne unterheben. Den Biskuit-Streusel-Boden auf eine Tortenplatte legen und einen Tortenring darumstellen. Die Heidelbeer-Joghurt-Creme daraufgeben und glatt streichen. Den zweiten Streuselboden darauflegen. Die Torte zugedeckt 3–4 Stunden in den Kühlschrank stellen.

13. Gefrorene Heidelbeeren auf der Tortenoberfläche verteilen. Aus Tortengusspulver, Zucker und Nektar einen Guss nach Packungsanleitung zubereiten. Den Guss auf die Heidelbeeren geben. Die Torte nochmals zugedeckt 1–2 Stunden in den Kühlschrank stellen.

Johannisbeer-Joghurt-Torte

Fruchtig – erfrischend

12 Stücke

Pro Stück: E: 5 g, F: 15 g, Kh: 29 g, kJ: 1194, kcal: 285

Zum Vorbereiten:

2–3 EL gehobelte Mandeln

Für den Biskuitteig:

2 Eier (Größe M)
2–3 EL heißes Wasser
100 g Zucker
1 Pck. Dr. Oetker Vanillin-Zucker
75 g Weizenmehl
50 g Speisestärke
1 gestr. TL Dr. Oetker Backin

Für die Füllung:

8 Blatt weiße Gelatine
500 g rote Johannisbeeren
5–6 EL Zucker
150 g Joghurt
5 EL roter Johannisbeernektar
250 g Schlagsahne

Zum Bestreichen und Verzieren:

250 g Schlagsahne
1 Pck. Dr. Oetker Sahnesteif
1 TL Zucker
einige Johannisbeerrispen
1–2 EL Zucker

Zubereitungszeit: 50 Minuten, ohne Kühlzeit
Backzeit: 20–25 Minuten

1. Zum Vorbereiten die Mandeln in einer Pfanne ohne Fett unter Wenden goldbraun rösten und auf einen Teller geben.

2. Den Backofen vorheizen.
Ober-/Unterhitze: etwa 180 °C
Heißluft: etwa 160 °C

3. Für den Teig Eier und Wasser in einer Rührschüssel mit Handrührgerät mit Rührbesen auf höchster Stufe in 1 Minute schaumig schlagen. Zucker mit Vanillin-Zucker mischen, in 1 Minute einstreuen, dann noch etwa 2 Minuten weiterschlagen.

4. Mehl mit Speisestärke und Backpulver mischen, auf die Eiercreme geben und kurz auf niedrigster Stufe unterrühren. Teig in eine Springform (Ø 26 cm, Boden gefettet, mit Backpapier belegt) geben und glatt streichen.

5. Die Form auf dem Rost in den vorgeheizten Backofen schieben und den Biskuitboden **20–25 Minuten backen.**

6. Den Biskuitboden vorsichtig aus der Form lösen und auf einen mit Backpapier belegten Kuchenrost stürzen. Das mitgebackene Backpapier abziehen und den Boden erkalten lassen.

7. Für die Füllung Gelatine nach Packungsanleitung einweichen. Johannisbeeren abspülen, abtropfen lassen und von den Rispen streifen.

8. Die Johannisbeeren pürieren und durch ein feines Sieb streichen. Johannisbeermus mit Zucker, Joghurt und Nektar verrühren. Gelatine leicht ausdrücken und in einem kleinen Topf bei schwacher Hitze unter Rühren auflösen. Die aufgelöste Gelatine zunächst mit etwa 4 Esslöffeln von der Johannisbeer-Joghurt-Masse verrühren, dann unter die restliche Johannisbeer-Joghurt-Masse rühren.

9. Sobald die Johannisbeer-Joghurt-Masse anfängt dicklich zu werden, Sahne steif schlagen und unterheben.

10. Biskuitboden einmal waagerecht durchschneiden. Den unteren Boden auf eine Tortenplatte legen und einen Tortenring darumstellen. Die Johannisbeersahne auf den unteren Tortenboden geben und glatt streichen. Den oberen Tortenboden darauflegen und leicht andrücken. Die Torte 2–3 Stunden in den Kühlschrank stellen.

11. Zum Bestreichen und Verzieren den Tortenring vorsichtig lösen und entfernen. Sahne mit Sahnesteif und Zucker steif schlagen. Tortenoberfläche und -rand

mit zwei Dritteln der Sahne bestreichen. Die restliche Sahne in einen Spritzbeutel mit Lochtülle füllen. Die Tortenoberfläche mit der Sahne verzieren. Den Tortenrand mit den gerösteten Mandeln bestreuen.

12. Die Johannisbeerrispen abspülen, etwas abtropfen lassen und angefeuchtet in dem Zucker wälzen. Die gezuckerten Johannisbeerrispen auf die Tortenoberfläche legen.

Kalter Hund in Weiß

Ohne zu backen – exotisch

20 Stücke

Pro Stück: E: 4 g, F: 19 g, Kh: 33 g, kJ: 1327, kcal: 317

Für die Schokoladensahne:

550 g weiße Kuvertüre
250 g Schlagsahne
200 g getrocknete Früchte, z. B. Mango, Papaya und Ananas

300 g Butterkekse
4 EL Kokosraspel

Zum Garnieren:

2 EL Kokosraspel
100 g Physalis (Kapstachelbeeren)

Zubereitungszeit: 40 Minuten, ohne Kühlzeit

1. Für die Schokoladensahne die Kuvertüre in Stücke hacken. Die Sahne in einen Topf geben und unter Rühren aufkochen lassen. Den Topf von der Kochstelle nehmen. Die Kuvertürestücke zu der heißen Sahne geben und unter Rühren darin auflösen. Die Schokoladensahne auf Zimmertemperatur abkühlen lassen.

2. Die getrockneten Früchte in grobe Stücke hacken. Die Schokoladensahne mit einem Schneebesen gut durchrühren. 3–4 Esslöffel von der Schokoladensahne in eine Kastenform (25 x 11 cm, mit Frischhaltefolie ausgelegt) geben und glatt streichen.

3. Die Schokoladensahne mit einer Schicht aus Butterkeksen belegen, die Butterkekse dafür evtl. mit einem Sägemesser zurechtschneiden oder zerbrechen.

4. Die Butterkeksschicht mit 1 Esslöffel Kokosraspel bestreuen und wieder mit 3–4 Esslöffeln Schokoladensahne bestreichen. Dann mit einer weiteren Schicht aus Butterkeksen belegen, mit 1 Esslöffel Kokosraspel bestreuen und wieder mit 3–4 Esslöffeln Schokoladensahne bestreichen.

5. Die Hälfte der getrockneten Fruchtstückchen und 1 Esslöffel Kokosraspel auf die Schokoladensahne streuen und mit einem Löffel leicht andrücken.

6. Anschließend wieder 3–4 Esslöffel Schokoladensahne in die Kastenform geben und vorsichtig auf der Fruchtschicht verstreichen. Die Schokoladensahne mit einer Schicht aus Butterkeksen belegen, mit der restlichen Schokoladensahne bestreichen und mit den restlichen getrockneten Fruchtstückchen und den restlichen Kokosraspeln bestreuen. Die Frucht-Kokos-Schicht wieder mit einem Löffel leicht andrücken und mit den restlichen Butterkeksen belegen.

7. Den Kalten Hund mit Frischhaltefolie zudecken und mindestens 6 Stunden in den Kühlschrank stellen.

8. Den Kalten Hund vorsichtig aus der Form auf eine Kuchenplatte stürzen. Die Frischhaltefolie entfernen. Den Kalten Hund mit Kokosraspeln bestreuen und mit abgespülten und trocken getupften Physalis garnieren.

Kalter Hund mit Erdbeeren

Fruchtig – ohne zu backen

24 Stücke

Pro Stück: E: 3 g, F: 20 g, Kh: 24 g, kJ: 1195, kcal: 285

Zum Vorbereiten:

300 g Butterkekse

Für die Erdbeer-Schokoladencreme:

250 g Kokosfett
500 g Trumpf Schogetten Joghurt-Erdbeer
3 EL Erdbeerkonfitüre

Zum Garnieren:

4–6 frische Erdbeeren
1 EL Kakaopulver
50 g weiße Kuchenglasur

Zubereitungszeit: 40 Minuten, ohne Kühlzeit

1. Zum Vorbereiten den Boden einer Kastenform (30 x 11 cm, mit Frischhaltefolie ausgelegt), mit Butterkeksen auslegen, dabei evtl. einige Butterkekse mit einem Sägemesser zurechtschneiden oder zerbrechen.

2. Für die Erdbeer-Schokoladencreme das Kokosfett in Stücke schneiden und in einem Topf im Wasserbad bei schwacher Hitze unter Rühren schmelzen. Den Topf aus dem Wasserbad nehmen. 400 g Schogetten zu dem heißen Kokosfett geben und unter Rühren darin auflösen. Die Erdbeerkonfitüre unterrühren. Die restlichen Schogetten fein hacken.

3. Von der Erdbeer-Schokoladencreme etwa 4 Esslöffel auf die Butterkekse in der Form geben und glatt streichen. Die Erdbeer-Schokoladencreme mit einigen gehackten Schogetten bestreuen und mit einer Schicht aus Butterkeksen belegen. An die längeren Seiten der Kastenform die Butterkekse dicht aneinander an den Rand stellen.

4. Abwechselnd die Erdbeer-Schokoladencreme, die gehackten Schogetten und die Butterkekse in die Kastenform schichten, bis die Zutaten aufgebraucht sind. Die letzte Schicht sollte aus Butterkeksen bestehen. Den Kalten Hund zugedeckt etwa 5 Stunden (am besten über Nacht) in den Kühlschrank stellen.

5. Zum Garnieren den Kalten Hund vorsichtig aus der Form auf eine Kuchenplatte stürzen. Die Frischhaltefolie entfernen. Die Erdbeeren abspülen, gut abtropfen lassen, nicht entstielen, aber evtl. halbieren.

6. Den Kalten Hund mit dem Kakao bestäuben und mit den Erdbeeren garnieren. Die Kuchenglasur in einem kleinen Topf im Wasserbad nach Packungsanleitung schmelzen. Den Kalten Hund mit der Glasur beträufeln.

Karibik-Charlotte

Ohne zu backen – mit Alkohol

16 Stücke

Pro Stück: E: 5 g, F: 16 g, Kh: 21 g, kJ: 1112, kcal: 266

Für den Boden und den Rand:

200 g Löffelbiskuits
100 g Butter

Für die Blue-Curaçao-Creme:

1 Bio-Limette (unbehandelt, ungewachst)
6 Blatt weiße Gelatine
150 ml Ananassaft (aus der Dose)
3 EL weißer Rum
3 EL Blue Curaçao
200 g Magerquark
60 g Zucker
400 g Schlagsahne
490 g abgetropfte Ananasscheiben (aus der Dose)

Zum Garnieren:

50 g Kokoschips
3 EL Blue Curaçao

Zubereitungszeit: 45 Minuten, ohne Kühlzeit

1. Für den Boden und den Rand 14–16 Löffelbiskuits halbieren und beiseitelegen. Restliche Löffelbiskuits in einen Gefrierbeutel geben und den Beutel fest verschließen. Die Löffelbiskuits mit einer Teigrolle fein zerbröseln und in eine Rührschüssel geben.

2. Die Butter in einem kleinen Topf zerlassen und zu den Biskuitbröseln geben. Die Zutaten gut verrühren.

3. Biskuitbrösel-Masse in eine Springform (Ø 26 cm, Boden gefettet, mit Backpapier belegt) geben und mit einem Löffel fest zu einem Boden andrücken.

4. Die halbierten Löffelbiskuits mit dem Zuckerrand nach außen an den Springformrand stellen. Den vorbereiteten Tortenboden und -rand zugedeckt in den Kühlschrank stellen.

5. Für die Blue-Curaçao-Creme die Limette heiß abspülen und abtrocknen. Die Schale fein abreiben. Die Limette halbieren und den Saft auspressen.

6. Die Gelatine nach Packungsanleitung einweichen. Den Ananassaft in einem kleinen Topf zum Kochen bringen und etwa 6 Minuten köcheln lassen. Den Topf von der Kochstelle nehmen. Rum, Blue Curaçao und Limettensaft hinzugeben. Die Gelatine leicht ausdrücken und in der Flüssigkeit unter Rühren auflösen.

7. Den Quark mit dem Zucker und der Limettenschale in einer Schüssel glatt rühren. Die Gelatinemischung zunächst mit etwa 3 Esslöffeln von der Quarkmasse verrühren, dann unter die restliche Quarkmasse rühren. Die Sahne steif schlagen und vorsichtig unter die Quarkmasse heben.

8. Knapp die Hälfte der Quarkcreme auf den Bröselboden geben und glatt streichen. Die Quarkcreme mit 4–5 Ananasscheiben belegen. Die restliche Quarkcreme daraufgeben und glatt streichen. Die Karibik-Charlotte zugedeckt mindestens 4 Stunden in den Kühlschrank stellen.

9. Zum Garnieren die Kokoschips in einen Gefrierbeutel geben. Blue Curaçao hinzugeben. Den Beutel fest verschließen und so lange schütteln, bis die Kokoschips blau sind.

10. Die restlichen Ananasscheiben in Stücke schneiden. Die Karibik-Charlotte mit Ananasstücken und blauen Kokoschips garnieren.

Karibik-Kokos-Torte | Ohne zu backen

12 Stücke

Pro Stück: E: 6 g, F: 16 g, Kh: 40 g, kJ: 1384, kcal: 331

Zum Vorbereiten:

	3 Lagen von
1	*hellen Wiener Boden (Ø etwa 26 cm)*
etwa 100 ml	*Multivitaminsaft*
340 g	*abgetropfte Ananasscheiben (aus der Dose)*

Für die Füllung und den Belag:

500 g	*Schlagsahne*
40 g	*Puderzucker*
200 ml	*Multivitaminsaft*
1 Pck.	*Saucenpulver Vanille-Geschmack ohne Kochen*
250 g	*Magerquark*
25 g	*Kokosraspel oder Kokoschips*

Zubereitungszeit: 25 Minuten

1. Zum Vorbereiten jede Lage des Biskuitbodens mit 4–5 Esslöffeln Multivitaminsaft beträufeln. Einen Boden auf eine Tortenplatte legen und mit 6–7 Ananasscheiben belegen. Einen Tortenring darumstellen. Restliche Ananasscheiben in Stücke schneiden und beiseitelegen.

2. Für die Füllung und den Belag die Sahne in einer Rührschüssel mit Handrührgerät mit Rührbesen steif schlagen, dabei nach und nach den Puderzucker einrieseln lassen.

3. Den Multivitaminsaft in eine Schüssel geben. Das Saucenpulver dazugeben und mit einem Schneebesen gründlich verrühren. Quark unterrühren. Den Multivitamin-Quark in 2–3 Portionen mit einem Schneebesen unter die Sahne ziehen. Multivitamin-Quark-Creme in 3 Portionen teilen.

4. Eine Portion Multivitamin-Quark-Creme auf den mit den Ananasscheiben belegten Tortenboden geben und glatt streichen. Den mittleren Tortenboden darauflegen, leicht andrücken und mit einer weiteren Portion Multivitamin-Quark-Creme bestreichen. Den oberen Boden darauflegen und leicht andrücken.

5. Die Tortenoberfläche und und den -rand mit der restlichen Multivitamin-Quark-Creme bestreichen. Die Torte bis zum Servieren zugedeckt in den Kühlschrank stellen.

6. Die Kokosraspel oder -chips in einer Pfanne ohne Fett unter Wenden goldbraun rösten und auf einen Teller geben. Die Torte vor dem Servieren mit den gerösteten Kokosraspeln oder -chips und den beiseitegelegten Ananasstücken garnieren.

Tipp: Sie können auch selbst einen Biskuitboden zubereiten. Dafür 4 Eier (Größe M) in einer Rührschüssel mit Handrührgerät mit Rührbesen auf höchster Stufe in 1 Minute schaumig schlagen. 125 g Zucker mit 1 Päckchen Dr. Oetker Vanillin-Zucker mischen, in 1 Minute einstreuen, dann noch etwa 2 Minuten weiterschlagen. 100 g Weizenmehl, 1 gestrichenen Teelöffel Dr. Oetker Backin und 50 g Speisestärke mischen, auf die Eiercreme geben und kurz auf niedrigster Stufe unterrühren. Den Teig in eine Springform (Ø 26 cm, Boden gefettet, mit Backpapier belegt) geben und glatt streichen. Die Form auf dem Rost in den vorgeheizten Backofen (Ober/Unterhitze: etwa 180 °C, Heißluft: etwa 160 °C) schieben. Den Biskuitboden etwa 25 Minuten backen. Anschließend aus der Form lösen, auf einen mit Backpapier belegten Kuchenrost stürzen und erkalten lassen. Das mitgebackene Backpapier abziehen und den Biskuitboden zweimal waagerecht durchschneiden.

Käse-Beeren-Torte | Ohne zu backen

14 Stücke

Pro Stück: E: 7 g, F: 14 g, Kh: 23 g, kJ: 1035, kcal: 248

Für den Boden:

90 g Butter oder Margarine
150 g Löffelbiskuits

Für den Belag:

10 Blatt weiße Gelatine
600 g fettreduzierter Frischkäse (16 % Fett)
300 g fettarmer Joghurt (1,5 % Fett)
125 g Zucker
180 ml weißer Traubensaft
20 ml Zitronensaft
300 g gemischte, frische Beeren, z. B. rote Johannisbeeren und Himbeeren

Zubereitungszeit: 40 Minuten, ohne Kühlzeit

1. Für den Boden Butter oder Margarine in einem kleinen Topf zerlassen und etwas abkühlen lassen. Eine Tortenspitze oder ein Stück Backpapier (Ø etwa 28 cm) auf eine Tortenplatte legen und einen Tortenring oder Springformrand (Ø 26 cm) daraufstellen.

2. Die Löffelbiskuits in einen Gefrierbeutel geben. Den Beutel fest verschließen. Die Löffelbiskuits mit einer Teigrolle fein zerbröseln und in eine Rührschüssel geben. Die zerlassene Butter oder Margarine zu den Biskuitbröseln geben, die Zutaten gut verrühren. Die Bröselmasse auf die Tortenplatte in den Tortenring oder Springformrand geben, mit einem Löffel fest zu einem Boden andrücken. Den Bröselboden zugedeckt in den Kühlschrank stellen.

3. Für den Belag Gelatine nach Packungsanleitung einweichen. Frischkäse mit Joghurt und Zucker in einer Rührschüssel mit Handrührgerät mit Rührbesen geschmeidig rühren. Die Gelatine leicht ausdrücken, mit Trauben- und Zitronensaft in einem kleinen Topf bei schwacher Hitze unter Rühren auflösen.

4. Die aufgelöste Gelatine zuerst mit etwa 2 Esslöffeln von der Frischkäse-Joghurt-Masse verrühren, dann unter die restliche Frischkäse-Joghurt-Masse rühren. Die Frischkäse-Joghurt-Masse in den Kühlschrank stellen.

5. Die Beeren evtl. verlesen, evtl. abspülen, abtropfen lassen und entstielen. Einige Beeren zum Garnieren beiseitelegen. Sobald die Frischkäse-Joghurt-Masse anfängt dicklich zu werden, die restlichen Beeren unterheben.

6. Die Frischkäse-Joghurt-Beeren-Masse auf den Bröselboden geben und glatt streichen. Die Käse-Beeren-Torte zugedeckt etwa 4 Stunden in den Kühlschrank stellen.

7. Den Tortenring oder Springformrand vorsichtig lösen und entfernen. Die Käse-Beeren-Torte mit den beiseitegelegten Beeren garnieren.

Tipps: Die Käse-Beeren-Torte nach Belieben mit etwas Puderzucker bestäuben. Im Kühlschrank hält sich die Torte 2–3 Tage frisch.

Käsekuchen mit Kirschen | Klassisch

12 Stücke

Pro Stück: E: 12 g, F: 16 g, Kh: 120 g, kJ: 1459, kcal: 348

Für den Knetteig:

150 g Weizenmehl
1/2 gestr. TL Dr. Oetker Backin
75 g Zucker
1 Pck. Dr. Oetker Vanillin-Zucker
1 Prise Salz
1 Ei (Größe M)
75 g weiche Butter oder Margarine

Für die Quarkmasse:

3 Eiweiß (Größe M)
1 Prise Salz
70 g Speisequark (20 % Fett)
200 g Schlagsahne
1 Pck. Dr. Oetker Finesse Geriebene Zitronenschale
150 g Zucker
50 g Weichweizengrieß
3 Eigelb (Größe M)

175 g abgetropfte Sauerkirschen (aus dem Glas)

Zubereitungszeit: 50 Minuten, ohne Abkühlzeit
Backzeit: etwa 80 Minuten

1. Für den Teig Mehl mit Backpulver mischen und in eine Rührschüssel geben. Restliche Zutaten hinzufügen und mit Handrührgerät mit Knethaken zunächst kurz auf niedrigster, dann auf höchster Stufe gut durcharbeiten.

2. Anschließend auf einer leicht bemehlten Arbeitsfläche zu einem glatten Teig verkneten. Den Teig in Frischhaltefolie gewickelt eine Zeit lang kalt stellen.

3. Den Backofen vorheizen.
Ober-/Unterhitze: etwa 200 °C
Heißluft: etwa 180 °C

4. Zwei Drittel des Knetteiges auf dem Boden einer Springform (Ø 26 cm, gefettet) ausrollen, den Springformrand darumstellen. Den Teig mit einer Gabel mehrmals einstechen. Die Form auf dem Rost in den vorgeheizten Backofen schieben. Den Knetteigboden **etwa 10 Minuten vorbacken.**

5. Die Form auf einen Kuchenrost stellen. Den Knetteigboden etwas abkühlen lassen. Die Backofentemperatur um etwa 40 °C herunterschalten. Restlichen Teig zu einer langen Rolle formen, auf den vorgebackenen Boden legen und so an die Form drücken, dass ein etwa 3 cm hoher Rand entsteht.

6. Für die Quarkmasse Eiweiß mit Salz steif schlagen. Quark, Sahne, Zitronenschale, Zucker, Grieß und Eigelb in eine Rührschüssel geben und mit Handrührgerät mit Rührbesen glatt rühren. Den Eischnee in 2 Portionen kurz unter die Quarkmasse rühren.

7. Die Kirschen auf dem vorgebackenen Boden verteilen, dabei einen etwa 2 cm breiten Rand frei lassen. Die Quarkmasse daraufgeben und glatt streichen. Die Form wieder auf dem Rost in den heißen Backofen schieben. Käsekuchen in **etwa 70 Minuten fertig backen.**

8. Den Käsekuchen noch etwa 15 Minuten im ausgeschalteten Backofen bei leicht geöffneter Backofentür stehen lassen. Dann die Form auf einen Kuchenrost stellen. Den Käsekuchen in der Form erkalten lassen. Den Käsekuchen vorsichtig aus der Form lösen und auf eine Tortenplatte setzen.

Käsekuchen mit Obst

Etwas Besonderes – ohne zu backen

16 Stücke

Pro Stück: E: 7 g, F: 14 g, Kh: 31 g, kJ: 1218, kcal: 291

Für den Boden:

100 g Nussplätzchen
75 g Löffelbiskuits
125 g Butter

Für die Füllung:

100 g frische oder TK-Himbeeren
8 Blatt weiße Gelatine
300 g Joghurt
500 g Magerquark
125 g Zucker
1 Pck. Dr. Oetker Vanillin-Zucker
1 Pck. Dr. Oetker Finesse Geriebene Zitronenschale
250 g Schlagsahne

Für die Belag:

etwa 1 kg frisches, gemischtes Obst, z. B. Kiwis, Erdbeeren, Himbeeren, Pfirsiche, Physalis (Kapstachelbeeren)

Für den Guss:

2 Pck. ungezuckerter Tortenguss, klar
75 g Zucker
500 ml (1/2 l) Apfelsaft

Zubereitungszeit: 50 Minuten, ohne Kühlzeit

1. Für den Boden Nussplätzchen und Löffelbiskuits in einen Gefrierbeutel geben. Den Beutel fest verschließen. Das Gebäck mit einer Teigrolle fein zerbröseln und in eine Rührschüssel geben. Die Butter in einem kleinen Topf zerlassen und zu den Bröseln geben. Die Zutaten gut verrühren.

2. Ein Stück Backpapier auf eine Tortenplatte legen. Einen Tortenring oder Springformrand (Ø 26 cm) daraufstellen. Die Bröselmasse in den Tortenring oder Springformrand geben und mit einem Löffel fest zu einem Boden andrücken. Den Bröselboden kurz in den Kühlschrank stellen.

3. Für die Füllung frische Himbeeren verlesen, evtl. kurz abspülen und abtropfen lassen. TK-Himbeeren auftauen lassen.

4. Die Gelatine nach Packungsanleitung einweichen. Joghurt mit Quark, Zucker, Vanillin-Zucker und Zitronenschale in einer Rührschüssel geschmeidig rühren. Die Gelatine leicht ausdrücken und in einem kleinen Topf bei schwacher Hitze unter Rühren auflösen. Die aufgelöste Gelatine zunächst mit 2–3 Esslöffeln von der Quark-Joghurt-Masse verrühren, dann unter die restliche Quark-Joghurt-Masse rühren. Die Sahne steif schlagen und unterheben.

5. Die Himbeeren auf dem Bröselboden verteilen. Die Quark-Joghurt-Creme daraufgeben und glatt streichen. Den Käsekuchen zugedeckt in den Kühlschrank stellen.

6. Für den Belag das Obst abspülen, trocken tupfen und evtl. in Stücke schneiden (Kiwis vorher in Scheiben schneiden und in kochendem Wasser kurz blanchieren). Die Obststücke auf den Käsekuchen legen.

7. Für den Guss aus Tortengusspulver, Zucker und Apfelsaft einen Guss nach Packungsanleitung, aber mit den hier angegebenen Zutaten, zubereiten und auf dem Obst verteilen. Den Käsekuchen zugedeckt etwa 3 Stunden in den Kühlschrank stellen. Den Tortenring oder Springformrand vorsichtig lösen und entfernen.

Kefir-Kirsch-Torte

Erfrischend – dauert länger

16 Stücke

Pro Stück: E: 12 g, F: 20 g, Kh: 56 g, kJ: 1913, kcal: 457

Für den Biskuitteig:

9 Eier (Größe L)
160 g Zucker
200 g Weizenmehl
50 g abgezogene, gemahlene Mandeln
15 g gesiebtes Kakaopulver

Für die Füllung:

12 Blatt weiße Gelatine
250 ml (1/4 l) Sauerkirschsaft (aus dem Glas)
150 g Zucker
500 g Kefir
600 g Schlagsahne
760 g abgetropfte Sauerkirschen (aus dem Glas)
etwa 12 EL Sauerkirschsaft (aus dem Glas)

Zum Garnieren:

4 Eier (Größe L)
80 g Zucker
80 g Weizenmehl
1 TL Kakaopulver

Für den Guss:

1 Pck. ungezuckerter Tortenguss, rot
30 g Zucker
250 ml (1/4 l) Sauerkirschsaft (aus dem Glas)

Zubereitungszeit: 80 Minuten, ohne Kühlzeit
Backzeit: etwa 52 Minuten

1. Den Backofen vorheizen.
Ober-/Unterhitze: etwa 180 °C
Heißluft: etwa 160 °C

2. Einen Tortenring (Ø 22 cm, Höhe 9 cm) auf ein Backblech (mit Backpapier belegt) stellen. Das Backpapier am äußeren Rand hochziehen, die Ecken zusammendrehen und mit einem Bindfaden festbinden, damit der Teig später nicht herauslaufen kann.

3. Für den Teig Eier in einer Rührschüssel mit Handrührgerät mit Rührbesen auf höchster Stufe in 1 Minute schaumig schlagen. Den Zucker in 1 Minute einstreuen, dann noch etwa 4 Minuten weiterschlagen.

4. Das Mehl mit Mandeln und Kakao mischen, die Hälfte davon auf die Eiercreme geben und kurz auf niedrigster Stufe unterrühren. Restliches Mehlgemisch auf die gleiche Weise unterarbeiten. Den Teig in den Tortenring geben und glatt streichen. Das Backblech in den vorgeheizten Backofen schieben. Den Biskuitboden **etwa 40 Minuten backen.**

5. Das Backblech auf einen Kuchenrost stellen. Den Biskuitboden erkalten lassen. Dann den Tortenring vorsichtig lösen und entfernen. Den Biskuitboden dreimal waagerecht durchschneiden. Den unteren Boden auf eine Tortenplatte legen, den gesäuberten Tortenring darumstellen (evtl. mit einem Klebestreifen fixieren).

6. Für die Füllung Gelatine nach Packungsanleitung einweichen. 250 ml (1/4 l) Kirschsaft in einem kleinen Topf erhitzen. Gelatine ausdrücken und in dem heißen Saft unter Rühren auflösen. Die Saftmischung in eine große Edelstahlschüssel gießen, den Zucker unterrühren. Den Kefir ebenfalls unterrühren. Die Edelstahlschüssel in Eiswasser stellen, die Kefirmasse unter gelegentlichem Rühren gelieren lassen.

7. Sahne steif schlagen, etwa 4 Esslöffel davon abnehmen und in den Kühlschrank stellen. Die gelierte Kefirmasse glatt rühren. Zunächst etwa 3 Esslöffel der restlichen Sahne mit einem Schneebesen unterrühren. Restliche Sahne mit einem Teigschaber unterheben. Etwa 2 Esslöffel Kirschen auf dem unteren Biskuitboden verteilen und mit etwa 3 Esslöffeln Kirschsaft beträufeln. Ein Drittel der Kefirsahne daraufgeben und glatt streichen. So fortfahren und über den Tortenring hinaus aufschichten, bis alle Zutaten verbraucht sind. Die Torte mit den restlichen Kirschen belegen und zugedeckt mindestens 6 Stunden in den Kühlschrank stellen.

8. Den Backofen vorheizen.
Ober-/Unterhitze: etwa 180 °C
Heißluft: etwa 160 °C

9. Aus Eiern, Zucker und Mehl einen Biskuitteig wie unter Punkt 3 und 4 beschrieben zubereiten. Etwa 5 Esslöffel des Teiges mit Kakao verrühren und in einen Gefrierbeutel füllen. Restlichen Teig auf ein Backblech (30 x 40 cm, mit Backpapier belegt) geben und glatt streichen. An der offenen Seite des Backblechs einen mehrfach geknickten Streifen Alufolie als Rand legen.

10. Von dem Gefrierbeutel eine kleine Ecke abschneiden. Den dunklen Teig in großen und kleinen Tupfen auf den hellen Teig spritzen. Das Backblech in den vorgeheizten Backofen schieben. Die Biskuitplatte **etwa 12 Minuten backen.**

11. Die Biskuitplatte auf ein mit Zucker bestreutes Stück Backpapier stürzen. Das mitgebackene Backpapier mit kaltem Wasser bestreichen und vorsichtig, aber schnell abziehen. Biskuitplatte erkalten lassen. Aus der Biskuitplatte 2 gleich große Streifen (je etwa 36 x 15 cm) schneiden. Die Torte aus dem Tortenring lösen. Restliche Sahne an den Tortenrand streichen. Die Biskuitstreifen an den Tortenrand drücken.

12. Für den Guss aus Tortengusspulver, Zucker und 250 ml (1/4 l) Saft einen Guss nach Packungsanleitung zubereiten. Die Torte vollständig mit dem Guss überziehen. Guss fest werden lassen. Die Torte bis zum Servieren zugedeckt in den Kühlschrank stellen.

Kirsch-Biskuit-Torte

Für Gäste – beliebt – mit Alkohol

16 Stücke

Pro Stück: E: 5 g, F: 11 g, Kh: 42 g,
kJ: 1264, kcal: 301

Für den Biskuitteig:

4 Eier (Größe M)
4 EL heißes Wasser
175 g feiner Zucker
100 g Weizenmehl
25 g Speisestärke
1 gestr. TL Dr. Oetker Backin
50 g abgezogene, gemahlene Mandeln
4 Tropfen Bittermandel-Aroma (aus dem Röhrchen)

6 EL Kirschwasser
300 g glatt gerührte Kirschkonfitüre

Für die Füllung:

1 Pck. Dr. Oetker Pudding-Pulver Vanille-Geschmack
500 ml (1/2 l) Milch
4 Eigelb (Größe M)
80 g Zucker
1 Pck. Dr. Oetker Vanillin-Zucker

Zum Verzieren und Garnieren:

250 g Schlagsahne
1 EL Zucker
1 Pck. Dr. Oetker Sahnesteif
1 EL Kirschwasser
etwa 15 Amarena-Kirschen (aus dem Glas)

Zubereitungszeit: 50 Minuten, ohne Kühlzeit
Backzeit: etwa 30 Minuten

1. Den Backofen vorheizen.
Ober-/Unterhitze: etwa 180 °C
Heißluft: etwa 160 °C

2. Für den Teig Eier und Wasser mit Handrührgerät mit Rührbesen auf höchster Stufe in 1 Minute schaumig schlagen. Den Zucker in 1 Minute einstreuen, dann noch etwa 2 Minuten weiterschlagen. Mehl mit Speisestärke und Backpulver mischen, die Hälfte davon auf die Eiercreme geben und kurz auf niedrigster Stufe unterrühren. Restliches Mehlgemisch auf die gleiche Weise unterarbeiten. Die Mandeln und das Aroma kurz unterrühren.

3. Den Teig in eine Springform (Ø 26 cm, Boden gefettet, mit Backpapier belegt) geben und glatt streichen. Die Form auf dem Rost in den vorgeheizten Backofen schieben. Den Boden **etwa 30 Minuten backen.**

4. Den Boden aus der Form lösen, auf einen mit Backpapier belegten Kuchenrost stürzen und erkalten lassen. Mitgebackenes Backpapier abziehen. Den Biskuitboden zweimal waagerecht durchschneiden.

5. Die einzelnen Böden mit Kirschwasser beträufeln und 2 der Böden zusätzlich mit Konfitüre bestreichen.

6. Für die Füllung das Pudding-Pulver mit 100 ml von der Milch, Eigelb, Zucker und Vanillin-Zucker anrühren. Restliche Milch in einem Topf zum Kochen bringen. Angerührtes Pudding-Pulver unterrühren und unter Rühren kurz aufkochen lassen. Anschließend die Puddingmasse im kalten Wasserbad weiterschlagen, bis die Creme kalt und dick ist.

7. Einen Tortenring auf eine Tortenplatte stellen. Einen mit Konfitüre bestrichenen Boden hineinlegen und mit einem Drittel der Creme bestreichen. Den zweiten mit Konfitüre bestrichenen Boden darauflegen. Dann die Hälfte der restlichen Creme daraufstreichen. Den mit Kirschwasser getränkten Boden darauflegen und andrücken. Restliche Creme darauf verteilen und glatt streichen. Die Torte zugedeckt etwa 3 Stunden in den Kühlschrank stellen. Den Tortenring vorsichtig lösen und entfernen.

8. Zum Verzieren und Garnieren die Sahne mit Zucker und Sahnesteif steif schlagen, das Kirschwasser kurz unterrühren. Etwa 6 Esslöffel Sahne in einen Spritzbeutel mit Sterntülle füllen. Tortenrand mit restlicher Sahne einstreichen und mit einem Tortengarnierkamm verzieren. Die Tortenoberfläche mit Sahnetuffs aus dem Spritzbeutel und Amarena-Kirschen garnieren.

Kirsch-Eistorte | Ohne zu backen

16 Stücke

Pro Stück: E: 3 g, F: 20 g, Kh: 20 g, kJ: 1155, kcal: 276

Für den Boden:

175 g Waffelröllchen mit Schokolade
100 g Butter

Für den Belag:

3 Eier (Größe M)
100 g Zucker
500 g Schlagsahne
1 Pck. Dr. Oetker Bourbon-Vanille-Zucker
250 g Sauerkirschen

Zum Garnieren:

3 EL Kirschkonfitüre

Zubereitungszeit: 45 Minuten, ohne Gefrierzeit

1. Für den Boden Waffelröllchen in einen Gefrierbeutel geben. Den Beutel fest verschließen. Die Waffelröllchen mit einer Teigrolle fein zerbröseln und in eine Rührschüssel geben.

2. Die Butter in einem kleinen Topf zerlassen und zu den Waffelbröseln geben. Die Zutaten gut verrühren. Die Bröselmasse in eine Springform (Ø 26 cm, Boden gefettet, mit Backpapier belegt) geben und mit einem Löffel fest zu einem Boden andrücken. Den Boden zugedeckt mindestens 1 Stunde in das Gefrierfach stellen.

3. Für den Belag Eier mit Zucker in einer Edelstahlschüssel verrühren und über dem Wasserbad erhitzen. Dabei die Masse ständig mit Handrührgerät mit Rührbesen auf mittlerer Stufe rühren, bis sie dickschaumig ist.

4. Die Schüssel aus dem Wasserbad nehmen. Die Masse erkalten lassen, dabei gelegentlich umrühren. Sahne mit Vanille-Zucker steif schlagen. Die Sahne unter die Creme heben.

5. Die Kirschen abspülen, abtropfen lassen, entstielen und entsteinen, den Saft dabei auffangen. Den aufgefangenen Saft und die Kirschen unter die Hälfte der Sahnecreme heben. Die Kirsch-Sahne-Creme kuppelförmig auf den Tortenboden geben, dabei rundherum einen etwa 2 cm breiten Rand frei lassen.

6. Die restliche Sahnecreme vorsichtig esslöffelweise in die Springform auf die Kirschcreme und den frei gelassenen Rand geben und glatt streichen. Die Torte zugedeckt mindestens 6 Stunden (am besten über Nacht) in das Gefrierfach stellen.

7. Die Torte 1–2 Stunden vor dem Servieren aus dem Gefrierfach nehmen. Den Springformrand vorsichtig lösen und entfernen. Die Torte vom Backpapier lösen und auf eine Tortenplatte setzen.

8. Zum Garnieren die Konfitüre durch ein Sieb streichen und in einen Gefrierbeutel füllen. Eine kleine Ecke abschneiden und die Torte mit der Konfitüre besprenkeln.

Hinweis: Nur ganz frische Eier verwenden, die nicht älter als 5 Tage sind (Legedatum beachten!). Die Eistorte im Gefrierfach aufbewahren und innerhalb von 24 Stunden verzehren.

Kirsch-Mandel-Torte, klein | Fettarm

6 Stücke

Pro Stück: E: 5 g, F: 13 g, Kh: 32 g, kJ: 1111, kcal: 266

Für den Rührteig:

60 g weiche Joghurt-Butter
60 g Zucker
1 Prise Salz
1 Ei (Größe M)
100 g Weizenmehl
25 g Speisestärke
1 gestr. TL Dr. Oetker Backin
20 g abgezogene, gemahlene Mandeln
3 EL Sauerkirschsaft (aus dem Glas)

150 g abgetropfte Sauerkirschen (aus dem Glas)

Zum Bestreuen:

2 EL gehobelte Mandeln

Zubereitungszeit: 15 Minuten
Backzeit: etwa 40 Minuten

1. Den Backofen vorheizen.
Ober-/Unterhitze: etwa 180 °C
Heißluft: etwa 160 °C

2. Für den Teig die Joghurt-Butter in einer Rührschüssel mit Handrührgerät mit Rührbesen auf höchster Stufe geschmeidig rühren. Nach und nach Zucker und Salz unterrühren. So lange rühren, bis eine gebundene Masse entstanden ist.

3. Das Ei etwa ½ Minute unterrühren. Mehl mit Speisestärke, Backpulver und Mandeln mischen und abwechselnd mit dem Kirschsaft unterrühren. Den Teig in eine Springform (Ø 16 cm, gefettet, mit Semmelbröseln ausgestreut) geben und glatt streichen.

4. Die Kirschen auf dem Teig verteilen und mit den Mandeln bestreuen. Die Form auf dem Rost in den vorgeheizten Backofen schieben. Die Kirsch-Mandel-Torte **etwa 40 Minuten backen.**

5. Die Form auf einen Kuchenrost stellen. Die Kirsch-Mandel-Torte in der Form erkalten lassen. Anschließend aus der Form lösen und auf eine Tortenplatte setzen.

Kirsch-Pudding-Torte | Klassisch

12 Stücke

Pro Stück: E: 7 g, F: 15 g, Kh: 42 g, kJ: 1425, kcal: 340

Für den All-in-Teig:

80 g Butter oder Margarine
120 g Weizenmehl
2 gestr. TL Dr. Oetker Backin
50 g abgezogene, gemahlene Mandeln
80 g Zucker
1 Pck. Dr. Oetker Vanillin-Zucker
2 Eier (Größe M)
100 g Buttermilch

Für den Belag:

5 Blatt weiße Gelatine
1 Pck. Dr. Oetker Pudding-Pulver Sahne-Geschmack
70 g Zucker
400 ml Milch
400 g saure Sahne

Zum Bestreuen:

30 g gehobelte Mandeln

Für den Guss:

525 g abgetropfte Sauerkirschen (aus dem Glas)
2 Pck. ungezuckerter Tortenguss, klar
500 ml (1/2 l) Sauerkirschsaft (aus dem Glas)
2 TL Zucker

Zubereitungszeit: 40 Minuten, ohne Kühlzeit
Backzeit: etwa 25 Minuten

1. Für den Teig die Butter oder Margarine in einem kleinen Topf zerlassen und abkühlen lassen.

2. Den Backofen vorheizen.
Ober-/Unterhitze: etwa 180 °C
Heißluft: etwa 160 °C

3. Das Mehl mit Backpulver in einer Rührschüssel mischen. Restliche Zutaten und zerlassene Butter oder Margarine hinzufügen. Die Zutaten mit Handrührgerät mit Rührbesen erst kurz auf niedrigster, dann auf höchster Stufe in etwa 2 Minuten zu einem glatten Teig verarbeiten.

4. Den Teig in eine Springform (Ø 26 cm, Boden gefettet) geben und glatt streichen. Die Form auf dem Rost in den vorgeheizten Backofen schieben. Den Gebäckboden **etwa 25 Minuten backen.**

5. Die Form auf einen Kuchenrost stellen. Den Gebäckboden etwas abkühlen lassen. Anschließend den Boden aus der Form lösen, auf einen mit Backpapier belegten Kuchenrost legen und erkalten lassen.

6. Für den Belag Gelatine nach Packungsanleitung einweichen. Aus Pudding-Pulver, Zucker und Milch einen Pudding nach Packungsanleitung, aber mit den hier angegebenen Mengen, zubereiten. Die Gelatine leicht ausdrücken und in dem heißen Pudding auflösen. Den Pudding unter Rühren etwa 5 Minuten abkühlen lassen.

7. Den Gebäckboden auf eine Tortenplatte legen, einen Tortenring oder den gesäuberten Springformrand darumstellen.

8. Die saure Sahne unter den Pudding rühren. Die Puddingcreme auf den Tortenboden geben und glatt streichen. Die Torte zugedeckt mindestens 2 Stunden in den Kühlschrank stellen.

9. Zum Bestreuen die Mandeln in einer Pfanne ohne Fett unter Wenden goldbraun rösten und auf einen Teller geben.

10. Für den Guss zunächst die Kirschen auf der Puddingcreme verteilen. Aus Tortengusspulver, Saft und Zucker einen Guss nach Packungsanleitung zubereiten und auf den Kirschen verteilen.

11. Die Torte zugedeckt mindestens 1 Stunde in den Kühlschrank stellen.

12. Die Mandelblättchen auf die Torte streuen. Den Tortenring oder Springformrand vorsichtig lösen und entfernen.

Kirschtarte mit Safran und Schmand | Einfach

16 Stücke

Pro Stück: E: 3 g, F: 13 g, Kh: 23 g, kJ: 915, kcal: 219

Für den All-in-Teig:

200 g	*Weizenmehl*
2 gestr. TL	*Dr. Oetker Backin*
0,1 g	*gemahlener Safran*
100 g	*Zucker*
1 Pck.	*Dr. Oetker Vanillin-Zucker*
1 Prise	*Salz*
3	*Eier (Größe M)*
120 g	*weiche Butter*
2 EL	*Milch*
370 g	*abgetropfte Sauerkirschen (aus dem Glas)*

Für den Belag:

300 g	*Schmand (Sauerrahm) oder Crème fraîche*
½ Pck.	*Dr. Oetker Finesse Geriebene Zitronenschale*
½ gestr. TL	*gemahlener Zimt*
2 EL	*brauner Zucker*
einige	*Minzeblättchen*

Zubereitungszeit: 40 Minuten, ohne Kühlzeit
Backzeit: etwa 35 Minuten

1. Den Backofen vorheizen.
Ober-/Unterhitze: etwa 200 °C
Heißluft: etwa 180 °C

2. Für den Teig Mehl mit Backpulver und Safran in einer Rührschüssel mischen. Restliche Zutaten hinzufügen und mit Handrührgerät mit Rührbesen erst kurz auf niedrigster, dann auf höchster Stufe in etwa 2 Minuten zu einem glatten Teig verarbeiten.

3. Den Teig in eine Springform (Ø 26 cm, Boden gefettet) geben und glatt streichen. Die Kirschen auf dem Teig verteilen. Die Form auf dem Rost in den vorgeheizten Backofen schieben und die Kirschtarte **etwa 35 Minuten backen.**

4. Die Form auf einen Kuchenrost stellen. Die Kirschtarte etwas abkühlen lassen. Anschließend die Kirschtarte aus der Form lösen und auf eine Tortenplatte setzen.

5. Für den Belag Schmand oder Crème fraîche mit Zitronenschale verrühren. Die Schmand- oder Crème-fraîche-Creme auf die warme Kirschtarte geben. Die Kirschtarte zugedeckt etwa 1 Stunde in den Kühlschrank stellen.

6. Mit einem Kochlöffelstiel ein Streifen- oder Gittermuster durch die Schmand- oder Crème-fraîche-Creme ziehen. Zimt mit Zucker mischen und auf die Creme streuen. Die Tarte mit abgespülten, trocken getupften Minzeblättchen garnieren.

Knusper-Eistorte, klein

Ohne zu backen

10 Stücke

Pro Stück: E: 4 g, F: 27 g, Kh: 22 g, kJ: 1463, kcal: 349

Für den Boden:

120 g Waffeln ohne Füllung, z. B. Eiswaffelherzen
50 g weiche Butter

Für den Belag:

3 Eigelb (Größe M)
60 g Zucker
1 Pck. Dr. Oetker Vanillin-Zucker
60 g Marzipan-Rohmasse
1 Bio-Saftorange (unbehandelt, ungewachst)
300 g Schlagsahne
125 ml (1/8 l) Schoko-Eisglasur

einige Bio-Orangenscheiben (unbehandelt, ungewachst)

Zubereitungszeit: 30 Minuten, ohne Gefrierzeit

1. Für den Boden die Waffeln in einen Gefrierbeutel geben. Den Beutel fest verschließen. Die Waffeln mit einer Teigrolle grob zerdrücken und in eine Rührschüssel geben. Die Waffelbrösel mit der Butter vermengen.

2. Bröselmasse in eine Springform (Ø 18 cm, Boden gefettet, mit Backpapier belegt) geben und mit einem Löffel fest zu einem Boden andrücken. Den Boden zugedeckt mindestens 1 Stunde in das Gefrierfach stellen.

3. Für den Belag das Eigelb mit Zucker und Vanillin-Zucker schaumig rühren. Die Marzipan-Rohmasse fein raspeln, dazugeben und zu einer geschmeidigen Masse verrühren.

4. Die Orange heiß abspülen und abtrocknen. Die Orangenschale dünn abreiben. Die Orange halbieren, den Saft auspressen. Die Orangenschale mit 3 Esslöffeln Orangensaft zu der Eigelbcreme geben und unterrühren. Die Sahne steif schlagen und unterheben. Die Creme in eine flache Schüssel füllen und zugedeckt etwa 1 1/2 Stunden in das Gefrierfach stellen, bis das Eis streichfähig ist.

5. Die erste Schicht Eis etwa 3 cm dick auf den Waffelboden streichen. Darüber eine dünne Schicht Schokoladenglasur geben, sodass das Eis bedeckt ist. Die Schicht kurz gefrieren lassen.

6. Die zweite Eisschicht einfüllen, mit Schokoladenglasur abdecken und wieder gefrieren lassen. So lange fortfahren, bis das Eis aufgebraucht ist. Die letzte Schicht sollte aus Eis bestehen. Die Torte zugedeckt mindestens 3 Stunden in das Gefrierfach stellen.

7. Die Torte aus der Form lösen und mit Schokoladenglasur besprenkeln. Die Orangenscheiben in kleine Ecken schneiden. Die Eistorte mit den Orangenecken garnieren. Zum Servieren die Eistorte mit einem elektrischen Messer schneiden.

Hinweis: Nur ganz frische Eier verwenden, die nicht älter als 5 Tage sind (Legedatum beachten!). Die Eistorte im Gefrierfach aufbewahren und innerhalb von 24 Stunden verzehren.

Knuspertorte mit Melonenquark

Einfach – ohne zu backen

12–14 Stücke

Pro Stück: E: 8 g, F: 17 g, Kh: 18 g, kJ: 1111, kcal: 265

Für den Boden und die Schoko-Müsli-Häufchen:

100 g Vollmilch-Schokolade
100 g Zartbitter-Schokolade
200 g Vitalis Knusper Müsli

Für den Belag:

1 kleine Galia-Melone (etwa 600 g)
1 Pck. Käse-Sahne Tortencreme (Cremepulver)
500 g Magerquark
500 g Schlagsahne
200 ml Mandarinensaft (aus der Dose), mit Wasser aufgefüllt
175 g abgetropfte Mandarinen (aus der Dose)

Zubereitungszeit: 30 Minuten, ohne Kühlzeit

1. Für den Boden und die Schoko-Müsli-Häufchen Vollmilch- und Zartbitter-Schokolade in Stücke brechen und zusammen in einem kleinen Topf im Wasserbad bei schwacher Hitze unter Rühren schmelzen. Das Müsli in eine Rührschüssel geben, die Schokolade hinzugeben und gut unterrühren. Von der Masse mit 2 Teelöffeln 12–14 kleine Häufchen abstechen und auf ein mit Speiseöl bestrichenes Stück Backpapier setzen.

2. Einen Tortenring oder Springformrand (Ø 26 cm) auf eine mit Tortenspitze oder Backpapier belegte Tortenplatte stellen. Restliche Schoko-Müsli-Masse hineingeben und mit einem Löffel fest zu einem Boden andrücken. Den Knusperboden zugedeckt etwa 30 Minuten in den Kühlschrank stellen.

3. Für den Belag die Melone vierteln und entkernen. Das Fruchtfleisch von der Schale schneiden. Drei Melonenviertel in kleine Würfel, restliches Fruchtfleisch (etwa 150 g) in Spalten schneiden und zugedeckt beiseitestellen.

4. Die Tortencreme nach Packungsanleitung mit dem Quark und der Sahne, aber mit dem Saft anstelle des Wassers, zubereiten.

5. Abgetropfte Melonenwürfel und zwei Drittel der Mandarinen unter die Creme heben. Die Creme auf den Schoko-Müsli-Boden geben und glatt streichen. Die Torte zugedeckt mindestens 3 Stunden in den Kühlschrank stellen. Den Tortenring oder Springformrand vorsichtig lösen und entfernen.

6. Die Torte mit Melonenspalten, restlichen Mandarinen und den Schoko-Müsli-Häufchen garnieren.

Tipps: Die Galia-Melone ist eine Netzmelonenart. Sie können auch eine Quarkcreme aus 5 Blatt weißer Gelatine, 500 g Magerquark, 50 g Zucker, 200 ml Mandarinensaft (aus der Dose) und 500 g Schlagsahne zubereiten. Dafür die Gelatine nach Packungsanleitung einweichen. Quark, Zucker und Saft verrühren. Die eingeweichte Gelatine leicht ausdrücken und in einem kleinen Topf unter Rühren bei schwacher Hitze auflösen. Die Gelatine unter die Quarkmasse rühren. Sahne steif schlagen und unterheben. Die Torte maximal einen Tag vor dem Verzehr zubereiten.

Abwandlung: Die Torte statt mit Melone und Mandarinen nur mit Himbeeren zubereiten. Statt Knusper Müsli können auch Cornflakes verwendet werden.

Kutusov-Torte | Fruchtig

16 Stücke

Pro Stück: E: 4 g, F: 30 g, Kh: 34 g,
kJ: 1772, kcal: 3,0

Zum Vorbereiten:

300 g TK-Beeren, z. B. gemischte Beeren oder Himbeeren, Heidelbeeren, Erdbeeren, Johannisbeeren, oder frische Beeren

Für den All-in-Teig:

250 g Weizenmehl
3 gestr. TL Dr. Oetker Backin
150 g Zucker
2 EL flüssiger Honig
3 Eier (Größe M)
200 g weiche Butter oder Margarine

Für die Füllung:

200 g Butter
200 g Schmand (Sauerrahm, Zimmertemperatur)
100 g Zucker
1 Pck. Dr. Oetker Bourbon-Vanille-Zucker

Zum Bestreichen:

250 g Schlagsahne
1 Pck. Dr. Oetker Sahnesteif
1 Pck. Dr. Oetker Vanillin-Zucker

Zubereitungszeit: 45 Minuten, ohne Auftau- und Kühlzeit
Backzeit: etwa 12 Minuten je Boden

1. Zum Vorbereiten TK-Beeren auf einem großen, mit 2 Lagen Küchenpapier belegten Teller verteilen und auftauen lassen. Frische Beeren evtl. verlesen, abspülen, gut abtropfen lassen und entstielen.

2. Den Backofen vorheizen.
Ober-/Unterhitze: etwa 180 °C
Heißluft: etwa 160 °C

3. Für den Teig Mehl mit Backpulver in einer Rührschüssel mischen. Restliche Zutaten hinzufügen und mit Handrührgerät mit Rührbesen erst kurz auf niedrigster, dann auf höchster Stufe in etwa 2 Minuten zu einem glatten Teig verarbeiten.

4. Den Teig in 3 Portionen teilen. 1 Teigportion in eine Springform (Ø 26 cm, Boden gefettet, mit Backpapier belegt) geben und glatt streichen. Die Form auf dem Rost in den vorgeheizten Backofen schieben und den Gebäckboden **etwa 12 Minuten backen.**

5. Den Gebäckboden aus der Form lösen, auf einen mit Backpapier belegten Kuchenrost legen und erkalten lassen. Das mitgebackene Backpapier abziehen. In der Zwischenzeit aus den restlichen Teigportionen auf die gleiche Weise 2 weitere Böden backen.

6. Für die Füllung Butter in einem kleinen Topf zerlassen und auf Zimmertemperatur abkühlen lassen. Schmand mit Zucker und Vanille-Zucker verrühren. Nach und nach die Butter unter Rühren dazugießen. Die Schmand-Butter-Mischung cremig aufschlagen. Etwa ein Viertel der Creme beiseitestellen.

7. Die restliche Creme halbieren. 2 der Gebäckböden mit jeweils 1 Cremeportion bestreichen. Einige schöne Beeren zum Garnieren beiseitelegen. Restliche Beeren auf den beiden bestrichenen Gebäckböden verteilen. Die beiden Böden zusammensetzen. Den dritten Boden darauflegen und leicht andrücken. Den Tortenrand so mit der restlichen Creme bestreichen, dass die Ränder gut ausgefüllt sind. Die Torte zugedeckt etwa 1 Stunde in den Kühlschrank stellen.

8. Zum Bestreichen die Sahne mit Sahnesteif und Vanillin-Zucker steif schlagen. Tortenrand und -oberfläche damit bestreichen. Die Tortenoberfläche wellenförmig gestalten. Die Torte zugedeckt weitere etwa 2 Stunden in den Kühlschrank stellen. Die Torte mit den beiseitegelegten Beeren garnieren.

Tipps: Den Tortenrand zusätzlich mit 30 g gerösteten, gehobelten Mandeln garnieren. Die Beeren können Sie durch 250 g Pfirsichhälften (aus der Dose, in Spalten geschnitten) oder 350 g Sauerkirschen (aus dem Glas) ersetzen.

Lemon-Ricotta-Cheesecake

Erfrischend
14 Stücke

Pro Stück: E: 8 g, F: 17 g, Kh: 27 g,
kJ: 1246, kcal: 297

Für den Boden:
150 g Cantuccini (ital. Mandelgebäck)
100 g Butter oder Margarine

Für die Füllung:
1 Bio-Zitrone (unbehandelt, ungewachst)
4 Eiweiß (Größe M)
150 g Zucker
1 Prise Salz
750 g Ricotta (ital. Frischkäse)
4 Eigelb (Größe M)

Für den Belag:
2–3 Bio-Zitronen (unbehandelt, ungewachst)
100 g Puderzucker
50 ml Wasser

Zubereitungszeit: 50 Minuten, ohne Kühlzeit
Backzeit: etwa 30 Minuten

1. Für den Boden Cantuccini in einen Gefrierbeutel geben und den Beutel fest verschließen. Das Gebäck mit einer Teigrolle fein zerbröseln und in eine Rührschüssel geben. Butter oder Margarine in einem kleinen Topf zerlassen und zu den Gebäckbröseln geben. Die Zutaten gut vermischen.

2. Die Bröselmasse in eine Springform (Ø 22 cm, gefettet, mit Backpapier belegt) geben und mit einem Löffel fest zu einem Boden andrücken. Den Bröselboden in den Kühlschrank stellen.

3. Den Backofen vorheizen.
Ober-/Unterhitze: etwa 190 °C
Heißluft: etwa 170 °C

4. Für die Füllung die Zitrone heiß abspülen und abtrocknen. Die Schale fein abreiben und den Saft auspressen. Eiweiß mit Zucker und Salz in einer Rührschüssel steif schlagen.

5. Ricotta mit Eigelb, Zitronenschale und 4 Esslöffeln Zitronensaft gut verrühren. Eischnee vorsichtig unter die Ricotta-Masse heben.

6. Die Ricotta-Masse in die Springform geben und glatt streichen.

7. Die Form auf dem Rost in den vorgeheizten Backofen (unteres Drittel) schieben. Den Lemon-Ricotta-Cheesecake **etwa 20 Minuten backen.**

8. Für den Belag in der Zwischenzeit die Zitronen heiß abspülen, abtrocknen und in Scheiben schneiden.

9. Den Puderzucker in einer Pfanne bei mittlerer Hitze goldbraun schmelzen lassen, dabei ab und zu umrühren. Die Masse anschließend mit Wasser ablöschen und weiterkochen lassen, bis sich der Zucker vollständig gelöst hat.

10. Die Pfanne von der Kochstelle nehmen und die Zitronenscheiben in den heißen Karamellsirup legen.

11. Die Form auf einen Kuchenrost stellen. Die Zitronenscheiben rund um den Cheesecake legen (den restlichen Karamellsirup aufheben).

12. Anschließend die Form wieder auf dem Rost in den heißen Backofen schieben. Den Cheesecake **bei gleicher Backofentemperatur in etwa 10 Minuten fertig backen.**

13. Die Form auf einen Kuchenrost stellen. Lemon-Ricotta-Cheesecake in der Form erkalten lassen.

14. Cheesecake vorsichtig aus der Form lösen, auf eine Tortenplatte setzen und zugedeckt mindestens 4 Stunden in den Kühlschrank stellen.

15. Vor dem Servieren die Zitronenscheiben mit dem restlichen Karamellsirup bepinseln.

Tipp: Die Zitronen lassen sich mit einer Brotmaschine gut in gleichmäßig dicke Scheiben schneiden.

Lila Heidelbeertorte, klein

Für Gäste
8 Stücke

Pro Stück: E: 6 g, F: 23 g, Kh: 27 g,
kJ: 1410, kcal: 337

Für den Belag:
125 g abgetropfte Wald-Heidelbeeren (aus dem Glas)
1 EL abgezogene, gemahlene Mandeln

Für den Rührteig:
30 g weiße Schokolade
70 g weiche Butter oder Margarine
2 EL Zucker
1 Pck. Dr. Oetker Vanillin-Zucker
1 Ei (Größe M)
80 g Weizenmehl
½ gestr. TL Dr. Oetker Backin

Für die Creme:
3 Blatt weiße Gelatine
125 g Speisequark (20 % Fett)
30 g Zucker
125 ml (⅛ l) Wald-Heidelbeersaft (aus dem Glas)
125 g Schlagsahne

Zum Garnieren:
1 Blatt weiße Gelatine
70 ml Wald-Heidelbeersaft (aus dem Glas)
125 g Schlagsahne
30 g weiße Schokolade

Zubereitungszeit: 45 Minuten, ohne Kühlzeit
Backzeit: etwa 35 Minuten

1. Für den Belag die Heidelbeeren in eine Schüssel geben und mit den Mandeln verrühren.

2. Den Backofen vorheizen.
Ober-/Unterhitze: etwa 180 °C
Heißluft: etwa 160 °C

3. Für den Teig die Schokolade fein hacken. Butter oder Margarine in einer Rührschüssel mit Handrührgerät mit Rührbesen auf höchster Stufe geschmeidig rühren. Nach und nach Zucker und Vanillin-Zucker unterrühren. So lange rühren, bis eine gebundene Masse entstanden ist.

4. Das Ei etwa ½ Minute unterrühren. Das Mehl mit Backpulver mischen und kurz auf mittlerer Stufe unterrühren. Zuletzt die fein gehackte Schokolade kurz unterrühren.

5. Den Teig in eine Springform (Ø 18 cm, Boden gefettet) geben und glatt streichen. Heidelbeer-Mandel-Masse esslöffelweise auf den Teig geben.

6. Die Form auf dem Rost in den vorgeheizten Backofen schieben. Den Tortenboden **etwa 35 Minuten backen.**

7. Den Tortenboden aus der Form lösen, auf einen mit Backpapier belegten Kuchenrost legen und erkalten lassen.

8. Den Tortenboden auf eine Tortenplatte legen und einen Tortenring oder den gesäuberten Springformrand darumstellen.

9. Für die Creme Gelatine nach Packungsanleitung einweichen. Quark mit Zucker und Heidelbeersaft verrühren. Die Gelatine leicht ausdrücken und in einem kleinen Topf bei schwacher Hitze unter Rühren auflösen. Die aufgelöste Gelatine zunächst mit etwa 4 Esslöffeln von der Quarkmasse verrühren, dann unter die restliche Quarkmasse rühren. Die Quarkmasse in den Kühlschrank stellen.

10. Sobald die Quarkmasse anfängt dicklich zu werden, die Sahne steif schlagen und unterheben. Die Quarkcreme auf den Tortenboden geben und glatt streichen. Die Torte zugedeckt mindestens 2 Stunden in den Kühlschrank stellen.

11. Zum Garnieren die Gelatine durchbrechen und mit dem Heidelbeersaft in einen kleinen Topf geben. Gelatine einweichen und anschließend unter Rühren in dem Saft erwärmen, bis sie aufgelöst ist. Die Flüs-

sigkeit in einen kleinen Gefrierbeutel füllen. Den Beutel gut verschließen und in den Kühlschrank legen. Sobald die Flüssigkeit etwas fester ist, eine kleine Ecke von dem Gefrierbeutel abschneiden und die Torte mit der Flüssigkeit besprenkeln. Die Torte zugedeckt wieder in den Kühlschrank stellen, bis die Sprenkel fest geworden sind.

12. Den Tortenring oder Springformrand vorsichtig lösen und entfernen. Die Sahne steif schlagen. Die Hälfte der Sahne in einen Spritzbeutel mit Lochtülle (Ø 10 mm) füllen. Mit der restlichen Sahne den Tortenrand einstreichen. 8 Tupfen Sahne auf die Torte spritzen. Von der Schokolade dünne Streifen abschaben und auf die Tupfen legen.

Limetten-Marzipan-Schnitten

Dauert länger

13 Stücke

Pro Stück: E: 4 g, F: 18 g, Kh: 22 g,
kJ: 1119, kcal: 267

Zum Vorbereiten:

50 g Marzipan-Rohmasse
1 Bio-Limette (unbehandelt, ungewachst)

Für den Biskuitteig:

50 g Butter oder Margarine
2 Eier (Größe M)
2 EL heißes Wasser
70 g Zucker
1 Prise Salz
80 g Weizenmehl
1 gestr. TL Dr. Oetker Backin

Für die Füllung:

150 g Marzipan-Rohmasse
100 g Zitronenmarmelade
1–2 EL Limettensaft
125 g weiche Butter
1 EL gesiebter Puderzucker

Zum Garnieren:

1 Bio-Limette (unbehandelt, ungewachst)
1 Bio-Zitrone (unbehandelt, ungewachst)

Zubereitungszeit: 40 Minuten, ohne Kühlzeit
Backzeit: 20–25 Minuten

1. Zum Vorbereiten das Marzipan grob raspeln. Die Limette heiß abspülen, abtrocknen und die Schale fein abreiben.

2. Für den Teig die Butter oder Margarine in einem kleinen Topf zerlassen und abkühlen lassen.

3. Den Backofen vorheizen.
Ober-/Unterhitze: etwa 180 °C
Heißluft: etwa 160 °C

4. Eier und Wasser in einer Rührschüssel mit Handrührgerät mit Rührbesen auf höchster Stufe in 1 Minute schaumig schlagen. Zucker mit Salz mischen, in 1 Minute einstreuen, dann noch etwa 2 Minuten weiterschlagen.

5. Mehl mit Backpulver mischen, auf die Eiercreme geben und kurz auf niedrigster Stufe unterrühren. Die Marzipanraspel, Limettenschale und zerlassene Butter oder Margarine kurz unterrühren.

6. Den Teig in eine Kastenform (25 x 11 cm, gefettet, bemehlt) geben und glatt streichen. Die Form auf dem Rost in den vorgeheizten Backofen schieben. Den Kuchen **20–25 Minuten backen.**

7. Die Form auf einen Kuchenrost stellen. Den Kuchen etwas abkühlen lassen. Dann aus der Form lösen, auf einen mit Backpapier belegten Kuchenrost stürzen und erkalten lassen. Den Kuchen zweimal waagerecht durchschneiden.

8. Für die Füllung Marzipan grob raspeln und in eine Rührschüssel geben. Marmelade und Saft hinzufügen. Die Zutaten mit Handrührgerät mit Rührbesen zu einer geschmeidigen Masse verrühren. Die Butter in kleinen Portionen unterrühren. Den Puderzucker ebenfalls kurz unterrühren. Die Marzipan-Buttercreme in 3 Portionen teilen.

9. Den unteren Gebäckboden auf eine Kuchenplatte legen. 1 Portion Marzipan-Buttercreme daraufgeben und glatt streichen. Dann den mittleren Gebäckboden darauflegen, mit 1 weiteren Portion Marzipan-Buttercreme bestreichen und mit dem oberen Gebäckboden belegen.

10. Den Kuchen mit der restlichen Marzipan-Buttercreme bestreichen. Den Limetten-Marzipan-Kuchen zugedeckt etwa 1 Stunde in den Kühlschrank stellen.

11. Zum Garnieren Limette und Zitrone heiß abspülen und abtrocknen. Jeweils die Schale mit einem Zestenreißer in feinen Streifen abziehen.

12. Den Limetten-Marzipan-Kuchen mit Limetten- und Zitronenschale garnieren.

Madeleines-Pfirsich-Charlotte

Ohne zu backen – fruchtig

14 Stücke

Pro Stück: E: 5 g, F: 19 g, Kh: 36 g, kJ: 1391, kcal: 331

Für den Rand und den Boden:

450 g Madeleines Longues (französisches Gebäck)
200 g weiße Kuvertüre
50 g Schlagsahne

Für die Pfirsichcreme:

5 reife Pfirsiche oder 10 abgetropfte Pfirsichhälften (aus der Dose)
2 Pck. Paradiescreme Pfirsich-Geschmack (Dessertpulver)
250 g Schlagsahne
250 g Joghurt

Zubereitungszeit: 35 Minuten, ohne Kühlzeit

1. Für den Rand und den Boden 27–30 Madeleines halbieren (eine Hälfte sollte etwa 5 cm lang sein). Die restlichen Madeleines mit den Händen fein zerbröseln. Von der Kuvertüre etwa 40 g mit einem Messer oder Sparschäler in Spänen abhobeln und zum Garnieren beiseitestellen.

2. Die restliche Kuvertüre in Stücke hacken. Die Sahne in einen Topf geben und unter Rühren aufkochen lassen. Den Topf von der Kochstelle nehmen.

3. Die Kuvertürestücke zu der heißen Sahne geben und unter Rühren darin auflösen. Die Madeleines-Brösel zu der Schokoladensahne geben. Die Zutaten gut vermischen.

4. Die Schokoladen-Brösel-Masse in eine Springform (Ø 26 cm, Boden gefettet, mit Backpapier belegt) geben und mit einem feuchten Löffel fest zu einem Boden andrücken. Die vorbereiteten Madeleines-Hälften mit der Schnittfläche nach unten und der Wölbung nach außen auf den Schokoladen-Brösel-Boden an den Springformrand stellen. Den vorbereiteten Tortenboden und -rand zugedeckt in den Kühlschrank stellen.

5. Für die Pfirsichcreme die frischen Pfirsiche kreuzweise einschneiden, mit kochendem Wasser übergießen und etwa 30 Sekunden darin liegen lassen. Die Pfirsiche mit kaltem Wasser abschrecken, enthäuten, vierteln und entkernen. Die Pfirsichhälften aus der Dose halbieren.

6. Aus Dessertpulver, Sahne und Joghurt eine Creme nach Packungsanleitung, aber mit den hier angegebenen Zutaten, zubereiten.

7. Die Pfirsichviertel auf dem Tortenboden verteilen, dabei 4 Pfirsichviertel in Spalten schneiden und zum Garnieren beiseitelegen. Die Pfirsichcreme auf die Pfirsiche geben und glatt streichen. Die Madeleines-Pfirsich-Charlotte zugedeckt mindestens 4 Stunden in den Kühlschrank stellen.

8. Die Madeleines-Pfirsich-Charlotte vorsichtig aus der Springform lösen und auf eine Tortenplatte setzen. Die Torte mit den Kuvertürespänen und den beiseitegelegten Pfirsichvierteln garnieren.

Tipp: Die Madeleines-Pfirsich-Charlotte evtl. mit dem Backpapier aus der Springform auf eine Tortenplatte ziehen.

Malakoff-Kirsch-Schnitten

Gut vorzubereiten – mit Alkohol
25 Stücke

Pro Stück: E: 3 g, F: 12 g, Kh: 28 g, kJ: 1003, kcal: 239

Für den Knetteig:
200 g Weizenmehl
100 g Butter oder Margarine
50 g Zucker
1 Pck. Dr. Oetker Vanillin-Zucker
2 EL kaltes Wasser oder Kirschwasser

Für die Creme:
1 Pck. Dr. Oetker Pudding-Pulver Vanille-Geschmack
50 g Zucker
500 ml (1/2 l) Milch
150 g Butter
200 g Schlagsahne

Zum Bestreichen und Belegen:
250 g Kirschkonfitüre
200 g Löffelbiskuits

Zum Tränken:
50 ml Kirschwasser
50 ml Wasser
25 g Zucker

Zum Verzieren:
50 g Kirschkonfitüre

Zubereitungszeit: 40 Minuten, ohne Kühlzeit
Backzeit: etwa 15 Minuten

1. Den Backofen vorheizen.
Ober-/Unterhitze: etwa 200 °C
Heißluft: etwa 180 °C

2. Für den Teig das Mehl in eine Rührschüssel geben. Restliche Zutaten hinzufügen und mit Handrührgerät mit Knethaken zunächst kurz auf niedrigster, dann auf höchster Stufe gut durcharbeiten.

3. Anschließend auf einer leicht bemehlten Arbeitsfläche zu einem glatten Teig verkneten. Den Teig auf der leicht bemehlten Arbeitsfläche zu einem Quadrat (etwa 25 x 25 cm) ausrollen. Das Teigquadrat auf ein Backblech (gefettet, mit Backpapier belegt) legen, einen Backrahmen darumstellen.

4. Das Backblech in den vorgeheizten Backofen schieben. Knetteigboden **etwa 15 Minuten backen.**

5. Das Backblech auf einen Kuchenrost stellen. Den Knetteigboden erkalten lassen.

6. Für die Creme aus Pudding-Pulver, Zucker und Milch einen Pudding nach Packungsanleitung zubereiten. Den Topf von der Kochstelle nehmen. Die Butter in Stücke schneiden und unter den noch heißen Pudding rühren. Sofort Frischhaltefolie direkt auf die Puddingcreme legen. Die Puddingcreme erkalten lassen.

7. Die Sahne steif schlagen und unter die Puddingcreme heben.

8. Zum Bestreichen die Hälfte der Konfitüre auf den Knetteigboden geben und glatt streichen. Die Hälfte der Löffelbiskuits darauflegen.

9. Zum Tränken Kirschwasser mit Wasser und Zucker gut verrühren. Die Löffelbiskuitschicht mit der Hälfte der Kirschwassermischung bestreichen. Die Hälfte der Puddingcreme daraufgeben und glatt streichen. Restliche Konfitüre, Löffelbiskuits, Kirschwassermischung und Puddingcreme auf die gleiche Weise einschichten. Die Torte zugedeckt mindestens 1 Stunde in den Kühlschrank stellen.

10. Zum Verzieren den Backrahmen vorsichtig lösen und entfernen. Konfitüre durch ein Sieb streichen und in einen Gefrierbeutel füllen. Eine kleine Ecke abschneiden und die Torte mit der Konfitüre verzieren. Die Torte in Würfel (etwa 5 x 5 cm) schneiden.

Tipps: Der Knetteigboden kann 1–5 Tage vorher gebacken und in Alufolie verpackt aufbewahrt werden. Die Malakoff-Kirsch-Schnitten halten sich im Kühlschrank 2–3 Tage frisch.

Mandarinen-Bienenstich-Torte |

Fruchtig – beliebt

12 Stücke

Pro Stück: E: 6 g, F: 34 g, Kh: 33 g, kJ: 1937, kcal: 463

Für den All-in-Teig:

125 g Weizenmehl
2 gestr. TL Dr. Oetker Backin
125 g Zucker
1 Pck. Dr. Oetker Bourbon-Vanille-Zucker
150 g weiche Butter oder Margarine
4 Eier (Größe M)

Für den Bienenstichbelag:

75 g Butter
40 g Zucker
3 EL Schlagsahne (von der Sahne für die Füllung abnehmen)
1 TL Honig
100 g kernige Haferflocken oder gehobelte Mandeln

Für die Füllung:

250 g Mascarpone (ital. Frischkäse)
200 g Schlagsahne
3 EL Zucker
175 g abgetropfte Mandarinen (aus der Dose)
1–2 EL Zitronensaft

Zubereitungszeit: 40 Minuten, ohne Abkühlzeit
Backzeit: etwa 35 Minuten

1. Den Backofen vorheizen.
Ober-/Unterhitze: etwa 180 °C
Heißluft: etwa 160 °C

2. Für den Teig Mehl mit Backpulver in einer Rührschüssel mischen. Restliche Zutaten hinzufügen und mit Handrührgerät mit Rührbesen erst kurz auf niedrigster, dann auf höchster Stufe in etwa 2 Minuten zu einem glatten Teig verarbeiten.

3. Den Teig in eine Springform (Ø 26 cm, Boden gefettet) geben und glatt streichen. Die Form auf dem Rost in den vorgeheizten Backofen (unteres Drittel) schieben. Den Gebäckboden **etwa 20 Minuten vorbacken.**

4. Für den Bienenstichbelag inzwischen Butter mit Zucker, Sahne und Honig in einem Topf unter Rühren langsam erhitzen und aufkochen lassen. Haferflocken oder Mandeln unterrühren. Masse etwas abkühlen lassen, dabei gelegentlich umrühren.

5. Die Form auf einen Kuchenrost stellen. Den Bienenstichbelag in Klecksen auf den vorgebackenen Boden geben und vorsichtig verstreichen. Die Form wieder auf dem Rost in den heißen Backofen schieben. Den Gebäckboden **bei gleicher Backofentemperatur in etwa 15 Minuten fertig backen.**

6. Die Form auf einen Kuchenrost stellen. Den Gebäckboden etwas abkühlen lassen. Aus der Form lösen, auf einen mit Backpapier belegten Kuchenrost legen und erkalten lassen. Anschließend den Gebäckboden einmal waagerecht durchschneiden. Den oberen Bienenstichboden in 12 Tortenstücke schneiden.

7. Für die Füllung Mascarpone mit Sahne und Zucker in einer Rührschüssel mit Handrührgerät mit Rührbesen steif schlagen. Die Mandarinen mit dem Zitronensaft kurz unterrühren, sodass einige Mandarinen dabei zerteilt werden.

8. Die Mandarinencreme auf den unteren Boden geben und glatt streichen. Die Tortenstücke des Bienenstichbodens auf die Creme legen und leicht andrücken. Die Mandarinen-Bienenstich-Torte zugedeckt mindestens 1 Stunde in den Kühlschrank stellen.

Mandarinen-Eistorte | Für Gäste

12 Stücke

Pro Stück: E: 10 g, F: 21 g, Kh: 40 g,
kJ: 1527, kcal: 365

Für den Knetteig:

150 g Weizenmehl
1 Msp. Dr. Oetker Backin
40 g Zucker
1 Pck. Dr. Oetker Vanillin-Zucker
100 g Butter oder Margarine

Für den Belag:

100 g Baiserschalen oder -tupfen
350 g abgetropfte Mandarinen (aus der Dose)
400 g Schlagsahne
150 ml Orangensaft
2 Pck. Paradiescreme Vanille-Geschmack (Dessertpulver)
50 g Raspelschokolade (Vollmilch oder Zartbitter)

Zum Verzieren:

30 g Zartbitter-Schokolade

Zubereitungszeit: 50 Minuten, ohne Gefrierzeit
Backzeit: etwa 15 Minuten

1. Den Backofen vorheizen.
Ober-/Unterhitze: etwa 200 °C
Heißluft: etwa 180 °C

2. Für den Knetteig das Mehl mit Backpulver in einer Rührschüssel mischen. Restliche Zutaten hinzufügen und mit Handrührgerät mit Knethaken zunächst kurz auf niedrigster, dann auf höchster Stufe gut durcharbeiten. Anschließend auf der leicht bemehlten Arbeitsfläche zu einem glatten Teig verkneten.

3. Teig auf dem Boden einer Springform (Ø 26 cm, gefettet) ausrollen, den Springformrand darumstellen. Den Teigboden mit einer Gabel mehrmals einstechen. Die Form auf dem Rost in den vorgeheizten Backofen schieben und den Knetteigboden **etwa 15 Minuten backen.**

4. Die Form auf einen Kuchenrost stellen. Den Springformrand lösen und entfernen. Den Knetteigboden vom Springformboden lösen, aber darauf erkalten lassen. Anschließend den Boden auf eine Tortenplatte legen und einen Tortenring oder den gesäuberten Spring--formrand darumstellen.

5. Für den Belag Baiser in einen Gefrierbeutel geben. Den Beutel fest verschließen. Das Baiser mit einer Teigrolle grob zerkleinern. Ein Drittel der Baiserkrümel zum Garnieren beiseitestellen. Von den Mandarinen 12 Stück zum Garnieren beiseitelegen.

6. Aus Sahne, Saft und Dessertpulver eine Creme nach Packungsanleitung, aber mit den hier angegebenen Zutaten, zubereiten.

7. Die Raspelschokolade kurz unterheben. Zunächst die Baiserkrümel, dann die Mandarinen ebenfalls unter die Creme heben.

8. Die Creme auf den Knetteigboden geben und glatt streichen. Tortenoberfläche mit den 12 Mandarinenspalten und den restlichen Baiserkrümeln garnieren.

9. Die Eistorte zugedeckt mindestens 6 Stunden (am besten über Nacht) in das Gefrierfach stellen.

10. Die Eistorte etwa 1 Stunde vor dem Servieren aus dem Gefrierfach nehmen und in den Kühlschrank stellen. Kurz vor dem Servieren den Tortenring oder Springformrand vorsichtig lösen und entfernen.

11. Zum Verzieren die Schokolade in Stücke brechen und in einem Gefrierbeutel in einem kleinen Topf im Wasserbad bei schwacher Hitze schmelzen.

12. Den Gefrierbeutel aus dem Wasserbad nehmen, trocken tupfen und etwas durchkneten. Eine kleine Ecke abschneiden und die Tortenoberfläche am Rand mit der Schokolade besprenkeln.

Tipps: Sie können 50 ml des Orangensaftes durch die gleiche Menge weißen Rum ersetzen. Als Spritzschutz beim Zubereiten der Creme am besten auf die Rührschüssel um das Handrührgerät herum locker etwas Küchenpapier legen.

Mandarinen-Frischkäse-Torte

Erfrischend – ohne zu backen

16 Stücke

Pro Stück: E: 5 g, F: 19 g, Kh: 25 g, kJ: 1238, kcal: 296

Für die Frischkäsemasse:

200 ml kaltes Wasser
1 Beutel aus
1 Pck. Götterspeise Zitronen-Geschmack
200 g Doppelrahm-Frischkäse
150 g Zucker

Für den Boden:

200 g Löffelbiskuits
120 g Butter oder Margarine

400 g Schlagsahne
Saft von
2 Zitronen
480 g abgetropfte Mandarinen (aus der Dose)

Zubereitungszeit: 40 Minuten, ohne Kühlzeit

1. Für die Frischkäsemasse Wasser in einen Topf gießen. Das Götterspeisepulver unter Rühren einstreuen. Die Mischung etwa 2 Minuten beiseitestellen und quellen lassen, anschließend das Götterspeisepulver bei schwacher Hitze unter Rühren auflösen.

2. Frischkäse und Zucker in eine Rührschüssel geben und glatt rühren. Die aufgelöste Götterspeise portionsweise mit einem Schneebesen unter den Frischkäse rühren. Die Frischkäsecreme in den Kühlschrank stellen, bis sie anfängt dicklich zu werden.

3. Für den Boden in der Zwischenzeit die Löffelbiskuits in einen Gefrierbeutel geben. Den Beutel fest verschließen. Die Biskuits mit einer Teigrolle fein zerbröseln und in eine Schüssel geben. Die Butter in einem kleinen Topf zerlassen und zu den Biskuitbröseln geben. Die Zutaten gut verrühren. Die Bröselmasse in eine Springform (Ø 26 cm, Boden gefettet, mit Backpapier belegt) geben und mit einem Löffel fest zu einem Boden andrücken.

4. Die Sahne steif schlagen. Die gelierende Frischkäsecreme mit einem Schneebesen glatt rühren. Den Zitronensaft unterrühren. Die Frischkäsecreme dann nochmals 2–3 Minuten in den Kühlschrank stellen. Die Sahne portionsweise unter die Frischkäsecreme heben. Die Mandarinen ebenfalls unterheben.

5. Die Zitronen-Mandarinen-Creme auf den Bröselboden geben und glatt streichen. Die Mandarinen-Frischkäse-Torte zugedeckt mindestens 4 Stunden in den Kühlschrank stellen.

Mandarinentarte, gestürzt | Schnell

14 Stücke

Pro Stück: E: 143, F: 15 g, Kh: 33 g, kJ: 1202, kcal: 287

Zum Vorbereiten:

60 g Azora Kekse (zartes Orangengebäck)

Für den All-in-Teig:

150 g Weizenmehl
3 gestr. TL Dr. Oetker Backin
125 g brauner Zucker
1 Pck. Dr. Oetker Vanillin-Zucker
150 g weiche Butter oder Margarine
3 Eier (Größe M)
100 g abgezogene, gemahlene Mandeln

350 g abgetropfte Mandarinen (aus der Dose)

Zum Bestreichen:

5–6 EL Mandarinensaft (aus der Dose)
50 g Zucker

Zubereitungszeit: 30 Minuten, ohne Kühlzeit
Backzeit: 35–40 Minuten

1. Zum Vorbereiten 12 Kekse beiseitelegen. Die restlichen Kekse in einen Gefrierbeutel geben. Den Beutel fest verschließen und die Kekse mit einer Teigrolle fein zerbröseln.

2. Den Backofen vorheizen.
Ober-/Unterhitze: etwa 180 °C
Heißluft: etwa 160 °C

3. Für den Teig Mehl mit Backpulver in einer Rührschüssel mischen. Restliche Zutaten hinzufügen und mit Handrührgerät mit Rührbesen erst kurz auf niedrigster, dann auf höchster Stufe in etwa 2 Minuten zu einem glatten Teig verarbeiten. Die Keksbrösel kurz unterrühren.

4. Die restlichen Kekse und die Mandarinen auf dem Boden einer Springform (Ø 26 cm, Boden gefettet, mit Backpapier belegt) gleichmäßig verteilen. Den Teig vorsichtig daraufgeben und glatt streichen. Die Form auf dem Rost in den vorgeheizten Backofen schieben. Die Mandarinentarte **35–40 Minuten backen.**

5. Die Form auf einen Kuchenrost stellen. Die Mandarinentarte etwas abkühlen lassen. Dann aus der Form lösen und auf einen mit Backpapier belegten Kuchenrost stürzen. Das mitgebackene Backpapier abziehen. Die Mandarinentarte erkalten lassen.

6. Zum Bestreichen Saft mit dem Zucker in einem kleinen Topf unter Rühren zum Kochen bringen. Die Saft-Zucker-Mischung unter Rühren etwa 3 Minuten einkochen lassen, dann die Mandarinentarte damit bestreichen.

Tipp: Die Mandarinentarte mit steif geschlagener Sahne servieren.

Mango-Kokos-Torte | Exotisch

16 Stücke

Pro Stück: E: 5 g, F: 40 g, Kh: 26 g, kJ: 2011, kcal: 485

Für den Boden:

300 g TK-Blätterteig

50 g Kokosraspel
1 EL Zucker

Für die Vanille-Kokoscreme:

680 g gesüßte Kokoscreme (aus der Dose)
500 ml (1/2 l) Milch
2 Pck. Gala Bourbon-Vanille-Pudding-Pulver

Für den Belag:

3 reife Mangos

Für den Guss:

1 Pck. ungezuckerter Tortenguss, klar
2 EL Zucker
250 ml (1/4 l) Maracujasaft
10 Kokoschips

Zubereitungszeit: 60 Minuten, ohne Auftau-, Ruhe- und Abkühlzeit
Backzeit: 20–25 Minuten

1. Für den Boden die Blätterteigplatten zugedeckt nach Packungsanleitung auftauen lassen.

2. Blätterteigplatten aufeinanderlegen und auf einer leicht bemehlten Arbeitsfläche zu einer runden Platte (Ø etwa 32 cm) ausrollen. Den Rand glatt schneiden. Die Teigplatte etwa 15 Minuten ruhen lassen.

3. Den Backofen vorheizen.
Ober-/Unterhitze: etwa 200 °C
Heißluft: etwa 180 °C

4. Die Teigplatte in eine Tarteform (Ø 28 cm, gefettet, mit Wasser besprenkelt) legen, dabei den Rand überlappen lassen. Den Teigboden mit einer Gabel mehrmals einstechen und mit Wasser bestreichen. Kokosraspel mit Zucker mischen und daraufstreuen. Die Form auf dem Rost in den vorgeheizten Backofen schieben und den Blätterteigboden **20–25 Minuten backen.**

5. Die Form auf einen Kuchenrost stellen. Den Blätterteigboden erkalten lassen.

6. Für die Vanille-Kokoscreme die Kokoscreme in einen Topf geben. Die Hälfte der Milch mit dem Pudding-Pulver verrühren. Die restliche Milch unter die Kokoscreme rühren und zum Kochen bringen. Das angerührte Pudding-Pulver in die von der Kochstelle genommene Kokosmilch rühren und unter Rühren nochmals aufkochen lassen.

7. Den Blätterteigboden auf eine Tortenplatte oder einen flachen Teller legen. Die Vanille-Kokoscreme auf den Blätterteigboden geben, glatt streichen und erkalten lassen.

8. Für den Belag die Mangos mit einem Sparschäler schälen. Die Mangos halbieren und den Stein herauslösen. Das Fruchtfleisch in Spalten schneiden. Die Mangospalten auf die Puddingcreme legen.

9. Für den Guss aus Tortengusspulver, Zucker und Maracujasaft einen Guss nach Packungsanleitung zubereiten. Den Guss auf den Mangospalten verteilen, die Kokoschips daraufstreuen. Den Guss fest werden lassen. Die Torte bis zum Servieren zugedeckt in den Kühlschrank stellen.

Mangotorte mit Schoko-Quark-Mousse, klein | Fruchtig – exotisch

10 Stücke

Pro Stück: E: 6 g, F: 16 g, Kh: 27 g, kJ: 1162, kcal: 278

Für den All-in-Teig:

100 g	Weizenmehl
1 gestr. TL	Dr. Oetker Backin
60 g	Zucker
1 Prise	Salz
1 gestr. TL	Dr. Oetker Finesse Orangenschalen-Aroma
50 g	Magerquark
1	Ei (Größe M)
100 g	weiche Butter oder Margarine

Für den Belag:

3 Blatt	weiße Gelatine
100 g	weiße Schokolade
4 EL	Mangosaft (aus der Dose)
150 g	Magerquark
225 g	abgetropfte Mangoscheiben (aus der Dose)
125 g	Schlagsahne

Zubereitungszeit: 40 Minuten, ohne Kühlzeit
Backzeit: etwa 20 Minuten

1. Den Backofen vorheizen.
Ober-/Unterhitze: etwa 200 °C
Heißluft: etwa 180 °C

2. Für den Teig Mehl und Backpulver in einer Rührschüssel mischen. Restliche Zutaten hinzufügen und mit Handrührgerät mit Rührbesen erst kurz auf niedrigster, dann auf höchster Stufe in etwa 2 Minuten zu einem glatten Teig verarbeiten.

3. Den Teig in eine Obstbodenform (Ø 22 cm, gefettet) geben und glatt streichen. Die Form auf dem Rost in den vorgeheizten Backofen schieben. Den Tortenboden **etwa 20 Minuten backen.**

4. Den Tortenboden aus der Form lösen, auf einen mit Backpapier belegten Kuchenrost stürzen und erkalten lassen. Anschließend den Tortenboden auf eine Tortenplatte legen.

5. Für den Belag die Gelatine nach Packungsanleitung einweichen. Von der Schokolade 10–20 g mit einem Sparschäler abhobeln und zum Garnieren beiseitestellen. Restliche Schokolade in Stücke brechen.

6. Schokoladenstücke mit Mangosaft in einem kleinen Topf im Wasserbad bei schwacher Hitze unter Rühren schmelzen. Die Schokomasse aus dem Wasserbad nehmen. Die Gelatine leicht ausdrücken und unter Rühren in der Schokomasse auflösen.

7. Den Quark nach und nach unter die Schokomasse rühren, anschließend zugedeckt in den Kühlschrank stellen. 1 Mangoscheibe zum Garnieren beiseitelegen, die restlichen Mangoscheiben klein würfeln.

8. Sobald die Schoko-Quark-Masse anfängt dicklich zu werden, die Schlagsahne steif schlagen und mit den Mangowürfeln unter die Schoko-Quark-Masse heben. Die Schoko-Mango-Creme leicht kuppelförmig auf den Tortenboden geben und mit einem Löffel wellenartig verstreichen. Die Torte zugedeckt etwa 2 Stunden in den Kühlschrank stellen.

9. Die beiseitegelegte Mangoscheibe längs in dünne Streifen schneiden. Die Mangotorte mit Mangostreifen und der gehobelten Schokolade garnieren.

Maracuja-Joghurt-Torte

Schnell – ohne zu backen

16 Stücke

Pro Stück: E: 5 g, F: 12 g, Kh: 36 g, kJ: 1152, kcal: 274

3 Lagen von
1 hellen Wiener Boden (Ø 26 cm)

Für die Füllung:
500 g Schlagsahne
1 Pck. Käse-Sahne-Tortencreme (Cremepulver)
450 g Joghurt
200 ml Maracujanektar

Für den Guss:
2 Pck. ungezuckerter Tortenguss, klar
375 ml (3/8 l) Maracujanektar
125 ml (1/8 l) Wasser

Zubereitungszeit: 30 Minuten, ohne Kühlzeit

1. Eine Lage des Wiener Bodens auf eine Tortenplatte legen. Einen Tortenring darumstellen.

2. Für die Füllung Sahne steif schlagen. Aus Cremepulver, Joghurt und Maracujanektar eine Tortencreme nach Packungsanleitung, aber mit den hier angegebenen Zutaten, zubereiten. Die Sahne unterheben. Die Tortencreme auf den Wiener Boden geben und glatt streichen. Die zweite Lage des Wiener Bodens nicht wie auf der Packung angegeben in 16 Stücke schneiden, sondern ganz darauflegen und leicht andrücken.

3. Für den Guss aus dem Tortengusspulver, Maracujanektar und Wasser einen Guss nach Packungsanleitung zubereiten. Den Guss auf der Torte verteilen. Die Maracuja-Joghurt-Torte zugedeckt etwa 3 Stunden in den Kühlschrank stellen.

4. Den Tortenring vorsichtig lösen und entfernen. Vor dem Servieren aus der dritten Lage des Wiener Bodens beliebige Motive (Herzen, Sterne) ausstechen, mit dem Dekorzucker aus der Packung bestäuben. Die Tortenoberfläche mit den Gebäckmotiven garnieren.

Maracujatarte | Erfrischend

16 Stücke

Pro Stück: E: 4 g, F: 11 g, Kh: 34 g, kJ: 1064, kcal: 254

Für den Knetteig:

150 g Weizenmehl
100 g Butter
50 g Zucker
1 Eigelb (Größe M)
1 Prise Salz

500 g getrocknete Hülsenfrüchte zum Blindbacken

Für die Creme:

10 Maracujas (Passionsfrüchte)
4 Eier (Größe M)
150 g Zucker
200 g Schlagsahne

Für den Karamell:

200 g Zucker

Zubereitungszeit: 45 Minuten, ohne Abkühlzeit
Backzeit: etwa 55 Minuten

1. Für den Teig das Mehl in eine Rührschüssel geben. Restliche Zutaten hinzufügen und mit Handrührgerät mit Knethaken zunächst kurz auf niedrigster, dann auf höchster Stufe gut durcharbeiten.

2. Anschließend auf einer leicht bemehlten Arbeitsfläche zu einem glatten Teig verkneten. Den Teig in Frischhaltefolie gewickelt etwa 1 Stunde kalt stellen.

3. Den Backofen vorheizen.
Ober-/Unterhitze: etwa 180 °C
Heißluft: etwa 160 °C

4. Teig kurz verkneten und auf der leicht bemehlten Arbeitsfläche zu einer runden Platte (Ø etwa 30 cm) ausrollen. Die Teigplatte in eine Tarteform (Ø 28 cm, gefettet) legen und an Boden und Rand festdrücken. Ein Stück Backpapier auf den Teig legen, die Hülsenfrüchte darauf verteilen. Die Form auf dem Rost in den vorgeheizten Backofen schieben. Den Knetteigboden **etwa 20 Minuten backen.**

5. Für die Creme in der Zwischenzeit die Maracujas halbieren und mit einem Teelöffel das Fruchtfleisch herauslösen (etwa 200 g). Das Fruchtfleisch pürieren und in eine Rührschüssel geben. Eier, Zucker und Sahne hinzufügen und kurz unterrühren.

6. Das Backpapier mit den Hülsenfrüchten vorsichtig von dem Knetteigboden entfernen. Den Teigboden **bei gleicher Backofentemperatur weitere etwa 5 Minuten backen.** Dann die Maracujacreme auf den heißen Teig gießen. Die Maracujatarte wieder auf dem Rost in den heißen Backofen schieben und **bei gleicher Backofentemperatur in etwa 30 Minuten fertig backen.**

7. Die Form auf einen Kuchenrost stellen. Die Maracujatarte erkalten lassen.

8. Für den Karamell Zucker in eine Pfanne streuen und bei mittlerer Hitze goldbraun karamellisieren lassen. Flüssigen Karamell auf ein Stück Backpapier gießen (nicht berühren, er ist sehr heiß) und abkühlen lassen. Ein zweites Stück Backpapier darauflegen. Karamell mit einer Teigrolle zerkleinern. Die Karamellstücke auf die Tarteoberfläche streuen. Die Maracujatarte zugedeckt mindestens 2 Stunden in den Kühlschrank stellen und gut gekühlt servieren.

Maracujatorte | Dauert länger

16 Stücke

Pro Stück: E: 5 g, F: 22 g, Kh: 28 g,
kJ: 1388, kcal: 332

Für den Knetteig:

100 g Weizenmehl
10 g gesiebtes Kakaopulver
1 Msp. Dr. Oetker Backin
50 g Zucker
80 g Butter oder Margarine

Für den Biskuitteig:

2 Eier (Größe M)
1 EL heißes Wasser
50 g Zucker
1 Pck. Dr. Oetker Vanillin-Zucker
40 g Weizenmehl
20 g Speisestärke
½ gestr. TL Dr. Oetker Backin

2 EL Aprikosenkonfitüre

Für die Füllung:

4 Blatt weiße Gelatine
300 g Crème fraîche
50 g Zucker
125 ml (⅛ l) klarer Apfelsaft
500 g Schlagsahne

Für den Guss:

2 Blatt weiße Gelatine
300 g Maracujas (Passionsfrüchte)
4 EL Orangensaft
2 EL Zucker

Zum Garnieren:

2 EL Aprikosenkonfitüre
3 EL geröstete, gehobelte Mandeln
feine Zesten von
1 Bio-Limette
(unbehandelt, ungewachst)

Zubereitungszeit: 70 Minuten, ohne Kühlzeit
Backzeit: Knetteig etwa 15 Minuten,
Biskuitteig etwa 20 Minuten

1. Für den Knetteig Mehl mit Kakao und Backpulver in einer Rührschüssel mischen. Restliche Zutaten hinzufügen und mit Handrührgerät mit Knethaken zunächst kurz auf niedrigster, dann auf höchster Stufe gut durcharbeiten.

2. Anschließend auf einer leicht bemehlten Arbeitsfläche zu einem glatten Teig verkneten. Sollte er kleben, ihn in Frischhaltefolie gewickelt eine Zeit lang kalt stellen.

3. Den Backofen vorheizen.
Ober-/Unterhitze: etwa 200 °C
Heißluft: etwa 180 °C

4. Teig auf dem Boden einer Springform (Ø 26 cm, gefettet) ausrollen, den Springformrand darumstellen. Den Knetteigboden mit einer Gabel mehrmals einstechen. Die Form auf dem Rost in den vorgeheizten Backofen schieben. Den Knetteigboden **etwa 15 Minuten backen.**

5. Die Form auf einen Kuchenrost stellen. Den Springformrand vorsichtig lösen und entfernen. Den Knetteigboden vom Springformboden lösen, aber darauf erkalten lassen.

6. Die Backofentemperatur um etwa 20 °C herunterschalten.

7. Für den Biskuitteig Eier mit Wasser in einer Rührschüssel mit Handrührgerät mit Rührbesen auf höchster Stufe in 1 Minute schaumig schlagen. Zucker mit Vanillin-Zucker mischen, in 1 Minute einstreuen, dann noch etwa 2 Minuten weiterschlagen.

8. Mehl mit Speisestärke und Backpulver mischen, auf die Eiercreme geben und kurz auf niedrigster Stufe unterrühren. Den Teig in eine Springform (Ø 26 cm, Boden gefettet, mit Backpapier belegt) geben und glatt streichen. Die Form auf dem Rost in den heißen Backofen schieben. Den Biskuitboden **etwa 20 Minuten backen.**

9. Den Biskuitboden vorsichtig aus der Springform lösen, auf einen mit Backpapier belegten Kuchenrost stürzen und erkalten lassen. Den Knetteigboden auf

eine Tortenplatte legen, mit Aprikosenkonfitüre bestreichen und mit dem Biskuitboden belegen. Einen Tortenring darumstellen.

10. Für die Füllung die Gelatine nach Packungsanleitung einweichen. Die Crème fraîche mit Zucker und Saft verrühren. Die Gelatine leicht ausdrücken und in einem kleinen Topf bei schwacher Hitze unter Rühren auflösen. Die aufgelöste Gelatine zunächst mit etwa 4 Esslöffeln von der Crème-fraîche-Masse verrühren, dann unter die restliche Crème-fraîche-Masse rühren. Die Sahne steif schlagen und unterheben. Die Crème-fraîche-Creme in den Tortenring geben und vorsichtig glatt streichen. Die Torte zugedeckt etwa 2 Stunden in den Kühlschrank stellen.

11. Für den Guss Gelatine nach Packungsanleitung einweichen. Die Maracujas halbieren, das Fruchtfleisch herausheben und durch ein Sieb streichen. Maracujafruchtfleisch mit Orangensaft und Zucker verrühren. Die Gelatine leicht ausdrücken, wie unter Punkt 9 beschrieben auflösen und unter die Maracujamischung rühren. Die Maracujamasse auf die Sahnecreme geben und glatt streichen. Die Torte nochmals zugedeckt mindestens 2 Stunden in den Kühlschrank stellen.

12. Zum Garnieren den Tortenring vorsichtig lösen und entfernen. Konfitüre durch ein Sieb streichen, den unteren Tortenrand damit bestreichen und mit Mandeln bestreuen. Die Torte mit Limettenzesten bestreuen.

Marmor-Pudding-Torte | Für Kinder

12 Stücke

Pro Stück: E: 7 g, F: 19 g, Kh: 54 g, kJ: 1732, kcal: 414

Für den Knetteig:

175 g Weizenmehl
25 g gesiebtes Kakaopulver
150 g Zucker
1 Pck. Dr. Oetker Vanillin-Zucker
1 Ei (Größe M)
100 g Butter oder Margarine

Für die Füllung:

2 Pck. Gala Bourbon-Vanille-Pudding-Pulver
120 g Zucker
750 ml (3/4 l) Milch
450 g Crème légère oder Schmand (Sauerrahm)
100 g Zartbitter-Schokolade

Für den Belag:

175 g abgetropfte Mandarinen (aus der Dose)
1 Pck. ungezuckerter Tortenguss, klar
2 TL Zucker
250 ml (1/4 l) Mandarinensaft (aus der Dose), mit Wasser aufgefüllt

Zubereitungszeit: 60 Minuten, ohne Abkühlzeit
Backzeit: etwa 60 Minuten

1. Den Backofen vorheizen.
Ober-/Unterhitze: etwa 180 °C
Heißluft: etwa 160 °C

2. Für den Teig Mehl mit Kakao in einer Rührschüssel mischen. Die restlichen Zutaten hinzufügen und mit Handrührgerät mit Knethaken zunächst kurz auf niedrigster, dann auf höchster Stufe gut durcharbeiten.

3. Anschließend auf einer leicht bemehlten Arbeitsfläche zu einem glatten Teig verkneten. Gut die Hälfte des Teiges auf dem Boden einer Springform (Ø 26 cm, gefettet) ausrollen, den Springformrand darumstellen. Den Knetteigboden mit einer Gabel mehrmals einstechen. Die Form auf dem Rost in den vorgeheizten Backofen schieben. Den Knetteigboden **etwa 10 Minuten vorbacken.**

4. Die Form auf einen Kuchenrost stellen. Den Knetteigboden abkühlen lassen.

5. Für die Füllung in der Zwischenzeit aus Pudding-Pulver, Zucker und Milch einen Pudding nach Packungsanleitung, aber mit den hier angegebenen Mengen, zubereiten. Den Pudding leicht abkühlen lassen, dabei gelegentlich umrühren. Crème légère oder Schmand unterrühren.

6. Die Schokolade in Stücke brechen und in einem kleinen Topf im Wasserbad bei schwacher Hitze unter Rühren schmelzen. Ein Drittel der Puddingcreme abnehmen und die Schokolade unterrühren.

7. Den restlichen Teig zu einer langen Rolle formen, auf den vorgebackenen Knetteigboden legen und so an die Form drücken, dass ein etwa 3 cm hoher Rand entsteht.

8. Den hellen Pudding in die Springform geben und glatt streichen. Den dunklen Pudding daraufgeben und grob verstreichen. Mit einer Gabel spiralförmig ein Marmormuster in den Pudding ziehen.

9. Die Form wieder auf dem Rost in den heißen Backofen schieben. Die Torte **bei gleicher Backofentemperatur in etwa 50 Minuten fertig backen.**

10. Den Backofen ausschalten. Die Torte bei leicht geöffneter Backofentür noch etwa 10 Minuten im Backofen stehen lassen. Anschließend die Form auf einen Kuchenrost stellen und die Torte erkalten lassen.

11. Für den Belag Torte zunächst vorsichtig aus der Form lösen und auf eine Tortenplatte setzen. Die Tortenoberfläche mit Mandarinenspalten belegen. Aus Tortengusspulver, Zucker und dem Mandarinensaft-Wasser-Gemisch einen Tortenguss nach Packungsanleitung zubereiten. Den Guss auf der Tortenoberfläche verteilen. Guss fest werden lassen.

Marshmallow-Erdbeer-Torte, klein | Ohne zu backen

8 Stücke

Pro Stück: E: 4 g, F: 24 g, Kh: 33 g, kJ: 1522, kcal: 364

Für den Boden:

100 g Butterkekse
70 g Butter
1 EL Zucker
40 g Vollmilch-Schokolade

Für den Belag:

500 g kleine Erdbeeren
3 Blatt weiße Gelatine
150 g weiße Mini-Marshmallows
1–2 EL Zitronensaft
300 g Schlagsahne
1 Pck. Dr. Oetker Sahnesteif

Zubereitungszeit: 30 Minuten, ohne Kühlzeit

1. Für den Boden Butterkekse in einen Gefrierbeutel geben. Den Beutel fest verschließen und die Butterkekse mit einer Teigrolle fein zerbröseln. Keksbrösel in eine Rührschüssel geben.

2. Die Butter in einem kleinen Topf zerlassen und mit dem Zucker zu den Bröseln geben. Die Zutaten gut verrühren. Einen Tortenring oder einen Springformrand (Ø 18 cm) auf einen mit Backpapier belegten, flachen Teller stellen. Die Bröselmasse hineingeben und mit einem Löffel fest zu einem Boden andrücken. Den Bröselboden zugedeckt etwa 30 Minuten in den Kühlschrank stellen.

3. Die Schokolade in Stücke brechen und in einem kleinen Topf im Wasserbad bei schwacher Hitze unter Rühren schmelzen. Schokolade auf den Bröselboden geben und mit einem Löffel verstreichen. Den Bröselboden nochmals in den Kühlschrank stellen. Schokolade fest werden lassen.

4. Für den Belag Erdbeeren abspülen und abtropfen lassen. 8 Erdbeeren zum Garnieren beiseitelegen, restliche Erdbeeren entstielen. 150 g Erdbeeren pürieren. Die restlichen Erdbeeren mit der Spitze nach oben auf dem Bröselboden verteilen, dabei rundherum einen etwa 1 cm breiten Rand frei lassen.

5. Die Gelatine nach Packungsanleitung einweichen. 75 g der Mini-Marshmallows mit Zitronensaft und Erdbeerpüree in einen kleinen Topf geben und unter ständigem Rühren bei schwacher Hitze schmelzen.

6. Gelatine leicht ausdrücken, zu der Marshmallow-Erdbeer-Masse geben und unter Rühren darin auflösen. Die Marshmallow-Erdbeer-Masse etwa 15 Minuten in den Kühlschrank stellen.

7. Von der Sahne 200 g steif schlagen und unter die Marshmallow-Erdbeer-Masse heben. Die Hälfte der restlichen Mini-Marshmallows unterheben. Die Marshmallow-Erdbeer-Creme auf die Erdbeeren in den Tortenring oder Springformrand geben. Die restlichen Mini-Marshmallows darauf verteilen und leicht andrücken. Die Torte zugedeckt mindestens 3 Stunden in den Kühlschrank stellen.

8. Den Tortenring oder Springformrand vorsichtig lösen und entfernen. Die restliche Sahne mit Sahnesteif steif schlagen und an den Tortenrand streichen. Beiseitegelegte Erdbeeren halbieren, auf die Torte legen.

Melonen-Mousse-Torte I

Für Kinder – ohne zu backen

14 Stücke

Pro Stück: E: 4 g, F: 19 g, Kh: 25 g, kJ: 1211, kcal: 289

Für den Boden:

175 g Löffelbiskuits
125 g Butter

Für den Belag:

400 g Honigmelone
2 Pck. Mousse Zitrone (Dessertpulver)
300 ml Milch
200 g Schlagsahne

Zum Verzieren und Garnieren:

200 g Schlagsahne
1 Pck. Dr. Oetker Vanillin-Zucker
einige rote, saure Fruchtgummibänder

Zubereitungszeit: 30 Minuten, ohne Kühlzeit

1. Für den Boden Löffelbiskuits in einen Gefrierbeutel geben. Den Beutel fest verschließen. Die Löffelbiskuits mit einer Teigrolle fein zerbröseln und in eine Rührschüssel geben. Die Butter in einem kleinen Topf zerlassen und zu den Biskuitbröseln geben. Die Zutaten gut vermischen.

2. Einen Tortenring oder Springformrand (Ø 26 cm) auf eine mit Tortenspitze oder Backpapier belegte Tortenplatte stellen. Die Bröselmasse hineingeben und mit einem Löffel fest zu einem Boden andrücken. Den Bröselboden in den Kühlschrank stellen.

3. Für den Belag die Melone halbieren und die Kerne mit einem Löffel herauslösen. Eine Melonenhälfte der Länge nach dritteln. Zum Garnieren aus der Mitte der einzelnen Spalten quer einige Keile herausschneiden und diese an den unteren Ecken nach Belieben etwas rund schneiden, sodass sie wie kleine Melonenspalten aussehen. Die Melonenscheibchen beiseitelegen. Das restliche Melonenfruchtfleisch klein würfeln. Fruchtfleisch in einem Sieb gut abtropfen lassen.

4. Aus Dessertpulver, Milch und Sahne eine Mousse nach Packungsanleitung, aber nur mit den hier angegebenen Mengen, zubereiten. Melonenwürfel auf dem Bröselboden verteilen. Die Mousse daraufgeben und glatt streichen. Die Torte zugedeckt etwa 2 Stunden in den Kühlschrank stellen.

5. Zum Verzieren und Garnieren den Tortenring oder Springformrand lösen und entfernen. Die Sahne mit Vanillin-Zucker steif schlagen und mit einem Teelöffel in Häufchen auf die Tortenoberfläche setzen oder mit einem Spritzbeutel mit Lochtülle Sahnespiralen auf die Tortenoberfläche und an den -rand spritzen.

6. Um jedes der beiseitegelegten Melonenscheibchen ein Stück Fruchtgummiband legen, sodass die Stückchen wie „Melone mit Parmaschinken" aussehen. Die Stücke auf die Torte in die Sahneverzierung legen.

Tipps: Die Torte schmeckt frisch am besten. Statt Zitronen-Mousse kann auch Vanille-Mousse verwendet werden.

Milchkaffee-Torte

Ohne zu backen – einfach

16 Stücke

Pro Stück: E: 2 g, F: 11 g, Kh: 20 g, kJ: 800, kcal: 191

Für den Boden:

200 g Nippon (Schoko-Puffreis-Quadrate)

Für den Belag:

480 g abgetropfte Pfirsichhälften (aus der Dose)
2 Blatt weiße Gelatine
300 g Schlagsahne
200 ml Milch
2 Pck. Paradiescreme Milchkaffee-Geschmack (Dessertpulver)

Zum Bestäuben:

1 EL Kakaopulver

Zubereitungszeit: 45 Minuten, ohne Kühlzeit

1. Für den Boden die Schoko-Puffreis-Quadrate in Stücke brechen und in einem kleinen Topf im Wasserbad bei schwacher Hitze unter Rühren schmelzen.

2. Die Schoko-Puffreis-Masse in eine Springform (Ø 26 cm, Boden gefettet, mit Backpapier belegt) geben und mit einem Löffel fest zu einem Boden andrücken. Den Schoko-Puffreis-Boden zugedeckt in den Kühlschrank stellen.

3. Für den Belag die Pfirsichhälften in etwa 1 ½ cm dicke Spalten schneiden.

4. Den Schoko-Puffreis-Boden mit den Pfirsichspalten belegen. Die Gelatine nach Packungsanleitung einweichen. Die Sahne mit der Milch mischen. Aus der Sahne-Milch-Mischung und dem Dessertpulver eine Milchkaffee-Creme nach Packungsanleitung, aber mit den hier angegebenen Zutaten, zubereiten.

5. Die Gelatine leicht ausdrücken und in einem kleinen Topf bei schwacher Hitze unter Rühren auflösen. Die aufgelöste Gelatine zunächst mit etwa 2 Esslöffeln von der Milchkaffee-Creme verrühren, dann unter die restliche Milchkaffee-Creme rühren.

6. Die Milchkaffee-Creme auf die Pfirsichspalten in die Springform geben und glatt streichen. Mit einem Tortengarnierkamm oder einer Gabel ein Muster in die Milchkaffee-Creme ziehen. Die Milchkaffee-Torte zugedeckt mindestens 4 Stunden in den Kühlschrank stellen.

7. Die Milchkaffee-Torte vorsichtig aus der Springform lösen. Den Springformrand entfernen und die Torte vom Springformboden vorsichtig auf eine Tortenplatte setzen. Die Milchkaffee-Torte mit Kakao bestäuben.

Tipps: Die Creme für den Belag können Sie auch ohne Gelatine zubereiten. Achten Sie dann jedoch darauf, dass die Milchkaffee-Torte – besonders an heißen Sommertagen – nicht zu lange auf dem Tisch steht. Sie können auch einen Tortenboden aus 200 g Zartbitter-Schokolade und 80 g Cornflakes zubereiten. Dafür die Schokolade in Stücke brechen und in einem kleinen Topf im Wasserbad bei schwacher Hitze unter Rühren schmelzen. Zerdrückte Cornflakes unterrühren. Die Masse wie beschrieben in der vorbereiteten Springform verteilen und in den Kühlschrank stellen.

Milchreistorte mit Himbeeren

Für Kinder – ohne zu backen

16 Stücke

Pro Stück: E: 5 g, F: 16 g, Kh: 24 g, kJ: 1092, kcal: 261

Für den Boden:

100 g gehackte Haselnusskerne
150 g kernige Haferflocken
3 EL flüssiger Honig
100 g weiche Butter

Für die Milchreis-Creme:

500 ml (1/2 l) Milch
1 Prise Salz
20 g Zucker
1 Pck. Dr. Oetker Vanillin-Zucker
abgeriebene Schale von
1 Bio-Zitrone (unbehandelt, ungewachst)
125 g Milchreis
3 Blatt weiße Gelatine
250 g Schlagsahne
1 EL Zucker

Für den Belag:

500 g Himbeeren
1 Pck. ungezuckerter Tortenguss, klar
2 EL Zucker
250 ml (1/4 l) Wasser

evtl. 1 EL gehackte Pistazienkerne

Zubereitungszeit: 30 Minuten, ohne Quell- und Kühlzeit

1. Für den Boden die Nusskerne und die Haferflocken in einer Pfanne ohne Fett unter Wenden goldbraun rösten. Die Pfanne von der Kochstelle nehmen. Den Honig und die Butter in Flöckchen hinzugeben. Die Zutaten so lange verrühren, bis die Butter geschmolzen ist.

2. Die Haferflocken-Nuss-Masse in eine Springform geben (Ø 26 cm, Boden gefettet, mit Backpapier belegt) und mit einem Löffel fest zu einem Boden andrücken. Den Haferflocken-Nuss-Boden zugedeckt eine Zeit lang in den Kühlschrank stellen.

3. Für die Milchreis-Creme die Milch mit Salz, Zucker, Vanillin-Zucker und Zitronenschale in einem Topf zum Kochen bringen. Den Milchreis hinzugeben, unterrühren, zum Kochen bringen und mit halb aufgelegtem Deckel bei schwacher Hitze etwa 35 Minuten quellen lassen. Dabei gelegentlich umrühren.

4. Die Gelatine nach Packungsanleitung einweichen. Gelatine leicht ausdrücken und in dem lauwarmen Milchreis unter Rühren auflösen. Den Milchreis auf Zimmertemperatur abkühlen lassen, dabei ab und zu umrühren.

5. Die Sahne mit dem Zucker steif schlagen und unter den Milchreis heben. Die Milchreis-Creme auf den Haferflocken-Nuss-Boden geben und glatt streichen. Die Milchreistorte zugedeckt mindestens 2 Stunden in den Kühlschrank stellen.

6. Für den Belag die Himbeeren verlesen, evtl. kurz abspülen und gut abtropfen lassen. Die Milchreistorte mit den Himbeeren belegen.

7. Aus Tortengusspulver, Zucker und Wasser einen Guss nach Packungsanleitung zubereiten. Den Guss auf den Himbeeren verteilen. Die Milchreistorte nochmals zugedeckt etwa 1 Stunde in den Kühlschrank stellen.

8. Die Milchreistorte vorsichtig aus der Form lösen. Das Backpapier entfernen und die Milchreistorte auf eine Tortenplatte setzen. Die Milchreistorte nach Belieben mit gehackten Pistazienkernen bestreuen.

Mirabellen-Joghurt-Torte |

Gut vorzubereiten

12 Stücke

Pro Stück: E: 5 g, F: 18 g, Kh: 37 g, kJ: 1460, kcal: 349

Für den Knetteig:

200 g Weizenmehl
1 Msp. Dr. Oetker Backin
50 g Zucker
1 Pck. Dr. Oetker Vanillin-Zucker
125 g Butter oder Margarine

1 EL Weizenmehl

Für die Füllung:

350 g abgetropfte Mirabellen (aus dem Glas)
1 Pck. ungezuckerter Tortenguss, klar
1 Pck. Dr. Oetker Vanillin-Zucker
250 ml (1/4 l) Mirabellensaft (aus dem Glas)

Für die Joghurtcreme:

4 Blatt weiße Gelatine
450 g Joghurt
50 g Zucker
1 Pck. Dr. Oetker Vanillin-Zucker
1 Pck. Dr. Oetker Finesse Geriebene Zitronenschale
250 g Schlagsahne

Zum Verzieren und Bestreuen:

50 g Vollmilch-Schokolade
1 EL gehackte Pistazienkerne

Zubereitungszeit: 45 Minuten, ohne Kühlzeit
Backzeit: etwa 20 Minuten

1. Für den Teig Mehl mit Backpulver in einer Rührschüssel mischen. Restliche Zutaten hinzufügen und mit Handrührgerät mit Knethaken zunächst kurz auf niedrigster, dann auf höchster Stufe gut durcharbeiten.

2. Auf einer leicht bemehlten Arbeitsfläche zu einem glatten Teig verkneten. Sollte er kleben, ihn in Frischhaltefolie gewickelt eine Zeit lang kalt stellen.

3. Den Backofen vorheizen.
Ober-/Unterhitze: etwa 200 °C
Heißluft: etwa 180 °C

4. Zwei Drittel des Teiges auf dem Boden einer Springform (Ø 26 cm, gefettet) ausrollen, den Springformrand darumstellen. Den restlichen Teig mit 1 Esslöffel Mehl verkneten, zu einer langen Rolle formen, auf den Teigboden legen und so an die Form drücken, dass ein etwa 3 cm hoher Rand entsteht. Den Teigboden mit einer Gabel mehrmals einstechen.

5. Die Form auf dem Rost in den vorgeheizten Backofen schieben. Den Knetteigboden **etwa 20 Minuten backen.**

6. Die Form auf einen Kuchenrost stellen. Den Springformrand vorsichtig lösen und entfernen. Den Knetteigboden vom Springformboden lösen, aber darauf erkalten lassen. Anschließend den Boden auf eine Tortenplatte legen. Einen Tortenring oder den gesäuberten Springformrand darumstellen.

7. Für die Füllung die Mirabellen entsteinen und vierteln.

8. Aus dem Tortengusspulver, Vanillin-Zucker und Saft einen Guss nach Packungsanleitung, aber mit den hier angegebenen Zutaten, zubereiten. Die Mirabellen unterheben und die Fruchtmasse etwas abkühlen lassen. Dann auf den Knetteigboden geben und glatt streichen.

9. Für die Joghurtcreme Gelatine nach Packungsanleitung einweichen. Joghurt mit Zucker, Vanillin-Zucker und Zitronenschale gut verrühren. Die Gelatine leicht ausdrücken und in einem kleinen Topf bei schwacher Hitze unter Rühren auflösen. Die aufgelöste Gelatine zunächst mit etwa 4 Esslöffeln von der Joghurtmasse verrühren, danach unter die restliche Joghurtmasse rühren.

10. Sobald die Joghurtmasse anfängt dicklich zu werden, Sahne steif schlagen und unterheben. Die Joghurtcreme auf die Fruchtmasse geben und glatt streichen. Die Torte zugedeckt etwa 2 Stunden in den Kühlschrank stellen.

11. Zum Verzieren und Bestreuen die Schokolade in Stücke brechen und in einem kleinen Topf im Wasserbad bei schwacher Hitze unter Rühren schmelzen. Die Schokolade in einen Gefrierbeutel füllen. Den Beutel fest verschließen und eine kleine Ecke abschneiden. Die Schokolade spiralförmig auf die Torte spritzen. Die Tortenoberfläche mit Pistazienkernen bestreuen, die Schokolade fest werden lassen. Anschließend den Tortenring oder Springformrand vorsichtig lösen und entfernen.

Mohntorte mit Johannisbeeren

Einfach

16 Stücke

Pro Stück: E: 5 g, F: 11 g, Kh: 32 g, kJ: 1045, kcal: 250

Für den Rührteig:

150 g weiche Butter oder Margarine
150 g Zucker
2 Pck. Dr. Oetker Vanillin-Zucker
1 Msp. Salz
1 Pck. Dr. Oetker Finesse Geriebene Zitronenschale
3 Eier (Größe M)
330 g Weizenmehl
2 gestr. TL Dr. Oetker Backin
150 g Joghurt
50 g Mohnsamen

Für den Belag:

1 Pck. ungezuckerter Tortenguss, rot
2 EL Zucker
150 ml Johannisbeernektar
300 g TK-Johannisbeeren

Zum Bestäuben:

30 g Puderzucker

Zubereitungszeit: 25 Minuten, ohne Abkühlzeit
Backzeit: etwa 55 Minuten

1. Den Backofen vorheizen.
Ober-/Unterhitze: etwa 180 °C
Heißluft: etwa 160 °C

2. Für den Teig die Butter oder Margarine in einer Rührschüssel mit Handrührgerät mit Rührbesen auf höchster Stufe geschmeidig rühren. Nach und nach Zucker, Vanillin-Zucker, Salz und Zitronenschale unterrühren. So lange rühren, bis eine gebundene Masse entstanden ist.

3. Eier nach und nach unterrühren (jedes Ei etwa ½ Minute). Mehl mit Backpulver mischen und mit dem Joghurt in 2 Portionen auf mittlerer Stufe kurz unterrühren. Den Mohn ebenfalls kurz unterrühren. Den Teig in eine Springform (Ø 26 cm, Boden gefettet, bemehlt) geben und glatt streichen.

4. Für den Belag Tortengusspulver mit Zucker und Johannisbeernektar verrühren. Die gefrorenen Johannisbeeren unterrühren.

5. Die Johannisbeermasse auf dem Teigboden verteilen und mit einer Gabel spiralförmig unter den Teig ziehen.

6. Die Form auf dem Rost in den vorgeheizten Backofen schieben. Die Mohntorte **etwa 55 Minuten backen.**

7. Die Form auf einen Kuchenrost stellen. Die Mohntorte etwas abkühlen lassen. Anschließend aus der Form lösen, auf einen mit Backpapier belegten Kuchenrost setzen und erkalten lassen.

8. Die Mohntorte mit Puderzucker bestäuben.

Tipps: Garnieren Sie die Mohntorte mit einigen abgespülten, gut abgetropften Johannisbeerripsen. Diese saftig-fruchtige Torte lässt sich ohne die Garnierung, in einzelne Tortenstücke portioniert und in Alufolie gewickelt, wunderbar einfrieren. So können Sie nach Lust, Laune und Bedarf einzelne Stücke auftauen.

Mokka-Eiskonfekt-Torte | Für Gäste

12 Stücke

Pro Stück: E: 5 g, F: 21 g, Kh: 37 g,
kJ: 1502, kcal: 359

Für den Biskuitteig:

4 Eier (Größe M)
3 EL heißes Wasser
150 g Zucker
100 g Weizenmehl
100 g Speisestärke
2 gestr. TL Dr. Oetker Backin
10 g gesiebtes Kakaopulver
1 EL Wasser

Für die Füllung:

600 g Schlagsahne
1 Pck. Dr. Oetker Vanillin-Zucker
2 Pck. Dr. Oetker Sahnesteif
25 g Instant-Eiskaffee-Pulver
75 g Eiskonfekt-Pralinen

Zum Garnieren und Besprenkeln:

3 Eiskonfekt-Pralinen
30 g Eiskonfekt-Pralinen

Zubereitungszeit: 40 Minuten, ohne Kühlzeit
Backzeit: etwa 40 Minuten

1. Den Backofen vorheizen.
Ober-/Unterhitze: etwa 180 °C
Heißluft: etwa 160 °C

2. Für den Teig Eier und Wasser in einer Rührschüssel mit Handrührgerät mit Rührbesen auf höchster Stufe in 1 Minute schaumig schlagen. Zucker in 1 Minute einstreuen, dann noch etwa 2 Minuten weiterschlagen.

3. Mehl mit Speisestärke und Backpulver mischen, die Hälfte davon auf die Eiercreme geben und kurz auf niedrigster Stufe unterrühren. Restliches Mehlgemisch auf die gleiche Weise unterarbeiten.

4. Zwei Drittel des Teiges in eine Springform (Ø 26 cm, Boden gefettet, mit Backpapier belegt) geben und glatt streichen.

5. Unter den restlichen Teig Kakao und Wasser rühren. Den dunklen Teig teelöffelweise auf dem hellen Teig verteilen, leicht eindrücken und nicht verstreichen. Die Form auf dem Rost in den vorgeheizten Backofen schieben. Den Biskuitboden **etwa 40 Minuten backen.**

6. Den Biskuitboden aus der Form lösen und auf einen mit Backpapier belegten Kuchenrost stürzen. Das mitgebackene Backpapier abziehen und den Biskuitboden erkalten lassen.

7. Den Biskuitboden wieder umdrehen und zweimal waagerecht durchschneiden. Den unteren Boden auf eine Tortenplatte legen.

8. Für die Füllung die Sahne mit Vanillin-Zucker und Sahnesteif fast steif schlagen. Eiskaffee-Pulver hinzufügen und die Sahne steif schlagen.

9. Das Eiskonfekt aus den Förmchen lösen, sehr klein hacken und unter die Hälfte der Eiskaffee-Sahne heben. Restliche Eiskaffee-Sahne zugedeckt kurz in den Kühlschrank stellen.

10. Die Hälfte der Eiskonfekt-Eiskaffee-Sahne auf den unteren Tortenboden geben und glatt streichen. Den mittleren Boden darauflegen und leicht andrücken. Restliche Eiskonfekt-Eiskaffee-Sahne daraufgeben, glatt streichen und mit dem oberen Boden belegen.

11. Tortenrand und -oberfläche mit der Eiskaffee-Sahne aus dem Kühlschrank bestreichen.

12. Zum Garnieren die Tortenoberfläche in 12 Tortenstücke einteilen. 3 Eiskonfekt-Pralinen aus den Förmchen lösen und in Viertel schneiden. Jeweils 1 Eiskonfektviertel auf ein Tortenstück legen.

13. Zum Besprenkeln Eiskonfekt-Pralinen in einen Gefrierbeutel geben. Den Beutel fest verschließen und kurz im Wasserbad bei schwacher Hitze auflösen. Den Beutel aus dem Wasserbad nehmen, trocken tupfen, durchkneten und eine kleine Ecke abschneiden. Die Torte mit dem zerlassenen Eiskonfekt besprenkeln. Die Torte zugedeckt in den Kühlschrank stellen und gut gekühlt servieren.

Mousse-au-Cappuccino-Torte, klein |

Ohne zu backen

8 Stücke

Pro Stück: E: 4 g, F: 24 g, Kh: 23 g, kJ: 1374, kcal: 328

Für den Boden:

150 g Schoko-Cookies (Kekse mit Schokostücken)
80 g Butter

Für den Belag:

1 Pck. Mousse au Chocolat (Dessertpulver)
150 ml Milch
100 g Schlagsahne
10 g Instant-Cappuccino-Pulver

Zum Verzieren und Garnieren:

125 g Schlagsahne
1 EL Puderzucker
etwa 4–6 dünne Zartbitter-Schokoladen-Täfelchen
etwas Kakaopulver

Zubereitungszeit: 25 Minuten, ohne Kühlzeit

1. Für den Boden die Schoko-Cookies in einen Gefrierbeutel geben. Den Beutel fest verschließen. Die Cookies mit einer Teigrolle fein zerbröseln. Die Brösel in eine Rührschüssel geben.

2. Die Butter in einem kleinen Topf zerlassen und zu den Brösel geben. Die Zutaten gut verrühren. Einen Tortenring oder Springformrand (Ø 18 cm) auf einen mit Backpapier belegten, flachen Teller stellen.

3. Die Bröselmasse einfüllen und mit einem Löffel fest zu einem Boden andrücken. Den Bröselboden zugedeckt in den Kühlschrank stellen.

4. Für den Belag aus Dessertpulver, Milch, Sahne und Cappuccino-Pulver eine Mousse nach Packungsanleitung, aber mit den hier angegebenen Zutaten, zubereiten. Die Mousse auf den Tortenboden geben und glatt streichen. Die Torte zugedeckt etwa 1 Stunde in den Kühlschrank stellen.

5. Den Tortenring oder Springformrand vorsichtig lösen und entfernen. Die Torte vom Backpapier auf eine Tortenplatte setzen.

6. Zum Verzieren und Garnieren Sahne mit Puderzucker steif schlagen, auf die Torte geben und mit einem Löffel auseinanderstreichen, dabei rundherum einen etwa 1 cm breiten Rand frei lassen.

7. Die Schokoladen-Täfelchen in Stücke brechen und auf der Sahne verteilen. Die Mousse-au-Cappuccino-Torte kurz vor dem Servieren mit Kakao bestäuben.

Tipps: Anstelle der Schoko-Cookies den Boden mit der gleichen Menge Waffelröllchen mit Schokolade zubereiten. Die Torte schmeckt gut gekühlt am besten. Sie ist auch ein prima Dessert.

Nektarinentorte | Einfach – fruchtig

12 Stücke

Pro Stück: E: 7 g, F: 20 g, Kh: 33 g, kJ: 1452, kcal: 347

Zum Vorbereiten:

4–5 Nektarinen (750 g)
2 EL Zitronensaft

Für den Rührteig:

125 g weiche Butter oder Margarine
75 g Zucker
1 Pck. Dr. Oetker Vanillin-Zucker
1 Prise Salz
1 Pck. Dr. Oetker Finesse Geriebene Zitronenschale
3 Eier (Größe M)
250 g Weizenmehl
3 gestr. TL Dr. Oetker Backin
Saft von
1 Zitrone
150 g Schlagsahne
100 g abgezogene, gemahlene Mandeln

Zum Bestreichen und Bestreuen:

2 EL Aprikosenkonfitüre
25 g gehackte Pistazienkerne

Zubereitungszeit: 35 Minuten, ohne Durchziehzeit
Backzeit: etwa 45 Minuten

1. Zum Vorbereiten Nektarinen abspülen, abtrocknen, halbieren und entsteinen. Nektarinenhälften in dünne Spalten schneiden, mit Zitronensaft beträufeln und zugedeckt etwas durchziehen lassen.

2. Den Backofen vorheizen.
Ober-/Unterhitze: etwa 180 °C
Heißluft: etwa 160 °C

3. Für den Teig Butter oder Margarine in einer Rührschüssel mit Handrührgerät mit Rührbesen auf höchster Stufe geschmeidig rühren. Nach und nach Zucker, Vanillin-Zucker, Salz und Zitronenschale unterrühren. So lange rühren, bis eine gebundene Masse entstanden ist.

4. Die Eier nach und nach unterrühren (jedes Ei etwa ½ Minute). Mehl mit Backpulver mischen. Das Mehlgemisch mit dem Zitronensaft, der Sahne und den Mandeln in 2 Portionen auf mittlerer Stufe kurz unterrühren.

5. Den Teig in eine Springform (Ø 26 cm, Boden gefettet) geben und glatt streichen. Die Nektarinenspalten dachziegelartig in Form einer Blüte auf den Teig legen. Die Form auf dem Rost in den vorgeheizten Backofen schieben. Die Torte **etwa 45 Minuten backen.**

6. Die Form auf einen Kuchenrost stellen.

7. Zum Bestreichen und Bestreuen die Aprikosenkonfitüre glatt rühren. Die warme Nektarinentorte mit der Konfitüre bestreichen und mit den Pistazienkernen bestreuen. Die Nektarinentorte in der Form erkalten lassen. Dann aus der Form lösen und auf eine Tortenplatte setzen.

Obstparfait-Torte | Ohne zu backen

18 Stücke

Pro Stück: E: 4 g, F: 12 g, Kh: 22 g, kJ: 907, kcal: 217

2 Lagen von
1 hellen Wiener Boden (Ø 24 cm)

Für die Füllung:
3 Eier (Größe M)
75 g Zucker
1 Pck. Dr. Oetker Bourbon-Vanille-Zucker
500 g Schlagsahne
2 Pck. Dr. Oetker Sahnesteif
300 g Obst, z. B. Nektarinen, Weintrauben, Erdbeeren, Heidelbeeren, Himbeeren (vorbereitet gewogen)
20 g gehackte Pistazienkerne

Zum Garnieren:
vorbereitetes Obst, z. B. Erdbeeren und Weintrauben
10 g gehackte Pistazienkerne
etwas Puderzucker

Zubereitungszeit: 35 Minuten, ohne Gefrierzeit

1. Die 2 Biskuitböden zu je 1 Rechteck (24 x 11 cm) schneiden. Die Gebäckreste so zurechtschneiden, dass 2 Böden von etwa 30 x 11 cm entstehen.

2. Für die Füllung Eier, Zucker und Vanille-Zucker in eine Rühr- oder Edelstahlschüssel geben und im Wasserbad bei mittlerer Hitze schaumig schlagen, bis eine dickflüssige Masse entstanden ist. Die Schüssel aus dem Wasserbad nehmen. Die Eiercreme unter Rühren erkalten lassen. Sahne mit Sahnesteif steif schlagen und unter die Eiercreme heben.

3. Die Nektarinen abspülen, abtrocknen, halbieren, entsteinen und in Würfel schneiden. Weintrauben abspülen, trocken tupfen, halbieren und entkernen. Erdbeeren abspülen, abtropfen lassen und entstielen. Erdbeeren nach Belieben in kleine Stücke schneiden. Die Heidelbeeren verlesen, abspülen und trocken tupfen, Himbeeren verlesen. Das vorbereitete Obst mit den Pistazienkernen unter die Eier-Sahne-Creme heben.

4. Die Hälfte der Obst-Sahne-Creme in eine Kastenform (30 x 11 cm, mit Backpapier ausgelegt) geben, mit einem zugeschnittenen Gebäckboden belegen. Den Boden leicht in die Creme drücken. Die restliche Obst-Sahne-Creme daraufgeben und mit dem zweiten zugeschnittenen Gebäckboden belegen.

5. Die Kastenform zugedeckt in das Gefrierfach stellen. Obstparfait etwa 6 Stunden (am besten über Nacht) gefrieren lassen.

6. Das Parfait mit dem Backpapier aus der Form heben, auf eine Kuchenplatte stürzen und das Backpapier entfernen. Das Parfait mit dem vorbereiteten Obst belegen. Parfait mit Pistazienkernen bestreuen und mit Puderzucker bestäuben.

Hinweis: Nur ganz frische Eier verwenden, die nicht älter als 5 Tage sind (Legedatum beachten!). Aufgetautes Parfait können sie nicht noch einmal einfrieren. Sie sollten es möglichst innerhalb eines Tages verzehren.

Tipps: Für die Füllung zusätzlich etwa 3 Esslöffel Weinbrand mit Eiern, Zucker und Vanille-Zucker im heißen Wasserbad schaumig schlagen. Nach Belieben die Gebäckreste zerbröseln, mit etwas Weinbrand vermischen und zu Kugeln formen. Die Gebäckkugeln in geschmolzene Kuvertüre tauchen und auf Backpapier legen. Kuvertüre fest werden lassen. Die Kugeln zu dem Parfait servieren.

Orangen-Ingwer-Torte

Ohne zu backen – raffiniert

16 Stücke

Pro Stück: E: 7 g, F: 14 g, Kh: 23 g, kJ: 1065, kcal: 255

Für den Knusper-Boden:

150 g Zartbitter-Kuvertüre
2 EL Speiseöl, z. B. Sonnenblumenöl
80 g knusprige Weizen-Honig-Pops

Für die Orangen-Ingwer-Creme:

3 Bio-Orangen (unbehandelt, ungewachst)
100 g kandierter Ingwer
500 g Magerquark
7 Blatt weiße Gelatine
60 g Zucker
250 g Schmand (Sauerrahm)
250 g Schlagsahne

Zum Garnieren:

50 g Zartbitter-Kuvertüre

Zubereitungszeit: 45 Minuten, ohne Kühlzeit

1. Für den Knusper-Boden die Kuvertüre in grobe Stücke hacken und mit dem Speiseöl in einem kleinen Topf im Wasserbad bei schwacher Hitze unter Rühren schmelzen. Die Weizen-Honig-Pops unter die warme Kuvertüre rühren.

2. Die Schokoladen-Knusper-Masse in eine Springform (Ø 26 cm, Boden gefettet, mit Backpapier belegt) geben und mit einem Löffel fest zu einem Boden andrücken. Den Tortenboden zugedeckt in den Kühlschrank stellen.

3. Für die Orangen-Ingwer-Creme die Orangen heiß abspülen und abtrocknen. Von 2 Orangen die Schale fein abreiben. Die beiden Orangen anschließend so schälen, dass die weiße Haut vollständig entfernt wird. Die Fruchtfilets herausschneiden und zugedeckt in den Kühlschrank stellen. Die restliche Orange halbieren und den Saft auspressen. Den kandierten Ingwer grob hacken.

4. Den Quark mit der Orangenschale und den Ingwerstückchen in einer Schüssel verrühren. Die Gelatine nach Packungsanleitung einweichen. Gelatine leicht ausdrücken und mit dem Orangensaft und Zucker in einem kleinen Topf bei schwacher Hitze unter Rühren auflösen.

5. Die Gelatinemasse zunächst mit etwa 4 Esslöffeln von dem Orangen-Quark verrühren, dann unter den restlichen Orangen-Quark rühren. Den Schmand unterheben. Den Orangen-Quark kurz in den Kühlschrank stellen.

6. Sobald der Orangen-Quark anfängt dicklich zu werden, die Sahne steif schlagen und unterheben.

7. Die Orangen-Quarkcreme auf den Tortenboden geben und glatt streichen. Die Orangen-Ingwer-Torte zugedeckt mindestens 4 Stunden in den Kühlschrank stellen.

8. Zum Garnieren die Orangen-Ingwer-Torte vorsichtig aus der Springform lösen und auf eine Tortenplatte setzen. Kuvertüre mit einem Sparschäler oder Messer in Spänen abhobeln. Die Orangen-Ingwer-Torte mit den vorbereiteten Orangenfilets belegen und mit den Kuvertürespänen bestreuen.

Orangen-Joghurt-Torte

Für Gäste – erfrischend

16 Stücke

Pro Stück: E: 4 g, F: 11 g, Kh: 34 g, kJ: 1066, kcal: 255

Für den Biskuitteig:

3 Eier (Größe M)
2 EL heißes Wasser
125 g Zucker
1 Pck. Dr. Oetker Vanillin-Zucker
125 g Weizenmehl
75 g Speisestärke
2 gestr. TL Dr. Oetker Backin

Für die Joghurtcreme:

8 Blatt weiße Gelatine
500 g Orangenjoghurt
4 EL Zitronensaft
75 g Zucker
1 Pck. Dr. Oetker Finesse Orangenschalen-Aroma
2 Orangen
250 g Schlagsahne

Zum Bestreichen:

250 g Schlagsahne
1 Pck. Dr. Oetker Sahnesteif
1 Pck. Dr. Oetker Vanillin-Zucker

Zum Garnieren:

1 Bio-Orange (unbehandelt, ungewachst)
100 ml Wasser
125 g Zucker

Zubereitungszeit: 60 Minuten, ohne Kühlzeit
Backzeit: etwa 25 Minuten

1. Den Backofen vorheizen.
Ober-/Unterhitze: etwa 200 °C
Heißluft: etwa 180 °C

2. Für den Teig Eier und Wasser in einer Rührschüssel mit Handrührgerät mit Rührbesen auf höchster Stufe in 1 Minute schaumig schlagen. Zucker und Vanillin-Zucker mischen, in 1 Minute einstreuen, dann noch etwa 2 Minuten weiterschlagen.

3. Mehl mit Speisestärke und Backpulver mischen, die Hälfte davon auf die Eiercreme geben und kurz auf niedrigster Stufe unterrühren. Restliches Mehlgemisch auf die gleiche Weise unterarbeiten. Den Teig in eine Springform (Ø 26 cm, Boden gefettet, mit Backpapier belegt) geben und glatt streichen. Die Form auf dem Rost in den vorgeheizten Backofen schieben. Den Biskuitboden **etwa 25 Minuten backen.**

4. Die Form auf einen Kuchenrost stellen. Den Biskuitboden etwas abkühlen lassen. Danach aus der Form lösen und auf einen mit Backpapier belegten Kuchenrost stürzen. Das mitgebackene Backpapier abziehen, den Boden erkalten lassen.

5. Für die Joghurtcreme die Gelatine nach Packungsanleitung einweichen. Joghurt mit Zitronensaft, Zucker und Aroma verrühren. Die Gelatine leicht ausdrücken und in einem kleinen Topf bei schwacher Hitze unter Rühren auflösen. Die aufgelöste Gelatine zunächst mit etwa 4 Esslöffeln von der Joghurtmasse verrühren, dann unter die restliche Joghurtmasse rühren.

6. Die Orangen so schälen, dass die weiße Haut vollständig entfernt wird. Die Orangenfilets herausschneiden, den Saft dabei auffangen und beiseitestellen.

7. Sobald die Joghurtmasse anfängt dicklich zu werden, Sahne steif schlagen und unterheben. Die Orangenfilets ebenfalls unterheben.

8. Den Biskuitboden einmal waagerecht durchschneiden. Den unteren Boden auf eine Tortenplatte legen. Einen Tortenring darumstellen. Die Joghurtcreme auf den Boden geben und glatt streichen. Oberen Boden darauflegen und leicht andrücken. Den Boden mit einer Gabel einstechen und mit dem beiseitegestellten Orangensaft beträufeln. Die Orangen-Joghurt-Torte zugedeckt etwa 2 Stunden in den Kühlschrank stellen.

9. Zum Bestreichen den Tortenring vorsichtig lösen und entfernen. Die Sahne mit Sahnesteif und Vanillin-Zucker steif schlagen. Tortenoberfläche und -rand mit der Sahne bestreichen.

10. Zum Garnieren die Orange heiß abspülen und in dünne Scheiben schneiden. Wasser mit Zucker in einem Topf aufkochen lassen. Die Orangenscheiben hineingeben und etwa 10 Minuten bei schwacher Hitze köcheln lassen. Die Orangenscheiben in einem Sieb abtropfen und abkühlen lassen. Anschließend die Orangenscheiben halbieren und auf die Tortenoberfläche legen.

Orangen-Minz-Torte | Einfach – schnell

16 Stücke

Pro Stück: E: 3 g, F: 17 g, Kh: 23 g, kJ: 1090, kcal: 260

Für den Schüttelteig:

125 g Butter oder Margarine
120 g Weizenmehl
3 gestr. TL Dr. Oetker Backin
2 gestr. EL gesiebtes Kakaopulver
150 g Zucker
1 Pck. Dr. Oetker Bourbon-Vanille-Zucker
½ Pck. Dr. Oetker Finesse Orangenschalen-Aroma
2 Eier (Größe M)
100 ml Orangensaft

Für den Belag:

100 g Orangenmarmelade
125 g Mascarpone (ital. Frischkäse)
300 g Schlagsahne
4 EL Puderzucker
einige Tropfen Minzöl (aus der Apotheke)

Zum Bestreuen und Garnieren:

½ Pck. Dr. Oetker Finesse Orangenschalen-Aroma
einige Minzeblättchen

Zubereitungszeit: 20 Minuten, ohne Abkühlzeit
Backzeit: 25–30 Minuten

1. Für den Teig Butter oder Margarine in einem kleinen Topf zerlassen und abkühlen lassen. Den Backofen vorheizen.
Ober-/Unterhitze: etwa 180 °C
Heißluft: etwa 160 °C

2. Mehl mit Backpulver und Kakao mischen, in eine verschließbare Schüssel (etwa 3 Liter-Inhalt) geben, mit Zucker, Vanille-Zucker und dem Orangenschalen-Aroma mischen. Eier, Orangensaft und zerlassene Butter oder Margarine hinzufügen. Die Schüssel mit dem Deckel fest verschließen und mehrmals kräftig schütteln (insgesamt 15–30 Sekunden), sodass alle Zutaten gut vermischt sind.

3. Alles mit einem Schneebesen oder Rührlöffel nochmals durchrühren, damit trockene Zutaten vom Rand mit untergerührt werden. Den Teig in eine Springform (Ø 26 cm, Boden gefettet) geben und glatt streichen.

4. Die Form auf dem Rost in den vorgeheizten Backofen schieben. Den Gebäckboden **25–30 Minuten backen.** Die Form auf einen Kuchenrost stellen.

5. Für den Belag die Orangenmarmelade glatt rühren und auf den heißen Gebäckboden streichen. Den Boden in der Form erkalten lassen. Dann aus der Form lösen und auf eine Tortenplatte legen.

6. Mascarpone mit Sahne und Puderzucker in einen hohen Rührbecher geben, mit Handrührgerät mit Rührbesen zu einer steifen Creme schlagen und mit etwas Minzöl abschmecken.

7. Die Minzcreme mit einem Esslöffel wellenförmig auf dem Gebäck verteilen. Die Torte bis zum Servieren zugedeckt in den Kühlschrank stellen.

8. Zum Bestreuen und Garnieren die Tortenoberfläche mit Orangenschalen-Aroma bestreuen und mit abgespülten, trocken getupften Minzeblättchen garnieren.

Orangenparfait-Torte

Ohne zu backen – mit Alkohol

12–16 Stücke

Pro Stück: E: 4 g, F: 27 g, Kh: 37 g, kJ: 1782, kcal: 426

Für die Creme:

300 g weiße Schokolade
600 g Schlagsahne
1 TL Dr. Oetker Finesse Orangenschalen-Aroma
75 ml Orangenlikör
6 Pck. Dr. Oetker Sahnesteif

Außerdem:

200 g Biskuitzungen oder Eierplätzchen (ohne Zuckerkruste)
75 ml Orangenlikör

Zum Garnieren und Verzieren:

6–8 kandierte Orangenscheiben (etwa 100 g)
200 g Schlagsahne
25 g gehackte Pistazien

Zubereitungszeit: 40 Minuten, ohne Kühlzeit

1. Für die Creme die Schokolade in Stücke brechen. Sahne, Orangenschalen-Aroma und Likör in einem Topf verrühren. Die Schokoladenstücke hinzufügen und unter Rühren erwärmen, bis die Schokolade geschmolzen ist. Schokoladen-Sahne-Likör-Mischung zugedeckt über Nacht in den Kühlschrank stellen.

2. Eine Springform (Ø 24 cm) mit Frischhaltefolie auslegen. Die Schokoladen-Sahne-Likör-Mischung halbieren und jede Hälfte mit je 3 Päckchen Sahnesteif steif schlagen. Den Springformboden mit einer dünnen Schicht Sahnecreme bestreichen. Eine Lage Biskuitzungen oder Eierplätzchen dicht an dicht darauflegen. Die Biskuitzungen oder Eierplätzchen mit etwa 2 Esslöffeln Likör beträufeln.

3. Abwechselnd die restliche Schokoladen-Sahne-Likör-Creme, die Biskuitzungen oder Eierplätzchen und den Likör einschichten, bis alle Zutaten aufgebraucht sind. Die letzte Schicht sollte aus Biskuitzungen oder Eierplätzchen bestehen, welche aber nicht mehr mit Likör beträufelt werden. Die Torte mit Frischhaltefolie bedecken und mindestens 4 Stunden in den Kühlschrank stellen.

4. Die Frischhaltefolie entfernen. Die Torte vorsichtig auf eine Tortenplatte stürzen. Die Springform und die restliche Folie vorsichtig entfernen.

5. Zum Garnieren kandierte Orangenscheiben halbieren. Die Sahne steif schlagen, in einen Spritzbeutel mit Lochtülle füllen und dicht an dicht Tuffs auf die Tortenoberfläche spritzen. Die Torte mit Pistazien bestreuen. Den Tortenrand mit den halbierten Orangenscheiben garnieren.

Tipp: Stellen Sie die Torte vor dem Servieren für etwa 1 Stunde zugedeckt in das Tiefkühlfach.

Pawlowa-Torte

Etwas Besonderes – dauert länger

12 Stücke

Pro Stück: E: 4 g, F: 20 g, Kh: 38 g, kJ: 1485, kcal: 355

Für den Baiserboden:

5 Eiweiß (Größe M, etwa 150 ml)
300 g feinster Kristallzucker

Für die Füllung:

750 g Erdbeeren
80 g Zucker
1 Pck. Dr. Oetker Vanillin-Zucker
8 Blatt weiße Gelatine
750 g Schlagsahne

Zum Bestäuben:

etwas Puderzucker

Zubereitungszeit: 50 Minuten, ohne Kühlzeit
Backzeit: etwa 10 Minuten
Trockenzeit: etwa 60 Minuten

1. Ein Backblech (gefettet) mit einem Stück Backpapier belegen. Einen Kreis (Ø etwa 24 cm) daraufzeichnen.

2. Den Backofen vorheizen.
Ober-/Unterhitze: etwa 160 °C
Heißluft: etwa 140 °C

3. Für den Boden das Eiweiß und 200 g Zucker in einer Rührschüssel mit Handrührgerät mit Rührbesen auf höchster Stufe etwa 5 Minuten aufschlagen. Den restlichen Zucker einrieseln lassen und weitere etwa 3 Minuten schlagen. Etwa 4 Esslöffel von der Baisermasse auf den aufgezeichneten Kreis geben und glatt streichen.

4. Restliche Baisermasse in einen Spritzbeutel mit großer Sterntülle füllen. Etwa 30 etwa 4 cm hohe Tupfen dicht an dicht an den Rand des Kreises spritzen. Das Backblech in den vorgeheizten Backofen schieben. Den Baiserboden **etwa 10 Minuten backen.**

5. Nach der angegebenen Backzeit die Backofentemperatur um etwa 60 °C herunterschalten. Den Baiserboden **etwa 60 Minuten trocknen lassen.**

6. Den Baiserboden mit dem Backpapier vom Backblech auf einen Kuchenrost ziehen und erkalten lassen.

7. Für die Füllung Erdbeeren abspülen, gut abtropfen lassen und entstielen. Etwa 300 g von den Erdbeeren halbieren und auf den Baiserboden legen. 8–10 Erdbeeren zum Garnieren beiseitelegen. Die restlichen Erdbeeren vierteln, mit Zucker und Vanillin-Zucker bestreuen und mit einer Gabel zerdrücken.

8. Die Gelatine nach Packungsanleitung einweichen. Die Gelatine leicht ausdrücken und in einem kleinen Topf bei schwacher Hitze unter Rühren auflösen. Das Erdbeerpüree und etwa 1 Esslöffel Sahne unterrühren. Die Erdbeer-Gelatine-Masse kurz in den Kühlschrank stellen.

9. Sobald die Erdbeer-Gelatine-Masse anfängt dicklich zu werden, Sahne steif schlagen und unterheben. Die Erdbeer-Sahne-Creme auf die Erdbeeren geben und grob verstreichen. Die Pawlowa-Torte zugedeckt etwa 1 ½ Stunden in den Kühlschrank stellen.

10. Die beiseitegelegten Erdbeeren halbieren. Die Tortenoberfläche mit den Erdbeerhälften garnieren und mit Puderzucker bestäuben.

Pfirsich-Knusper-Torte

Ohne zu backen

14 Stücke

Pro Stück: E: 4 g, F: 19 g, Kh: 39 g, kJ: 1442, kcal: 345

Für den Crunch-Boden:

200 g Vitalis Knusper Müsli
50 g Butter
100 g weiße Schokolade
1 Pck. Dr. Oetker Finesse Orangenschalen-Aroma

Für den Belag:

1 Pck. gemahlene Gelatine, weiß
2–3 EL kaltes Wasser
200 g Schlagsahne
300 g Joghurt
250 g Crème fraîche
1 Pck. Dr. Oetker Finesse Orangenschalen-Aroma
100 g Zucker

Zum Verzieren und Garnieren:

80 g abgetropfte Pfirsichhälften (aus der Dose)
2 Pck. Paradiescreme Pfirsich-Geschmack (Dessertpulver)

Außerdem:

3 EL Vitalis Knusper Müsli

Zubereitungszeit: 40 Minuten, ohne Kühlzeit

1. Für den Boden Müsli in einen Gefrierbeutel geben. Den Beutel fest verschließen. Das Müsli mit einer Teigrolle fein zerbröseln und in eine Rührschüssel geben.

2. Die Butter in einem kleinen Topf zerlassen. Den Topf von der Kochstelle nehmen. Die Schokolade in Stücke brechen, zur Butter geben und unter Rühren schmelzen. Die Müslibrösel und das Aroma unter die Schokoladen-Butter-Mischung rühren.

3. Einen Tortenring oder Springformrand (Ø 26 cm) auf eine mit Tortenspitze oder Backpapier belegte Tortenplatte stellen. Die Brösel-Schoko-Masse hineingeben und mit einem Löffel fest zu einem Boden andrücken. Den Crunch-Boden zugedeckt in den Kühlschrank stellen.

4. Für den Belag Gelatine mit Wasser nach Packungsanleitung in einem kleinen Topf anrühren und quellen lassen. Die Sahne steif schlagen. Joghurt mit Crème fraîche, Aroma und Zucker verrühren. Die gequollene Gelatine im Topf unter Rühren bei schwacher Hitze auflösen.

5. Die aufgelöste Gelatine zuerst mit etwa 4 Esslöffeln von der Joghurtmasse verrühren, dann unter die restliche Joghurtmasse rühren. Die Sahne vorsichtig unterheben.

6. Die Joghurt-Sahne-Creme auf den Crunch-Boden geben und glatt streichen. Die Torte zugedeckt in den Kühlschrank stellen.

7. Zum Verzieren und Garnieren von den Pfirsichhälften 1 Pfirsichhälfte beiseitelegen. Restliche Pfirsichhälften grob zerkleinern und in einem Rührbecher pürieren. Das Pfirsichpüree mit dem Dessertpulver mit Handrührgerät mit Rührbesen etwa 3 Minuten auf höchster Stufe aufschlagen.

8. Zwei Drittel der Pfirsichcreme in einen Spritzbeutel mit Lochtülle (Ø 11 mm) füllen und dicke wellenförmige Linien auf die Tortenoberfläche spritzen. Die Torte und die restliche Pfirsichcreme zugedeckt etwa 1 Stunde in den Kühlschrank stellen.

9. Den Tortenring oder Springformrand vorsichtig lösen und entfernen. Die beiseitegelegte Pfirsichhälfte in dünne Spalten schneiden. Die Pfirsichcreme in einen Spritzbeutel mit Loch- oder Sterntülle füllen und Tuffs auf die Tortenoberfläche spritzen. Die Torte mit den Pfirsichspalten und etwas Müsli garnieren.

Tipps: Falls Sie keinen Spritzbeutel haben, können Sie die Pfirsichcreme auch in einen Gefrierbeutel geben, diesen verschließen und eine etwa 1 cm breite Ecke abschneiden. Oder Sie können den Fruchtbelag einfach mit einem Löffel grob auf der Tortenoberfläche verstreichen und die Torte nach Belieben verzieren.

Pfirsich-Kokos-Rosette | Für Gäste

12 Stücke

Pro Stück: E: 5 g, F: 20 g, Kh: 31 g, kJ: 1359, kcal: 325

Zum Vorbereiten:

465 g abgetropfte Pfirsichhälften (aus der Dose)

Für den Schüttelteig:

125 g Weizenmehl
1 gestr. TL Dr. Oetker Backin
50 g Zucker
1 Ei (Größe M)
100 ml Speiseöl, z. B. Sonnenblumenöl
100 g Joghurt
50 g Kokosraspel

Für den Guss:

165 ml Kokosmilch
2 Eier (Größe M)
50 g Zucker

Für die Streusel:

50 g Weizenmehl
25 g Kokosraspel
50 g Zucker
50 g weiche Butter

Zubereitungszeit: 40 Minuten
Backzeit: 40–45 Minuten

1. Zum Vorbereiten die Pfirsichhälften in Spalten schneiden.

2. Den Backofen vorheizen.
Ober-/Unterhitze: etwa 180 °C
Heißluft: etwa 160 °C

3. Für den Teig Mehl mit Backpulver mischen, in eine verschließbare Schüssel (etwa 3-Liter-Inhalt) geben und mit Zucker mischen. Das Ei, Speiseöl und Joghurt hinzufügen und die Schüssel mit dem Deckel fest verschließen. Die Schüssel mehrmals kräftig schütteln (insgesamt 15–30 Sekunden), sodass alle Zutaten gut vermischt sind. Die Kokosraspel hinzugeben.

4. Alles mit einem Schneebesen oder Rührlöffel nochmals sorgfältig durchrühren, damit trockene Zutaten vom Rand mit untergerührt werden.

5. Teig in eine Rosetten- oder Tarteform (Ø 28 cm, gefettet, bemehlt) geben und sorgfältig glatt streichen. Die Pfirsichspalten kreisförmig auf den Teig legen.

6. Für den Guss Kokosmilch, Eier und Zucker in einer Rührschüssel mit einem Schneebesen gut verrühren. Den Guss auf den Pfirsichspalten verteilen.

7. Für die Streusel Mehl in eine Rührschüssel geben. Kokosraspel, Zucker und Butter hinzufügen. Die Zutaten mit Handrührgerät mit Rührbesen zu Streuseln von gewünschter Größe verarbeiten. Die Streusel auf dem Guss verteilen.

8. Die Form auf dem Rost in den vorgeheizten Backofen schieben. Den Kuchen **40–45 Minuten backen.**

9. Die Form auf einen Kuchenrost stellen. Den Kuchen etwas abkühlen lassen und lauwarm oder kalt servieren.

Pfirsich-Mascarpone-Torte

Einfach

16 Stücke

Pro Stück: E: 3 g, F: 13 g, Kh: 25 g, kJ: 976, kcal: 233

Für den All-in-Teig:

80 g Butter oder Margarine
170 g Weizenmehl
2 gestr. TL Dr. Oetker Backin
80 g Zucker
1 Pck. Dr. Oetker Vanillin-Zucker
2 Eier (Größe M)
100 ml Buttermilch

Für die Mascarponecreme:

250 g Mascarpone (ital. Frischkäse)
150 g saure Sahne
1 Pck. Quarkfein Zitrone (Dessertpulver)

500 g abgetropfte Tortenpfirsiche (aus der Dose)
1 Pck. ungezuckerter Tortenguss, klar
250 ml (1/4 l) Pfirsichsaft (aus der Dose)
evtl. einige Minzeblättchen

Zubereitungszeit: 40 Minuten, ohne Kühlzeit
Backzeit: etwa 25 Minuten

1. Für den Teig die Butter oder Margarine in einem kleinen Topf zerlassen und abkühlen lassen.

2. Den Backofen vorheizen.
Ober-/Unterhitze: etwa 180 °C
Heißluft: etwa 160 °C

3. Das Mehl mit Backpulver in einer Rührschüssel mischen. Restliche Zutaten und zerlassene Butter oder Margarine hinzufügen. Die Zutaten mit Handrührgerät mit Rührbesen erst kurz auf niedrigster, danach auf höchster Stufe in etwa 2 Minuten zu einem glatten Teig verarbeiten.

4. Den Teig in eine Springform (Ø 26 cm, Boden gefettet) geben und glatt streichen. Die Form auf dem Rost in den vorgeheizten Backofen schieben. Den Gebäckboden **etwa 25 Minuten backen.**

5. Form auf einen Kuchenrost stellen. Den Gebäckboden etwas abkühlen lassen. Anschließend den Boden aus der Form lösen und auf einem mit Backpapier belegten Kuchenrost erkalten lassen.

6. Den Gebäckboden auf eine Tortenplatte legen, einen Tortenring oder den gesäuberten Springformrand darumstellen.

7. Für die Mascarponecreme Mascarpone mit saurer Sahne in einer Rührschüssel mit Handrührgerät mit Rührbesen 1–2 Minuten auf höchster Stufe cremig aufschlagen. Das Dessertpulver unter Rühren in der Mascarponecreme auflösen. Die Mascarponecreme auf den Gebäckboden geben und glatt streichen. Die Torte zugedeckt etwa 1 Stunde in den Kühlschrank stellen.

8. Die Tortenpfirsiche kreisförmig von außen nach innen auf die Macarponecreme legen.

9. Aus Tortengusspulver und Saft einen Guss nach Packungsanleitung, aber mit den hier angegebenen Zutaten, zubereiten. Den Guss auf den Tortenpfirsichen verteilen. Die Pfirsich-Mascarpone-Torte zugedeckt mindestens 1 Stunde in den Kühlschrank stellen.

10. Den Tortenring oder Springformrand vorsichtig lösen und entfernen. Die Pfirsich-Mascarpone-Torte nach Belieben mit abgespülten und trocken getupften Minzeblättchen garnieren.

Pfirsich-Melba-Torte

Fruchtig – ohne zu backen

16 Stücke

Pro Stück: E: 8 g, F: 13 g, Kh: 24 g,
kJ: 1054, kcal: 252

Für den Boden:

150 g Löffelbiskuits
125 g Butter
25 g Zartbitter-Raspelschokolade

Für den Quarkbelag:

1 Bio-Zitrone (unbehandelt, ungewachst)
5 Blatt weiße Gelatine
200 g Doppelrahm-Frischkäse
500 g Speisequark (20 % Fett)
50 g Zucker
1 Pck. Dr. Oetker Vanillin-Zucker

Für den Fruchtbelag:

480 g abgetropfte Pfirsichhälften (aus der Dose)
100 ml Pfirsichsaft (aus der Dose)
4 Blatt weiße Gelatine

Für den Guss:

300 g TK-Himbeeren
40 g Puderzucker
50 ml Pfirsichsaft (aus der Dose)
1 Pck. ungezuckerter Tortenguss, rot
20 g Zucker

Zubereitungszeit: 50 Minuten,
ohne Kühl- und Auftauzeit

1. Für den Boden Löffelbiskuits in einen Gefrierbeutel geben. Den Beutel fest verschließen. Löffelbiskuits mit einer Teigrolle fein zerbröseln. Die Biskuitbrösel in eine Rührschüssel geben. Die Butter in einem kleinen Topf zerlassen und zu den Biskuitbröseln geben. Die Zutaten gut verrühren, die Raspelschokolade unterrühren.

2. Einen Tortenring oder Springformrand (Ø 26 cm) auf eine mit Tortenspitze oder Backpapier belegte Tortenplatte stellen. Die Bröselmasse hineingeben und mit einem Löffel fest zu einem Boden andrücken. Den Tortenboden zugedeckt in den Kühlschrank stellen.

3. Für den Quarkbelag die Bio-Zitrone heiß abspülen, abtrocknen und die Schale fein abreiben. Die Zitrone halbieren und den Saft auspressen. Die Gelatine nach Packungsanleitung einweichen. Frischkäse mit Quark, Zucker, Vanillin-Zucker, Zitronenschale und -saft in einer Rührschüssel gut verrühren.

4. Die Gelatine leicht ausdrücken und in einem kleinen Topf bei schwacher Hitze unter Rühren auflösen. Die aufgelöste Gelatine zunächst mit etwa 4 Esslöffeln von der Quarkmasse verrühren, dann unter die restliche Quarkmasse rühren.

5. Die Quarkmasse auf den Bröselboden geben und grob verstreichen. Die Torte zugedeckt etwa 2 Stunden in den Kühlschrank stellen.

6. Für den Fruchtbelag von den Pfirsichhälften 2 Stück zum Garnieren beiseitelegen. Die restlichen Pfirsichhälften in grobe Stücke schneiden und mit 100 ml Pfirsichsaft pürieren.

7. Die Gelatine wie unter Punkt 3 und 4 beschrieben einweichen und auflösen. Die aufgelöste Gelatine zunächst mit etwa 4 Esslöffeln von dem Pfirsichpüree verrühren, dann unter das restliche Pfirsichpüree rühren. Das Pfirsichpüree auf die Quarkmasse geben und glatt streichen. Die Torte nochmals zugedeckt etwa 1 Stunde in den Kühlschrank stellen.

8. Für den Guss die Himbeeren mit Puderzucker und 50 ml Pfirsichsaft in einer Schüssel auftauen lassen. Die Himbeeren anschließend pürieren und durch ein Sieb streichen. Von dem Himbeerpüree 250 ml (1/4 l) abmessen.

9. Aus Tortengusspulver, Zucker und dem abgemessenen Himbeerpüree einen Guss nach Packungsanleitung, aber mit den hier angegebenen Zutaten, zubereiten. Den Guss mit einem Esslöffel auf dem Pfirsichpüree gleichmäßig verteilen.

10. Die Pfirsich-Melba-Torte zugedeckt nochmals etwa 30 Minuten in den Kühlschrank stellen.

11. Anschließend den Tortenring oder Springformrand vorsichtig lösen und entfernen. Die beiseitegelegten Pfirsichhälften in Spalten schneiden. Die Tortenoberfläche mit den Pfirsichspalten garnieren.

Tipp: Noch schneller geht es, wenn Sie die Torte mit 1 Lage von 1 hellen Wiener Boden zubereiten. Die restlichen Gebäcklagen des Wiener Bodens können Sie einfrieren und nach Bedarf auftauen.

Pflaumen-Streuseltorte

Einfach – schnell
12 Stücke

Pro Stück: E: 3 g, F: 14 g, Kh: 33 g, kJ: 1119, kcal: 267

Für den Streuselteig:
125 g Butter
200 g Weizenmehl
1 gestr. TL Dr. Oetker Backin
100 g Zucker
1 Pck. Dr. Oetker Vanillin-Zucker
1 Prise Salz

385 g abgetropfte Pflaumen (aus dem Glas)

Für den Guss:
200 g Schmand (Sauerrahm)
1 Ei (Größe M)
1 Pck. Saucenpulver Vanille-Geschmack zum Kochen
50 g Zucker

Zubereitungszeit: 15 Minuten, ohne Abkühlzeit
Backzeit: 45–50 Minuten

1. Für den Teig die Butter in einem kleinen Topf bei schwacher Hitze zerlassen und abkühlen lassen.

2. Den Backofen vorheizen.
Ober-/Unterhitze: etwa 180 °C
Heißluft: etwa 160 °C

3. Das Mehl mit Backpulver in einer Rührschüssel gut vermischen. Zucker, Vanillin-Zucker, Salz und die zerlassene Butter hinzufügen.

4. Die Zutaten mit Handrührgerät mit Rührbesen zunächst kurz auf niedrigster, dann auf höchster Stufe kurz zu feinen Streuseln verarbeiten.

5. Etwa drei Viertel der Streusel in eine Springform (Ø 26 cm, Boden gefettet) geben und fest zu einem Boden andrücken. Die Pflaumen auf dem Streuselboden verteilen.

6. Für den Guss Schmand mit Ei, Saucenpulver und Zucker gut verrühren. Den Guss auf die Pflaumen gießen und mit den restlichen Streuseln bestreuen.

7. Die Form auf dem Rost in den vorgeheizten Backofen (unteres Drittel) schieben. Die Pflaumen-Streuseltorte **45–50 Minuten backen.**

8. Die Form auf einen Kuchenrost stellen. Die Pflaumen-Streuseltorte etwas abkühlen lassen. Dann den Springformrand lösen und entfernen. Die Pflaumen-Streuseltorte mit dem Springformboden auf dem Kuchenrost erkalten lassen. Anschließend vom Springformboden lösen und auf eine Tortenplatte setzen.

Tipps: Zusätzlich 1 Teelöffel gemahlenen Zimt oder etwas geriebene Zitronenschale in den Teig geben. Für den Guss kann Schmand durch Crème fraîche oder saure Sahne ersetzt werden.

Pflaumentorte mit Biskuitguss

Raffiniert – fettarm

14 Stücke

Pro Stück: E: 4 g, F: 6 g, Kh: 30 g, kJ: 822, kcal: 196

Für den Knetteig:

150 g Weizenmehl
½ gestr. TL Dr. Oetker Backin
75 g Zucker
1 Pck. Dr. Oetker Vanillin-Zucker
1 Prise Salz
1 Ei (Größe M)
75 g Butter oder Margarine

1 EL Weizenmehl

Für den Belag:

750 g Pflaumen

Für den Biskuitguss:

2 Eier (Größe M)
1–2 TL kaltes Wasser
90 g Zucker
50 g Weizenmehl
2 gestr. TL Dr. Oetker Backin

Zum Bestäuben:

etwas Puderzucker

Zubereitungszeit: 50 Minuten, ohne Abkühlzeit
Backzeit: etwa 60 Minuten

1. Für den Teig Mehl mit Backpulver in einer Rührschüssel mischen. Restliche Zutaten hinzufügen und mit Handrührgerät mit Knethaken zunächst kurz auf niedrigster, dann auf höchster Stufe gut durcharbeiten.

2. Anschließend auf einer leicht bemehlten Arbeitsfläche zu einem glatten Teig verkneten. Sollte er kleben, ihn in Frischhaltefolie gewickelt eine Zeit lang kalt stellen.

3. Den Backofen vorheizen.
Ober-/Unterhitze: etwa 180 °C
Heißluft: etwa 160 °C

4. Gut zwei Drittel des Teiges auf dem Boden einer Springform (Ø 26 cm, gefettet) ausrollen, den Springformrand darumstellen. Unter den Rest des Teiges 1 Esslöffel Mehl kneten und zu einer Rolle formen. Die Teigrolle auf den Teigboden legen und so an die Form drücken, dass ein etwa 2 cm hoher Rand entsteht. Den Teigboden mit einer Gabel mehrmals einstechen.

5. Für den Belag Pflaumen abspülen, abtrocknen, halbieren, entsteinen und in Viertel schneiden. Den Teigboden mit den Pflaumenvierteln belegen.

6. Für den Biskuitguss die Eier mit Wasser in einer Rührschüssel mit Handrührgerät mit Rührbesen auf höchster Stufe in 1 Minute schaumig schlagen. Den Zucker in 1 Minute einstreuen, dann noch etwa 2 Minuten weiterschlagen.

7. Mehl mit Backpulver mischen und kurz auf niedrigster Stufe unterrühren. Den Biskuitguss auf den Pflaumen verteilen. Die Form auf dem Rost in den vorgeheizten Backofen schieben. Die Pflaumentorte **etwa 60 Minuten backen.**

8. Die Form auf einen Kuchenrost stellen. Die Pflaumentorte etwas abkühlen lassen. Anschließend die Pflaumentorte aus der Form lösen, auf einen mit Backpapier belegten Kuchenrost setzen und erkalten lassen. Die Pflaumentorte mit Puderzucker bestäuben.

Prinzen Rolle Torte mit Heidelbeeren | Ohne zu backen

14 Stücke

Pro Stück: E: 4 g, F: 17 g, Kh: 26 g, kJ: 1173, kcal: 280

Für den Boden:

60 g Butter
400 g Doppelkekse mit Schokoladenfüllung, z. B. Prinzen Rolle

Für die Heidelbeercreme:

300 g Heidelbeeren
400 g Heidelbeerjoghurt (zimmerwarm)
2 Beutel aus
1 Pck. Gelatine fix
300 g Schlagsahne
1 EL Zucker

Zubereitungszeit: 30 Minuten, ohne Kühlzeit

1. Für den Boden Butter in einem kleinen Topf zerlassen. 4 Kekse vorsichtig von der Schokoladencreme schneiden.

2. Die Schokoladencreme mit einem Messer vorsichtig abschaben und in einen Gefrierbeutel geben.

3. Die Kekse vorsichtig mit einem Sägemesser halbieren, sodass 16 Kekshälften entstehen.

4. Die restlichen Kekse und 2 der Kekshälften zu der Schokoladencreme in den Gefrierbeutel geben. Den Beutel fest verschließen. Die Kekse mit einer Teigrolle fein zerbröseln und in eine Rührschüssel geben.

5. Die zerlassene Butter hinzufügen und gut mit den Bröseln verrühren.

6. Die Bröselmasse in eine Springform (Ø 26 cm, Boden gefettet, mit Backpapier belegt) geben und mit einem Löffel fest zu einem Boden andrücken. Den Bröselboden zugedeckt eine Zeit lang in den Kühlschrank stellen.

7. Für die Heidelbeercreme Heidelbeeren verlesen, abspülen, gut abtropfen lassen und entstielen. Den Joghurt in eine Rührschüssel geben und mit Handrührgerät mit Rührbesen kurz aufschlagen. 1 Beutel Gelatine fix unter Rühren in etwa 1 Minute einstreuen.

8. In einer anderen Rührschüssel die Sahne steif schlagen. Dann das restliche Gelatine fix und den Zucker unter Rühren in etwa 1 Minute einstreuen. Die Sahne unter den Joghurt heben.

9. Die Heidelbeercreme auf den Bröselboden geben und glatt streichen. Die Heidelbeeren auf der Tortenoberfläche verteilen.

10. Die Prinzen Rolle Torte zugedeckt mindestens 3 Stunden in den Kühlschrank stellen.

11. Die Prinzen Rolle Torte aus der Form lösen und auf eine Tortenplatte setzen. Die Kekshälften an den Tortenrand stellen und vorsichtig andrücken.

Tipps: Die Prinzen Rolle Torte schmeckt frisch am besten. Nach Belieben können Sie die Prinzen Rolle Torte mit etwas geschabter, weißer Schokolade garnieren. Die Torte schmeckt auch mit Himbeeren sehr lecker. Ersetzen Sie dafür die Heidelbeeren durch die gleiche Menge Himbeeren und den Heidelbeerjoghurt durch die gleiche Menge Himbeerjoghurt.

Prinzregentenschnitten

Raffiniert – dauert länger

12 Stücke (je Kuchen)

Pro Stück Erdbeer-Nougat-Füllung:
E: 4 g, F: 25 g, Kh: 41 g,
kJ: 1708, kcal: 408

Pro Stück Waldmeister-Kirsch-Füllung:
E: 4 g, F: 23 g, Kh: 23 g,
kJ: 1332, kcal: 318

Für den Rührteig:

250 g weiche Butter oder Margarine
250 g Zucker
1 Pck. Dr. Oetker Vanillin-Zucker
4 Eier (Größe M)
200 g Weizenmehl
50 g Speisestärke
1 gestr. TL Dr. Oetker Backin

Für die Erdbeer-Nougat-Füllung:

300 ml Milch
1 Pck. Saucenpulver Vanille-Geschmack zum Kochen
100 g Zucker
150 g weiche Butter
30 g zerlassene Nuss-Nougat-Creme
4 EL Erdbeerkonfitüre

Für den Guss:

80 g Vollmilch-Kuvertüre
50 g Schlagsahne

Für die Waldmeister-Kirsch-Füllung:

8 Blatt weiße Gelatine
500 g Schlagsahne
1 Pck. Dr. Oetker Vanillin-Zucker
75 g gesiebter Puderzucker
1 EL Zitronensaft
je gut 3 EL Götterspeise Waldmeister- und Kirsch-Geschmack (aus dem Kühlregal)
etwas grüne und rote Speisefarbe

Zubereitungszeit: 120 Minuten, ohne Kühlzeit
Backzeit: etwa 10 Minuten je Backblech

1. Den Backofen vorheizen.
Ober-/Unterhitze: etwa 180 °C
Heißluft: etwa 160 °C

2. Für den Teig Butter oder Margarine mit Handrührgerät mit Rührbesen auf höchster Stufe geschmeidig rühren. Nach und nach Zucker und Vanillin-Zucker unterrühren. So lange rühren, bis eine gebundene Masse entstanden ist.

3. Die Eier nach und nach unterrühren (jedes Ei etwa ½ Minute). Das Mehl mit Speisestärke und Backpulver mischen, in 2 Portionen auf mittlerer Stufe kurz unterrühren. Den Teig halbieren. Jeweils eine Teighälfte auf ein Backblech (30 x 40 cm, gefettet, mit Backpapier belegt) geben und glatt streichen. Die Backbleche nacheinander (bei Heißluft zusammen) in den vorgeheizten Backofen schieben. Die Gebäckplatten **etwa 10 Minuten je Backblech backen.**

4. Die Gebäckplatten mit dem Backpapier von den Backblechen auf Kuchenroste ziehen und erkalten lassen. Jede Gebäckplatte in 6 Rechtecke (je etwa 10 x 20 cm) schneiden. Gebäckstücke vom Backpapier lösen.

5. Für die Erdbeer-Nougat-Füllung aus Milch, Saucenpulver und Zucker einen Pudding nach Packungsanleitung, aber mit den hier angegebenen Zutaten, zubereiten. Sofort Frischhaltefolie direkt auf den Pudding legen. Pudding erkalten lassen.

6. Die Butter mit Handrührgerät mit Rührbesen geschmeidig rühren, Pudding esslöffelweise unterrühren (darauf achten, dass Pudding und Butter Zimmertemperatur haben, da die Creme sonst gerinnt). Von der Creme etwa 3 Esslöffel abnehmen und beiseitestellen.

7. Die restliche Creme halbieren und eine Hälfte mit der Nougat-Creme verrühren. Unter die zweite Hälfte 2 Esslöffel Konfitüre rühren. 1 Gebäckstück auf eine Tortenplatte legen und mit 1 Esslöffel Konfitüre bestreichen. Ein Drittel der Erdbeer-Buttercreme daraufgeben, glatt streichen und mit einem weiteren Gebäckstück belegen. Restliche Konfitüre daraufgeben, glatt streichen und mit einem weiteren Drittel Erdbeer-Buttercreme bestreichen. Ein weiteres Gebäckstück

darauflegen, die Hälfte der Nougat-Buttercreme darauf verstreichen und mit einem weiteren Gebäckstück belegen. Darauf die restliche Nougat-Buttercreme verstreichen und mit einem weiteren Gebäckstück belegen. Die beiseitegestellte Buttercreme daraufgeben, glatt streichen und mit einem weiteren Gebäckstück belegen. Das Schichtgebäck zugedeckt etwa 2 Stunden in den Kühlschrank stellen.

8. Für den Guss Kuvertüre mit Sahne in einem kleinen Topf im Wasserbad bei schwacher Hitze unter Rühren schmelzen. Das Schichtgebäck mit der Kuvertüre-Sahne überziehen.

9. Für die Waldmeister-Kirsch-Füllung Gelatine nach Packungsanleitung einweichen. Sahne mit Vanillin-Zucker und Puderzucker steif schlagen. Zitronensaft in einem kleinen Topf erwärmen. Gelatine ausdrücken und unter Rühren in dem Zitronensaft auflösen. Die Gelatinemischung unter die Sahne rühren.

10. Waldmeister-Götterspeise mit etwa 3 Esslöffeln Sahnemischung und grüner Speisefarbe verrühren. Unter knapp die Hälfte der restlichen Sahnemischung Kirsch-Götterspeise und rote Speisefarbe rühren.

11. Die einzelnen Gebäckstücke mit der zubereiteten Sahne folgendermaßen füllen: 1. Schicht Kirschsahne, 2. Schicht Zitronensahne, 3. Schicht Waldmeistersahne, 4. Schicht Zitronensahne, 5. Schicht Kirschsahne und 6. Schicht Zitronensahne. Das Schichtgebäck zugedeckt etwa 1 Stunde in den Kühlschrank stellen.

Prosecco-Torte

Schnell – mit Alkohol
12 Stücke

Pro Stück: E: 9 g, F: 31 g, Kh: 42 g, kJ: 2046, kcal: 489

Für den All-in-Teig:
200 g Weizenmehl
4 gestr. TL Dr. Oetker Backin
225 g Zucker
2 Pck. Dr. Oetker Vanillin-Zucker
300 g abgezogene, gemahlene Mandeln
5 Eier (Größe M)
175 ml Speiseöl
175 ml Prosecco

Für den Guss:
100 g Puderzucker
etwa 2 EL Prosecco

Nach Belieben:
einige bunte Dessertschmuck-Kugeln
etwas Zuckerschrift
etwas Puderzucker
einige Erd- und Heidelbeeren

Zubereitungszeit: 30 Minuten
Backzeit: etwa 60 Minuten

1. Den Backofen vorheizen.
Ober-/Unterhitze: etwa 180 °C
Heißluft: etwa 160 °C

2. Für den Teig Mehl mit Backpulver in einer Rührschüssel mischen. Restliche Zutaten hinzufügen und mit Handrührgerät mit Rührbesen erst kurz auf niedrigster, dann auf höchster Stufe in etwa 2 Minuten zu einem glatten Teig verarbeiten.

3. Den Teig in eine Springform (Ø 26 cm, Boden gefettet, mit Backpapier belegt) geben und glatt streichen. Die Form auf dem Rost in den vorgeheizten Backofen schieben. Den Kuchen **etwa 60 Minuten backen.**

4. Den Kuchen aus der Form lösen, auf einen mit Backpapier belegten Kuchenrost setzen und erkalten lassen. Das mitgebackene Backpapier abziehen. Den Kuchen auf eine Tortenplatte setzen.

5. Für den Guss den Puderzucker mit so viel Prosecco verrühren, dass eine dickflüssige Masse entsteht.

6. Den Kuchen in 12 Tortenstücke teilen. Nach Belieben einige Tortenstücke mit dem Guss überziehen und mit Dessertschmuck-Kugeln garnieren. Einige Tortenstücke mit Zuckerschrift verzieren. Die restlichen Tortenstücke mit Puderzucker bestäuben, mit Zuckerguss verzieren, mit Erdbeeren und Heidelbeeren garnieren. Den Guss fest werden lassen.

Tipps: Zu der Prosecco-Torte gezuckerte Erdbeeren und eiskalten Prosecco reichen. Den Prosecco für den Teig und für den Guss können Sie natürlich durch die gleiche Menge Sekt ersetzen. Ohne die Garnierung können Sie die Prosecco-Torte in Alufolie gewickelt 4–5 Tage aufbewahren. Sie lässt sich aber auch problemlos – ebenfalls ohne Garnierung – einfrieren und ist dann etwa 3 Monate haltbar. Am besten frieren Sie die Torte in kleinen Portionen ein, dann verkürzt sich die Auftauzeit.

Pur-Choc-Torte | Etwas Besonderes

12 Stücke

Pro Stück: E: 7 g, F: 14 g, Kh: 31 g, kJ: 1169, kcal: 279

Für den Teig:

150 g vorbereitete Möhren (etwa 2 Stück)
3 Eier (Größe M)
100 g Zucker
1 Pck. Dr. Oetker Vanillin-Zucker
100 g Weizenmehl
1 gestr. TL Dr. Oetker Backin
100 g abgezogene, gemahlene Mandeln

Für den Rand:

etwa 18 hauchdünne Schokoladen-Täfelchen (Vollmilch und Zartbitter)

Für den Belag:

3 Blatt weiße Gelatine
2 EL Pfirsichsaft (aus der Dose)
200 g Schlagsahne
200 g Pur Choc Feinherb, 60 % Kakaoanteil (Cremepudding aus dem Kühlregal)
480 g abgetropfte Pfirsichhälften (aus der Dose)
200 g Pur Choc Edelbitter, 75 % Kakaoanteil (Cremepudding aus dem Kühlregal)

Zubereitungszeit: 40 Minuten, ohne Kühlzeit
Backzeit: etwa 30 Minuten

1. Für den Teig die Möhren fein raspeln.

2. Den Backofen vorheizen.
Ober-/Unterhitze: etwa 180 °C
Heißluft: etwa 160 °C

3. Die Eier in einer Rührschüssel mit Handrührgerät mit Rührbesen auf höchster Stufe in 1 Minute schaumig schlagen. Zucker und Vanillin-Zucker mischen, in 1 Minute einstreuen, dann noch etwa 2 Minuten weiterschlagen.

4. Mehl mit Backpulver mischen, auf die Eiercreme geben und kurz auf niedrigster Stufe unterrühren. Die Mandeln und die Möhrenraspel unterheben.

5. Den Teig in eine Springform (Ø 26 cm, Boden gefettet, mit Backpapier belegt) geben und glatt streichen. Die Form auf dem Rost in den vorgeheizten Backofen schieben. Den Tortenboden **etwa 30 Minuten backen.**

6. Den Tortenboden aus der Form lösen, auf einen Kuchenrost legen und erkalten lassen.

7. Das mitgebackene Backpapier abziehen. Den Tortenboden auf eine Tortenplatte legen und einen Tortenring lose darumstellen.

8. Die Schokoladen-Täfelchen im Wechsel an den Tortenrand legen. Tortenring vorsichtig schließen.

9. Für den Belag Gelatine nach Packungsanleitung einweichen. Die Gelatine leicht ausdrücken und in einem kleinen Topf bei schwacher Hitze unter Rühren auflösen. Den Pfirsichsaft unter die Gelatine rühren.

10. Die Sahne steif schlagen. Gelatine-Saft-Mischung unter die Sahne schlagen und die Pur Choc Feinherb-Creme unterheben. Die Schoko-Sahne-Creme auf den Tortenboden geben und glatt streichen.

11. Die Pfirsichhälften mit der Rundung nach unten auf der Schoko-Sahne-Creme verteilen, dabei leicht in die Creme drücken.

12. Die Pur Choc Edelbitter-Creme mit einem Löffel in die Pfirsichhälften füllen.

13. Die Pur-Choc-Torte zugedeckt etwa 1 Stunde in den Kühlschrank stellen. Den Tortenring vorsichtig lösen und entfernen.

Tipp: Statt Pur Choc Feinherb und Edelbitter kann auch Pur Choc Mildfein mit 40 % Kakaoanteil verwendet werden.

Quarktorte mit Himbeeren

Für Kinder

14 Stücke

Pro Stück: E: 11 g, F: 6 g, Kh: 28 g, kJ: 902, kcal: 215

Für den Knetteig:

150 g Weizenmehl
1 gestr. TL Dr. Oetker Backin
60 g Zucker
1 Eigelb (Größe M)
80 g Butter oder Margarine

Für die Quarkmasse:

10 Blatt weiße Gelatine
750 g Magerquark
250 ml (1/4 l) Milch
1 Pck. Dr. Oetker Finesse Geriebene Zitronenschale
150 g Zucker
1 EL Zitronensaft

Für die Fruchtmasse:

250 g frische oder TK-Himbeeren
2 Blatt weiße Gelatine
evtl. 1–2 TL Puderzucker

Zum Garnieren:

einige gehackte Pistazienkerne
75 g frische, verlesene Himbeeren

Zubereitungszeit: 60 Minuten, ohne Kühlzeit
Backzeit: etwa 20 Minuten

1. Für den Teig Mehl mit Backpulver in einer Rührschüssel mischen. Restliche Zutaten hinzufügen und mit Handrührgerät mit Knethaken zunächst kurz auf niedrigster, dann auf höchster Stufe gut durcharbeiten.

2. Auf einer leicht bemehlten Arbeitsfläche zu einem glatten Teig verkneten. Sollte er kleben, ihn in Frischhaltefolie gewickelt eine Zeit lang kalt stellen.

3. Den Backofen vorheizen.
Ober-/Unterhitze: etwa 180 °C
Heißluft: etwa 160 °C

4. Teig auf dem Boden einer Springform (Ø 26 cm, gefettet) ausrollen, den Springformrand darumstellen. Den Teigboden mit einer Gabel mehrmals einstechen.

5. Die Form auf dem Rost in den vorgeheizten Backofen schieben. Den Knetteigboden **etwa 20 Minuten backen.**

6. Die Form auf einen Kuchenrost stellen. Den Springformrand lösen und entfernen. Den Knetteigboden sofort vom Springformboden lösen, aber darauf erkalten lassen.

7. Den Knetteigboden anschließend auf eine Tortenplatte legen. Einen Tortenring oder den gesäuberten Springformrand darumstellen.

8. Für die Quarkmasse Gelatine nach Packungsanleitung einweichen. Quark mit Milch, Zitronenschale, Zucker und Zitronensaft verrühren.

9. Gelatine leicht ausdrücken und in einem kleinen Topf bei schwacher Hitze unter Rühren auflösen.

10. Die aufgelöste Gelatine zunächst mit etwa 4 Esslöffeln von der Quarkmasse verrühren, dann unter die restliche Quarkmasse rühren.

11. Für die Fruchtmasse frische Himbeeren verlesen oder TK-Himbeeren auftauen lassen. Gelatine nach Packungsanleitung einweichen. Himbeeren pürieren und nach Belieben mit Puderzucker abschmecken.

12. Die Gelatine wie unter Punkt 8 und 9 beschrieben auflösen. Die aufgelöste Gelatine zunächst mit etwa 4 Esslöffeln von dem Himbeerpüree verrühren, dann unter das restliche Himbeerpüree rühren.

13. Die Quarkmasse auf den Knetteigboden geben und glatt streichen. Himbeerpüree daraufgeben und mithilfe eines Löffelstiels so durch die Quarkmasse ziehen, dass ein Marmormuster entsteht. Die Torte zugedeckt etwa 3 Stunden in den Kühlschrank stellen.

14. Den Tortenring oder Springformrand vorsichtig lösen und entfernen. Die Quarktorte mit Pistazienkernen und Himbeeren garnieren.

Raffaeltorte, klein | Raffiniert

8 Stücke

Pro Stück: E: 5 g, F: 31 g, Kh: 32 g,
kJ: 1817, kcal: 434

Für den Rührteig:

30 g Kokosraspel
1 Eiweiß (Größe M)
1 Prise Salz
1 Pck. Dr. Oetker Vanillin-Zucker
50 g weiche Butter oder Margarine
50 g Zucker
1 Eigelb (Größe M)
50 g Weizenmehl
1 gestr. TL Dr. Oetker Backin
2 EL Milch

Für den Belag:

50 g Aprikosenkonfitüre
240 g abgetropfte Aprikosenhälften (aus der Dose)
8 Kugeln Kokos-Konfekt
300 g Schlagsahne
1 Pck. Dr. Oetker Sahnesteif
1 EL Puderzucker

Zum Garnieren:

20 g Kokosraspel
etwas flüssige, gelbe Speisefarbe
8 Kugeln Kokos-Konfekt

Zubereitungszeit: 35 Minuten, ohne Kühlzeit
Backzeit: etwa 25 Minuten

1. Für den Teig die Kokosraspel in einer Pfanne ohne Fett unter Wenden goldbraun rösten. Die Kokosraspel auf einen Teller geben.

2. Den Backofen vorheizen.
Ober-/Unterhitze: etwa 180 °C
Heißluft: etwa 160 °C

3. Eiweiß und Salz steif schlagen. Vanillin-Zucker dazugeben und weiterschlagen, bis der Eischnee glänzt. Die Butter oder Margarine in einer Rührschüssel mit Handrührgerät mit Rührbesen auf höchster Stufe geschmeidig rühren. Nach und nach den Zucker unterrühren. So lange rühren, bis eine gebundene Masse entstanden ist.

4. Das Eigelb unterrühren. Mehl mit Backpulver mischen, mit den Kokosraspeln und der Milch auf mittlerer Stufe kurz unterrühren. Den Eischnee unterheben.

5. Den Teig in eine Springform (Ø 18 cm, Boden gefettet, mit Backpapier belegt) geben und glatt streichen. Die Form auf dem Rost in den vorgeheizten Backofen schieben und den Gebäckboden **etwa 25 Minuten backen.**

6. Die Form auf einen Kuchenrost stellen. Den Gebäckboden etwas abkühlen lassen. Anschließend den Boden aus der Form lösen und auf einen mit Backpapier belegten Kuchenrost stürzen. Den Gebäckboden erkalten lassen. Das mitgebackene Backpapier abziehen, den Gebäckboden umdrehen und auf eine Tortenplatte legen.

7. Für den Belag die Konfitüre in einem kleinen Topf kurz aufkochen, auf den Gebäckboden geben und glatt streichen. Von den Aprikosenhälften 8 Stück zum Garnieren beiseitelegen. Restliche Aprikosenhälften mit der Schnittfläche nach unten auf dem Gebäckboden verteilen. Einen Tortenring oder den gesäuberten Springformrand darumstellen.

8. Das Konfekt grob hacken. Sahne mit Sahnesteif und Puderzucker steif schlagen. Das klein gehackte Konfekt unter die Sahne heben. Die Sahnecreme auf die Aprikosen geben und wellenartig verstreichen. Die Torte zugedeckt mindestens 1 Stunde in den Kühlschrank stellen.

9. Zum Garnieren Kokosraspel mit der Speisefarbe in einen Gefrierbeutel geben. Den Beutel fest verschließen und durchkneten, bis die Raspel gelb sind. Den Tortenring oder Springformrand vorsichtig lösen und entfernen. Den Tortenrand mit den Kokosraspeln bestreuen.

10. Die beiseitegelegte Aprikosenhälften mit der runden Seite nach unten kranzförmig auf die Torte legen und mit je 1 Kugel Kokos-Konfekt füllen.

Rhabarber-Himbeer-Torte

Fettarm – fruchtig

16 Stücke

Pro Stück: E: 3 g, F: 8 g, Kh: 24 g, kJ: 750, kcal: 179

Für den All-in-Teig:

200 g Weizenmehl
1 gestr. TL Dr. Oetker Backin
150 g Zucker
1 Pck. Dr. Oetker Bourbon-Vanille-Zucker
3 Eier (Größe M)
75 g Schlagsahne
75 ml Speiseöl, z. B. Sonnenblumenöl

Für den Belag:

500 g Rhabarber
150 g TK-Himbeeren

Für den Guss und zum Bestreuen:

3 Blatt weiße Gelatine
225 ml
+ 2 EL roter Johannisbeernektar
125 g Himbeeren

Zubereitungszeit: 40 Minuten, ohne Kühlzeit
Backzeit: etwa 40 Minuten

1. Den Backofen vorheizen.
Ober-/Unterhitze: etwa 180 °C
Heißluft: etwa 160 °C

2. Für den Teig Mehl mit Backpulver in einer Rührschüssel mischen. Die restlichen Zutaten hinzufügen und mit Handrührgerät mit Rührbesen erst kurz auf niedrigster, dann auf höchster Stufe in etwa 2 Minuten zu einem glatten Teig verarbeiten. Den Teig in eine Springform (Ø 26 cm, Boden gefettet) geben und glatt streichen.

3. Für den Belag den Rhabarber evtl. abziehen, abspülen, abtropfen lassen, Stielenden und Blattansätze entfernen. Die Stangen in etwa 3 cm lange Stücke schneiden. Rhabarberstücke und gefrorene Himbeeren auf dem Teig verteilen. Die Form auf dem Rost in den vorgeheizten Backofen schieben. Die Torte **etwa 40 Minuten backen.**

4. Die Form auf einen Kuchenrost stellen. Die Torte etwas abkühlen lassen. Dann den Springformrand vorsichtig lösen und entfernen. Die Torte erkalten lassen.

5. Für den Guss die Gelatine nach Packungsanleitung einweichen. Die Gelatine leicht ausdrücken und in einem kleinen Topf bei schwacher Hitze unter Rühren auflösen. Den Topf von der Kochstelle nehmen. Nach und nach den Johannisbeernektar unter die Gelatine rühren. Den Guss kalt stellen.

6. Die Torte vom Springformboden lösen und auf eine Tortenplatte setzen. Einen Tortenring oder den gesäuberten Springformrand darumstellen. Die Himbeeren verlesen und auf der Torte verteilen.

7. Sobald der Guss anfängt dicklich zu werden, den Guss auf der Torte verteilen. Die Rhabarber-Himbeer-Torte zugedeckt in den Kühlschrank stellen. Guss fest werden lassen. Den Tortenring oder Springformrand vorsichtig lösen und entfernen.

Tipp: Anstelle von Gelatine können Sie auch einen Guss mit Tortenguss zubereiten. Dafür 225 ml roten Johannisbeernektar und 2 Esslöffel Wasser mischen. Den Guss mit 1 Päckchen Tortenguss (ungezuckert, klar), 2 Esslöffeln Zucker und der abgemessenen Flüssigkeit nach Packungsanleitung zubereiten und auf der Torte verteilen.

Rhabarber-Pfannkuchen-Torte |

Für Kinder

6–8 Stücke

Pro Stück: E: 10 g, F: 20 g, Kh: 46 g, kJ: 1731, kcal: 414

Für die Pfannkuchen:

4 Eier (Größe M)
30 g Zucker
180 ml Milch
180 g Weizenmehl
1 Msp. Dr. Oetker Backin
2–3 EL Speiseöl, z. B. Rapsöl

Für den Belag:

300 g Rhabarber
400 ml Wasser
3 EL Zucker
1 Dr. Oetker Bourbon Vanilleschote
200 g Joghurt (zimmerwarm)
2 Beutel aus
1 Pck. Gelatine fix
250 g Schlagsahne
50 ml Ahornsirup

50 ml Ahornsirup
2 EL Puderzucker

Zubereitungszeit: 40 Minuten, ohne Kühlzeit

1. Für die Pfannkuchen Eier und Zucker in einer Rührschüssel mit Handrührgerät mit Rührbesen auf höchster Stufe schaumig schlagen. Die Milch kurz unterrühren. Mehl mit Backpulver mischen, auf die Eiermasse sieben, mit einem Schneebesen gut unterrühren.

2. Aus dem Teig insgesamt 6 Pfannkuchen backen. Dafür jeweils etwas Speiseöl in einer Pfanne (Ø 20 cm) erhitzen. Eine Teiglage (ein Sechstel des Teiges) mit einer drehenden Bewegung gleichmäßig auf dem Boden der Pfanne verteilen. Pfannkuchen etwa 2 Minuten von einer Seite goldgelb backen. Pfannkuchen auf einen Deckel gleiten lassen, umgedreht zurück in die Pfanne geben und weitere etwa 2 Minuten backen. Den Pfannkuchen aus der Pfanne nehmen, auf einen Teller legen und erkalten lassen.

3. Für den Belag den Rhabarber abziehen, abspülen, abtropfen lassen, die Stielenden und die Blattansätze entfernen. Die Stangen in etwa 1 1/2 cm lange Stücke schneiden. 400 ml Wasser mit 2 Esslöffeln Zucker in einen Topf geben und aufkochen lassen. Rhabarberstücke in das kochende Wasser geben und 2–3 Minuten kochen lassen. Anschließend die Rhabarberstücke in ein Sieb geben und gut abtropfen lassen.

4. Die Vanilleschote längs aufschneiden und das Mark herausschaben. Den Joghurt mit dem Vanillemark in einer Rührschüssel mit Handrührgerät mit Rührbesen 1 Minute verrühren, dabei nach und nach 1 Beutel Gelatine fix unterrühren. Die Sahne steif schlagen, dabei nach und nach das restliche Gelatine fix unterrühren. Sahne, restlichen Zucker und den Ahornsirup unter den Vanille-Joghurt heben.

5. Die Vanille-Joghurtcreme und die Rhabarberstücke jeweils in 5 Portionen teilen. Einen Pfannkuchen auf eine Tortenplatte legen, 1 Portion Vanille-Joghurtcreme daraufgeben, glatt streichen und mit 1 Portion Rhabarberstücke belegen.

6. Den Vorgang wiederholen, bis die Pfannkuchen, die Vanille-Joghurtcreme und die Rhabarberstücke aufgebraucht sind. Die letzte Schicht sollte aus einem Pfannkuchen bestehen. Diesen zuvor evtl. in 8 Tortenstücke schneiden. Die Rhabarber-Pfannkuchen-Torte zugedeckt etwa 1 Stunde in den Kühlschrank stellen.

7. Die Torte vor dem Servieren mit Ahornsirup beträufeln und mit Puderzucker bestäuben.

Rhabarber-Quarktorte

Etwas Besonderes
16 Stücke

Pro Stück: E: 10 g, F: 18 g, Kh: 36 g, kJ: 1486, kcal: 355

Zum Vorbereiten:
50 abgezogene, gemahlene Mandeln
80 g Butter
140 g Weizenmehl

Für den Biskuitteig:
6 Eier (Größe M)
120 g Zucker
1 Pck. Dr. Oetker Vanillin-Zucker

Für die Füllung:
1,2 kg Rhabarber
100 ml Wasser
250 g Zucker
1 Pck. Dr. Oetker Bourbon-Vanille-Zucker
10 Blatt weiße Gelatine
500 g Schlagsahne
500 g Magerquark

Für den Guss:
½ Pck. ungezuckerter Tortenguss, klar
125 ml (⅛ l) Rhabarbernektar
2 EL Zucker

Zubereitungszeit: 70 Minuten, ohne Kühlzeit
Backzeit: etwa 35 Minuten

1. Den Backofen vorheizen.
Ober-/Unterhitze: etwa 200 °C
Heißluft: etwa 180 °C

2. Zum Vorbereiten die Mandeln in einer Pfanne ohne Fett unter Wenden goldbraun rösten und auf einen Teller geben. Die Butter in einem kleinen Topf leicht bräunen. Anschließend durch ein feines Sieb gießen und etwas abkühlen lassen. Das Mehl mit den Mandeln mischen. Die Backofentemperatur um etwa 20 °C herunterschalten.

3. Für den Teig die Eier in einer Rührschüssel mit Handrührgerät mit Rührbesen auf höchster Stufe in 1 Minute schaumig schlagen. Zucker und Vanillin-Zucker mischen, in 1 Minute einstreuen, dann noch etwa 5 Minuten weiterschlagen.

4. Die Hälfte der Mehl-Mandel-Mischung auf die Eiercreme geben und kurz auf niedrigster Stufe unterrühren. Restliche Mehl-Mandel-Mischung auf die gleiche Weise unterarbeiten. Die Butter unterheben. Den Biskuitteig in eine Springform (Ø 28 cm, Boden gefettet, mit Backpapier belegt) geben und glatt streichen. Die Form auf dem Rost in den vorgeheizten Backofen schieben. Den Biskuitboden **etwa 35 Minuten backen.**

5. Die Form auf einen Kuchenrost stellen. Den Biskuitboden erkalten lassen. Anschließend den Boden aus der Form lösen und einmal waagerecht durchschneiden. Den unteren Biskuitboden auf eine Tortenplatte legen. Einen Tortenring oder den gesäuberten Springformrand darumstellen.

6. Für die Füllung Rhabarber abziehen, abspülen, abtropfen lassen, Stielenden und Blattansätze entfernen. Die Stangen in etwa 3 cm lange Stücke schneiden. Wasser mit Zucker und Vanille-Zucker in einem Topf zum Kochen bringen. Rhabarberstücke hinzugeben und zugedeckt 2–3 Minuten dünsten lassen.

7. Die Gelatine nach Packungsanleitung einweichen. Den Topf mit dem Rhabarber von der Kochstelle nehmen. Einige Rhabarberstücke zum Garnieren herausnehmen, auf einen Teller legen und beiseitestellen. Die Gelatine leicht ausdrücken und in der heißen Rhabarbermasse unter Rühren auflösen. Die Rhabarbermasse in Eiswasser unter gelegentlichem Rühren gelieren lassen.

8. Die Sahne steif schlagen. 200 g der steif geschlagenen Sahne zum Garnieren abnehmen und in den Kühlschrank stellen. Den Quark unter die gelierende Rhabarbermasse rühren. Restliche Sahne unterheben.

9. Die Hälfte der Rhabarber-Sahne-Creme auf den unteren Biskuitboden geben und glatt streichen. Den oberen Biskuitboden darauflegen und mit der rest-

lichen Rhabarber-Sahne-Creme bestreichen. Die Torte zugedeckt etwa 4 Stunden in den Kühlschrank stellen.

10. Den Tortenring oder Springformrand vorsichtig lösen und entfernen. Die kalt gestellte Sahne durchrühren und mit einem Esslöffel an den Tortenrand streichen. Die beiseitegestellten Rhabarberstücke auf der Tortenoberfläche verteilen.

11. Für den Guss aus Tortengusspulver, Rhabarbernektar und dem Zucker einen Guss nach Packungsanleitung, aber mit den hier angegebenen Zutaten, zubereiten.

12. Die Rhabarberstücke mit dem Guss bestreichen. Den restlichen Guss auf die Tortenoberfläche träufeln. Guss fest werden lassen.

Rhabarber-Zimt-Torte | Fruchtig

16 Stücke

Pro Stück: E: 4 g, F: 16 g, Kh: 21 g, kJ: 1062, kcal: 254

Für den Knetteig:

160 g Weizenmehl
1 Msp. Dr. Oetker Backin
75 g Zucker
1 Pck. Dr. Oetker Bourbon-Vanille-Zucker
2 Msp. gemahlener Zimt
1 Prise Salz
80 g nicht abgezogene, gemahlene Mandeln
100 g Butter

1 EL Weizenmehl

Für die Füllung:

8 Blatt weiße Gelatine
750 g Rhabarber
125 ml (1/8 l) Apfelsaft
125 g Zucker
1 Pck. Dr. Oetker Bourbon-Vanille-Zucker

Für den Belag:

400 g Schlagsahne
1 Pck. Dr. Oetker Sahnesteif
1 Pck. Dr. Oetker Vanillin-Zucker
1/2 gestr. TL gemahlener Zimt

Zum Bestäuben:

etwas gemahlener Zimt

Zubereitungszeit: 55 Minuten, ohne Kühlzeit
Backzeit: etwa 15 Minuten

1. Für den Teig Mehl mit Backpulver in einer Rührschüssel mischen. Restliche Zutaten hinzufügen und mit Handrührgerät mit Knethaken zunächst kurz auf niedrigster, dann auf höchster Stufe gut durcharbeiten.

2. Anschließend auf einer leicht bemehlten Arbeitsfläche zu einem glatten Teig verkneten. Sollte er kleben, ihn in Frischhaltefolie gewickelt eine Zeit lang kalt stellen.

3. Den Backofen vorheizen.
Ober-/Unterhitze: etwa 200 °C
Heißluft: etwa 180 °C

4. Zwei Drittel des Knetteiges auf dem Boden einer Springform (Ø 26 cm, gefettet) ausrollen, den Springformrand darumstellen.

5. Den restlichen Teig mit 1 Esslöffel Mehl verkneten und zu einer langen Rolle formen. Die Teigrolle auf den Teigboden legen und so an die Form drücken, dass ein etwa 3 cm hoher Rand entsteht. Den Teigboden mit einer Gabel mehrmals einstechen. Die Form auf dem Rost in den vorgeheizten Backofen schieben. Den Knetteigboden **etwa 15 Minuten backen.**

6. Die Form auf einen Kuchenrost stellen. Den Knetteigboden sofort aus der Form lösen, auf einem mit Backpapier belegten Kuchenrost erkalten lassen.

7. Für die Füllung Gelatine nach Packungsanleitung einweichen. Rhabarber abziehen, abspülen, abtropfen lassen, Stielenden und Blattansätze entfernen. Die Stangen in etwa 2 cm lange Stücke schneiden.

8. Die Rhabarberstücke mit Saft, Zucker und Vanille-Zucker in einem Topf unter Rühren einige Minuten dünsten, bis die Rhabarberstücke weich sind. Den Topf von der Kochstelle nehmen. Die Gelatine ausdrücken, zur Rhabarbermasse geben und unter Rühren vollständig darin auflösen. Die Rhabarbermasse in den Kühlschrank stellen.

9. Sobald die Rhabarbermasse anfängt dicklich zu werden, sie auf den Knetteigboden geben und glatt streichen. Die Torte zugedeckt etwa 1 Stunde in den Kühlschrank stellen, bis die Rhabarbermasse fest ist.

10. Für den Belag Sahne mit Sahnesteif und Vanillin-Zucker steif schlagen. Den Zimt unterrühren. Die Zimtsahne auf den Rhabarberbelag geben und glatt streichen. Mit einem Esslöffel Vertiefungen in die Zimtsahne eindrücken. Die Torte kurz vor dem Servieren mit Zimt bestäuben.

Ricotta-Eisbombe

Für Gäste – ohne zu backen

8 Stücke

Pro Stück: E: 8 g, F: 25 g, Kh: 24 g, kJ: 1467, kcal: 351

3 Eier (Größe M)
100 g Zucker
1 Pck. Dr. Oetker Bourbon-Vanille-Zucker
250 g Ricotta (ital. Frischkäse)
400 g Schlagsahne
20 g Puderzucker

Für den Pinienkrokant:
50 g Zucker
30 g Pinienkerne

1 Bio-Limette (unbehandelt, ungewachst)
etwas Puderzucker

Zubereitungszeit: 30 Minuten, ohne Abkühl- und Gefrierzeit

1. Eier mit Zucker und Vanille-Zucker in einem Topf bei mittlerer Hitze unter ständigem Rühren mit einem Schneebesen zu einer dicklich-cremigen Masse aufschlagen. Die Masse darf dabei nicht kochen.

2. Den Topf sofort in eiskaltes Wasser stellen und die Masse unter Rühren erkalten lassen. Ricotta unter die erkaltete Eiermasse rühren.

3. Die Sahne mit Puderzucker steif schlagen, unter die Ricotta-Creme rühren und in eine Eisbombenform (etwa 1-Liter-Inhalt) oder in eine gefriergeeignete Schüssel füllen. Die Form oder Schüssel zudecken, die Creme etwa 5 Stunden tiefgefrieren.

4. Für den Krokant Zucker in einem kleinen Topf bei mittlerer Hitze karamellisieren lassen (dabei nicht umrühren). Pinienkerne hinzufügen und kurz anrösten lassen. Mit einem Teelöffel 12–14 kleine Taler abstechen und auf Backpapier setzen. Krokant trocknen lassen.

5. Die Form oder Schüssel kurz in heißes Wasser tauchen und die Eisbombe auf einen Teller stürzen. Eisbombe in Portionsstücke schneiden und mit dem Pinienkrokant garnieren.

6. Die Limette heiß abwaschen, abtrocknen und die Schale mit einem Zestenreißer abziehen. Die Ricotta-Eisbombe mit Limettenschalenstreifen garnieren und mit etwas Puderzucker bestäubt servieren.

Tipps: Den Pinienkrokant maximal 2 Stunden vor dem Verzehr zubereiten, da er sonst weich wird. Oder den Krokant nach dem Trocknen in einer gut schließenden Dose aufbewahren.

Rote-Grütze-Maulwurftorte |

Für Gäste

16 Stücke

Pro Stück: E: 5 g, F: 18 g, Kh: 28 g,
kJ: 1251, kcal: 299

Für den Rührteig:

4 Eiweiß (Größe M)
1 Prise Salz
125 g weiche Butter oder Margarine
125 g Zucker
1 Pck. Dr. Oetker Vanillin-Zucker
4 Eigelb (Größe M)
150 g Weizenmehl
2 gestr. TL Dr. Oetker Backin
10 g gesiebtes Kakaopulver
100 g gemahlene Haselnusskerne
100 g Zartbitter-Raspelschokolade

Für die Füllung:

5 Blatt weiße Gelatine
500 g Rote Grütze (aus dem Kühlregal)
150 g Joghurt
200 g Schlagsahne

Zubereitungszeit: 45 Minuten, ohne Abkühlzeit
Backzeit: etwa 30 Minuten

1. Den Backofen vorheizen.
Ober-/Unterhitze: etwa 180 °C
Heißluft: etwa 160 °C

2. Das Eiweiß mit Salz steif schlagen. Die Butter oder Margarine in einer Rührschüssel mit Handrührgerät mit Rührbesen auf höchster Stufe geschmeidig rühren. Nach und nach Zucker und Vanillin-Zucker unterrühren. So lange rühren, bis eine gebundene Masse entstanden ist.

3. Eigelb nach und nach unterrühren. Das Mehl mit Backpulver und Kakao mischen. Das Mehlgemisch abwechselnd mit Haselnusskernen und Raspelschokolade in 2 Portionen auf mittlerer Stufe kurz unterrühren. Eischnee ebenfalls kurz unterrühren.

4. Den Teig in eine Springform (Ø 26 cm, Boden gefettet) geben und glatt streichen. Die Form auf dem Rost in den vorgeheizten Backofen (unteres Drittel) schieben. Boden **etwa 30 Minuten backen.**

5. Die Form auf einen Kuchenrost stellen. Den Tortenboden etwas abkühlen lassen. Anschließend aus der Springform lösen, auf einen mit Backpapier belegten Kuchenrost legen und erkalten lassen.

6. Den Tortenboden auf eine Tortenplatte legen. Den Tortenboden mit einem Esslöffel etwa 1 cm tief aushöhlen, dabei einen etwa 2 cm breiten Rand frei lassen. Die ausgehöhlten Gebäckstücke mit den Händen zerkrümeln.

7. Für die Füllung Gelatine nach Packungsanleitung einweichen. Ein Drittel der Roten Grütze in den ausgehöhlten Tortenboden geben und glatt streichen. Restliche Rote Grütze und Joghurt in einer Rührschüssel glatt rühren. Die Sahne steif schlagen.

8. Gelatine leicht ausdrücken und in einem kleinen Topf bei schwacher Hitze unter Rühren auflösen. Die aufgelöste Gelatine zunächst mit etwa 4 Esslöffeln von der Grütze-Joghurt-Masse verrühren, dann unter die restliche Grütze-Joghurt-Masse rühren. Die Sahne und die Hälfte der Gebäckkrümel kurz unterrühren.

9. Die Creme kuppelförmig auf den bestrichenen Tortenboden geben und glatt streichen. Restliche Gebäckkrümel auf der Cremekuppel verteilen und leicht andrücken. Die Torte zugedeckt mindestens 2 Stunden in den Kühlschrank stellen.

Rote-Grütze-Torte mit Amarettini

Schnell – ohne zu backen

16 Stücke

Pro Stück: E: 4 g, F: 5 g, Kh: 19 g, kJ: 561, kcal: 134

Für die Creme:

30 g Puderzucker
2 EL Zitronensaft
125 g Magerquark
100 g Doppelrahm-Frischkäse
1 Pck. Dr. Oetker Sahnesteif
1 TL Zucker
250 g Schlagsahne

1 heller Biskuit-Obstboden (Ø 26–28 cm)
250 g Rote Grütze (aus dem Kühlregal)

Zum Garnieren:

25 g Amarettini (ital. Mandelmakronen)

Zubereitungszeit: 20 Minuten

1. Für die Creme Puderzucker mit Zitronensaft verrühren. Quark und Frischkäse in eine Rührschüssel geben und gut mit der Puderzucker-Zitronensaft-Mischung verrühren.

2. Sahnesteif mit Zucker mischen. Die Sahne in einen hohen Rührbecher geben und mit Handrührgerät mit Rührbesen steif schlagen, dabei die Sahnesteif-Mischung einrieseln lassen. Die Sahne unter die Frischkäsecreme heben.

3. Die Frischkäsecreme portionsweise in einen Spritzbeutel mit Lochtülle füllen. Den Obstboden auf eine Tortenplatte legen. Zuerst eine dichte Reihe Sahnetupfen als Rand aufspritzen. Dann die übrige Creme in unterschiedlich dicken Tupfen mit Abstand auf den Boden spritzen. Die Rote Grütze in den Lücken verteilen.

4. Die Rote-Grütze-Torte bis zum Servieren zugedeckt in den Kühlschrank stellen. Kurz vor dem Servieren die Torte mit den Amarettini garnieren.

Tipp: Die Torte schmeckt auch mit Grüner Grütze oder frischen Früchten, z.B. Erdbeeren, Heidelbeeren oder Himbeeren.

Sahnetorte mit Beeren | Für Gäste

16 Stücke

Pro Stück: E: 4 g, F: 16 g, Kh: 29 g, kJ: 1179, kcal: 281

Für den Biskuitteig:

4 Eier (Größe M)
125 g Zucker
1 Pck. Dr. Oetker Vanillin-Zucker
100 g Weizenmehl
50 g Speisestärke
1 gestr. TL Dr. Oetker Backin

100 g Johannisbeergelee

Für die Füllung:

200 g frische oder TK-Erdbeeren
750 g Schlagsahne
1 Pck. Erdbeer-Sahne-Tortencreme (Cremepulver)

Für den Belag:

125 g TK-Erdbeeren
125 g TK-Johannisbeeren

Zubereitungszeit: 60 Minuten, ohne Antauzeit
Backzeit: etwa 25 Minuten

1. Den Backofen vorheizen.
Ober-/Unterhitze: etwa 180 °C
Heißluft: etwa 160 °C

2. Für den Teig Eier in einer Rührschüssel mit Handrührgerät mit Rührbesen auf höchster Stufe in 1 Minute schaumig schlagen. Zucker und Vanillin-Zucker mischen, in 1 Minute einstreuen, dann noch etwa 2 Minuten weiterschlagen.

3. Mehl mit Speisestärke und Backpulver mischen, auf die Eiercreme geben und kurz auf niedrigster Stufe unterrühren. Den Teig in eine Springform (Ø 26 cm, Boden gefettet, mit Backpapier belegt) geben und glatt streichen. Die Form auf dem Rost in den vorgeheizten Backofen schieben. Den Biskuitboden **etwa 25 Minuten backen.**

4. Die Springform auf einen Kuchenrost stellen. Den Biskuitboden aus der Form lösen und auf einen mit Backpapier belegten Kuchenrost stürzen. Das mitgebackene Backpapier abziehen. Den Biskuitboden erkalten lassen und einmal waagerecht durchschneiden.

5. Den unteren Boden auf eine Tortenplatte legen und mit Johannisbeergelee bestreichen. Einen Tortenring oder den gesäuberten Springformrand darumstellen.

6. Für die Füllung die Erdbeeren pürieren (TK-Erdbeeren vorher auftauen lassen). Die Sahne steif schlagen. Die Tortencreme nach Packungsanleitung anrühren. Pürierte Erdbeeren unterrühren, die Sahne in 2 Portionen unterheben. Drei Viertel der Creme auf den unteren Boden geben und glatt streichen. Den oberen Boden darauflegen und leicht andrücken.

7. Für den Belag die Erdbeeren antauen lassen, klein schneiden und mit den gefrorenen Johannisbeeren mischen. Die Hälfte der Beerenmischung zu der restlichen Creme geben und vorsichtig unterheben. Die Beerencreme auf die Tortenoberfläche geben und grob verstreichen. Die Tortenoberfläche mit den restlichen Beeren garnieren. Die Sahnetorte zugedeckt etwa 3 Stunden in den Kühlschrank stellen.

Tipp: Die Sahnetorte mit abgespülten und trocken getupften Johannisbeerrispen garnieren.

Saure Johannisbeertorte

Einfach

16 Stücke

Pro Stück: E: 4 g, F: 12 g, Kh: 24 g, kJ: 952, kcal: 227

Für den Knetteig:

- *200 g Weizenmehl*
- *1 Msp. Dr. Oetker Backin*
- *50 g Zucker*
- *2 EL Wasser*
- *125 g Butter oder Margarine*

Für die Fruchtfüllung:

- *300 g rote Johannisbeeren*
- *1 Pck. ungezuckerter Tortenguss, rot*
- *50 g Zucker*
- *250 ml (1/4 l) Wasser*

Für die Joghurtcreme:

- *6 Blatt weiße Gelatine*
- *500 g Joghurt*
- *50 g Zucker*
- *200 g Schlagsahne*

Zum Garnieren:

- *einige saure Johannisbeeren (Fruchtgummis)*

Zubereitungszeit: 45 Minuten, ohne Kühlzeit
Backzeit: etwa 15 Minuten

1. Für den Teig Mehl mit Backpulver in einer Rührschüssel mischen. Restliche Zutaten hinzufügen und mit Handrührgerät mit Knethaken zunächst kurz auf niedrigster, dann auf höchster Stufe gut durcharbeiten.

2. Anschließend auf einer leicht bemehlten Arbeitsfläche zu einem glatten Teig verkneten. Sollte er kleben, ihn in Frischhaltefolie gewickelt eine Zeit lang kalt stellen.

3. Den Backofen vorheizen.
Ober-/Unterhitze: etwa 200 °C
Heißluft: etwa 180 °C

4. Zwei Drittel des Teiges auf dem Boden einer Springform (Ø 26 cm, gefettet) ausrollen, den Springformrand darumstellen. Restlichen Teig zu einer langen Rolle formen, auf den Teigboden legen und so an die Form drücken, dass ein etwa 3 cm hoher Rand entsteht. Den Teigboden mit einer Gabel mehrmals einstechen.

5. Die Form auf dem Rost in den vorgeheizten Backofen schieben. Den Knetteigboden **etwa 15 Minuten backen.**

6. Die Form auf einen Kuchenrost stellen. Den Springformrand lösen und entfernen. Den Knetteigboden vom Springformboden lösen, aber darauf erkalten lassen. Den Boden anschließend auf eine Tortenplatte legen.

7. Für die Fruchtfüllung Johannisbeeren abspülen, abtropfen lassen und die Beeren von den Rispen streifen. Aus Tortengusspulver, Zucker und Wasser einen Guss nach Packungsanleitung zubereiten, die Johannisbeeren unterheben.

8. Die Fruchtfüllung auf den Knetteigboden geben, glatt streichen und erkalten lassen.

9. Für die Joghurtcreme die Gelatine nach Packungsanleitung einweichen. Den Joghurt mit Zucker in einer Schüssel verrühren. Gelatine leicht ausdrücken und in einem kleinen Topf bei schwacher Hitze unter Rühren auflösen. Die aufgelöste Gelatine zunächst mit etwa 4 Esslöffeln von dem Joghurt verrühren, dann unter den restlichen Joghurt rühren.

10. Sobald die Joghurtmasse anfängt dicklich zu werden, Sahne steif schlagen und unterheben. Joghurtcreme auf die Fruchtfüllung geben, in leichten Wellen verstreichen. Die Torte zugedeckt 1–2 Stunden in den Kühlschrank stellen.

11. Die Torte mit sauren Johannisbeeren garnieren.

Tipps: Ersetzen Sie bei der Füllung die Hälfte des Wassers durch Cassis-Likör. Sie können die Torte auch mit einigen abgespülten und trocken getupften Johannisbeerrispen garnieren.

Schmetterlingstorte | Für Kinder

16 Stücke

Pro Stück: E: 4 g, F: 22 g, Kh: 25 g, kJ: 1336, kcal: 2,0

Für den Rührteig:

100 g Kokosraspel
4 Eiweiß (Größe M)
125 g Butter
125 g Zucker
1 Pck. Dr. Oetker Vanillin-Zucker
1 Prise Salz
4 Eigelb (Größe M)
100 g Weizenmehl
1 gestr. TL Dr. Oetker Backin

Zum Bestreichen:

3 EL Himbeer- oder Kirschkonfitüre

Für die Füllung und zum Bestreichen:

500 g Schlagsahne
1 Pck. Dr. Oetker Vanillin-Zucker
1 Pck. Dr. Oetker Sahnesteif

Für den Belag:

1 reife Mango
einige Himbeeren
einige Heidelbeeren
250 g Erdbeeren

Für den Guss:

1 Pck. ungezuckerter Tortenguss, klar
250 ml (1/4 l) Apfelsaft

2 Schoko-Gebäckstäbchen
2 Schalenstreifen von
1 Bio-Limette (unbehandelt, ungewachst)

Zubereitungszeit: 30 Minuten, ohne Abkühlzeit
Backzeit: etwa 40 Minuten

1. Für den Teig Kokosraspel in einer Pfanne ohne Fett unter Wenden goldbraun rösten und auf einen Teller geben.

2. Den Backofen vorheizen.
Ober-/Unterhitze: etwa 180 °C
Heißluft: etwa 160 °C

3. Das Eiweiß steif schlagen. In einer anderen Schüssel die Butter mit Handrührgerät mit Rührbesen auf höchster Stufe geschmeidig rühren. Nach und nach Zucker, Vanillin-Zucker und Salz unterrühren. So lange rühren, bis eine gebundene Masse entstanden ist.

4. Eigelb nach und nach unterrühren. Mehl mit Backpulver mischen und kurz auf mittlerer Stufe unterrühren. Die Hälfte der Kokosraspel ebenfalls kurz unterrühren. Zuletzt den Eischnee unterheben. Den Teig in eine Springform (Ø 26 cm, Boden gefettet, mit Backpapier belegt) geben und glatt streichen. Die Form auf dem Rost in den vorgeheizten Backofen schieben. Den Gebäckboden **etwa 40 Minuten backen.**

5. Den Gebäckboden aus der Form lösen, auf einen Kuchenrost legen und erkalten lassen. Anschließend das mitgebackene Backpapier abziehen und den Gebäckboden einmal waagerecht durchschneiden. Den unteren Boden mit Konfitüre bestreichen.

6. Für die Füllung und zum Bestreichen Sahne mit Vanillin-Zucker und Sahnesteif steif schlagen. Ein Drittel der Sahne auf die Konfitüre geben und glatt streichen. Den oberen Boden darauflegen und leicht andrücken. 2–3 Esslöffel von der restlichen Sahne beiseitestellen.

7. Die Tortenoberfläche und den -rand mit der restlichen Sahne bestreichen. Die Torte senkrecht halbieren, die Schnittflächen mit beiseitegestellter Sahne bestreichen. Die Tortenränder beider Hälften mit den restlichen Kokosraspeln bestreuen. Die Tortenhälften mit den runden Seiten wie Schmetterlingsflügel aneinander auf eine Tortenplatte setzen.

8. Für den Belag die Mango mit einem Sparschäler schälen. Das Fruchtfleisch in dünnen Streifen vom Stein schälen. Himbeeren und Heidelbeeren verlesen, evtl. kurz abspülen und gut abtropfen lassen. Erdbeeren abspülen, gut abtropfen lassen, entstielen und in dünne Scheiben schneiden. Die beiden Tortenhälften mit dem Obst belegen.

9. Für den Guss aus Tortengusspulver und Saft einen Guss nach Packungsanleitung, aber ohne Zucker, zubereiten. Das Obst mit dem Guss bestreichen. Die Gebäckstäbchen mit der Limettenschale umwickeln und als Fühler in die Tortenhälften stecken. Die Torte zugedeckt etwa 1 Stunde in den Kühlschrank stellen.

Schnelle Makronentorte

Einfach

16 Stücke

Pro Stück: E: 7 g, F: 27 g, Kh: 19 g, kJ: 1522, kcal: 364

Für den Boden:

60 g Butter
200 g abgezogene, gemahlene Mandeln
400 g Marzipan-Rohmasse
1 Ei (Größe M)

Für den Belag:

1 Pck. Dr. Oetker Pudding-Pulver Vanille-Geschmack
1 EL Zucker
250 ml (1/4 l) Sauerkirschsaft (aus dem Glas)
370 g abgetropfte Sauerkirschen (aus dem Glas)

Zum Verzieren:

250 g Schlagsahne
1 Pck. Dr. Oetker Bourbon-Vanille-Zucker

Zubereitungszeit: 25 Minuten, ohne Abkühlzeit
Backzeit: 20–25 Minuten

1. Den Backofen vorheizen.
Ober-/Unterhitze: etwa 170 °C
Heißluft: etwa 150 °C

2. Für den Boden die Butter in einem kleinen Topf zerlassen. Die Mandeln in einer Pfanne ohne Fett unter Wenden goldbraun rösten und in eine Schüssel geben. Die zerlassene Butter hinzufügen und die Zutaten gut verkneten. Butter-Mandel-Masse auf den Boden einer Springform (Ø 24 cm, gefettet, mit Backpapier belegt) geben und glatt streichen.

3. Marzipan klein schneiden und in eine Rührschüssel geben. Das Ei hinzufügen. Die Zutaten mit Handrührgerät mit Rührbesen auf höchster Stufe zu einer geschmeidigen Masse verrühren. Die Marzipanmasse in einen Spritzbeutel mit Sterntülle füllen und als grobes Gitter auf den Mandelboden spritzen. Die Form auf dem Rost in den vorgeheizten Backofen schieben. Den Tortenboden **20–25 Minuten backen.**

4. Die Form auf einen Kuchenrost stellen. Den Tortenboden etwas abkühlen lassen. Anschließend den Boden aus der Form lösen und auf einen mit Backpapier belegten Kuchenrost setzen. Boden erkalten lassen.

5. Für den Belag das Pudding-Pulver mit Zucker und etwa 3 Esslöffeln des Saftes verrühren. Den restlichen Saft in einen Topf geben und aufkochen lassen.

6. Das angerührte Pudding-Pulver in den von der Kochstelle genommenen Saft rühren und unter Rühren nochmals aufkochen lassen. Die Kirschen unterheben. Kirschmasse etwas abkühlen lassen.

7. Die Kirschmasse auf den Tortenboden geben und glatt streichen.

8. Zum Verzieren die Sahne mit Vanille-Zucker steif schlagen und in einen Spritzbeutel mit großer Lochtülle füllen. Die Torte mit der Sahne verzieren und zugedeckt etwa 1 Stunde in den Kühlschrank stellen.

Schneller Bienenstich

Einfach – gut vorzubereiten
14–16 Stücke

Pro Stück: E: 6 g, F: 17 g, Kh: 22 g, kJ: 1111, kcal: 265

Für den Biskuitteig:
4 Eier (Größe M)
150 g Zucker
1 Pck. Dr. Oetker Vanillin-Zucker
125 g Weizenmehl
2 gestr. TL Dr. Oetker Backin
50 g abgezogene, gemahlene Mandeln

Zum Bestreuen:
100 g gehobelte Mandeln
15 g Zucker

25 g Butter

Für die Füllung:
1 Pck. Paradiescreme Vanille-Geschmack (Dessertpulver)
400 g Schlagsahne

Zubereitungszeit: 35 Minuten, ohne Abkühlzeit
Backzeit: etwa 30 Minuten

1. Den Backofen vorheizen.
Ober-/Unterhitze: etwa 180 °C
Heißluft: etwa 160 °C

2. Für den Teig Eier in einer Rührschüssel mit Handrührgerät mit Rührbesen auf höchster Stufe 1 Minute schaumig schlagen. Den Zucker mit Vanillin-Zucker mischen, in 1 Minute einstreuen, dann noch etwa 2 Minuten weiterschlagen.

3. Mehl mit Backpulver mischen, auf die Eiercreme geben und kurz auf niedrigster Stufe unterrühren. Zuletzt die gemahlenen Mandeln kurz unterrühren.

4. Zum Bestreuen Teig in eine Springform (Ø 26 cm, Boden gefettet, mit Backpapier belegt) geben und glatt streichen. Den Teig mit gehobelten Mandeln und Zucker bestreuen. Die Form auf dem Rost in den vorgeheizten Backofen schieben. Den Biskuitboden **etwa 30 Minuten backen.**

5. Den Biskuitboden vorsichtig aus der Form lösen und auf einen mit Backpapier belegten Kuchenrost legen. Die Butter in einem kleinen Topf zerlassen und auf dem heißen Biskuitboden verteilen. Biskuitboden erkalten lassen.

6. Den Biskuitboden einmal waagerecht durchschneiden. Den unteren Boden auf eine Tortenplatte legen.

7. Für die Füllung aus Dessertpulver und Sahne eine Creme nach Packungsanleitung, aber mit den hier angegebenen Zutaten, zubereiten. Die Creme auf den unteren Boden geben und glatt streichen. Den oberen Boden auf die Vanillecreme legen und leicht andrücken. Den Bienenstich zugedeckt etwa 1 Stunde in den Kühlschrank stellen.

Tipps: Der Biskuitboden kann 1–3 Tage vorher gebacken und ungeschnitten in Alufolie verpackt aufbewahrt werden. Die Füllung schmeckt statt mit Paradiescreme Vanille-Geschmack auch mit Paradiescreme Schokoladen- oder Sahne-Karamell-Geschmack. Der schnelle Bienenstich kann am Tag vor dem Verzehr komplett zubereitet werden. Er zieht dann im Kühlschrank etwas durch.

Schoko-Ananasquark-Torte

Schnell – ohne zu backen

12 Stücke

Pro Stück: E: 10 g, F: 19 g, Kh: 47 g, kJ: 1678, kcal: 400

Für den Boden:

150 g Zartbitter-Schokolade
25 g Butter oder Margarine
150 g Schokoladen-Reis-Flakes

Für den Belag:

10–12 Blatt weiße Gelatine
500 g Magerquark
150 g Ananas-Joghurt
100 g Zucker
1 Pck. Dr. Oetker Vanillin-Zucker
abgeriebene Schale von
1 Bio-Zitrone (unbehandelt, ungewachst)
2 EL Zitronensaft
430 g Ananasraspel (aus der Dose)
200 g Schlagsahne

Zum Verzieren und Garnieren:

200 g Schlagsahne
1 Pck. Dr. Oetker Sahnesteif
2–3 EL Schokoladen-Reis-Flakes
50 g Zartbitter-Schokolade

Zubereitungszeit: 25 Minuten, ohne Kühlzeit

1. Für den Boden die Schokolade in Stücke brechen. Die Schokoladenstücke mit der Butter oder Margarine in einem kleinen Topf im Wasserbad bei schwacher Hitze unter Rühren schmelzen. Die Schokoladen-Reis-Flakes im Blitzhacker fein zerbröseln und unter die Schokoladen-Butter-Mischung rühren.

2. Einen Tortenring oder Springformrand (Ø 26 cm) auf eine mit Tortenspitze oder Backpapier belegte Tortenplatte stellen. Die Schokoladen-Reis-Flakes-Masse darin gleichmäßig verteilen und mit einem Löffel fest zu einem Boden andrücken. Den Tortenboden zugedeckt in den Kühlschrank stellen.

3. Für den Belag die Gelatine nach Packungsanleitung einweichen. Den Quark mit Joghurt, Zucker, Vanillin-Zucker, Zitronenschale und -saft gut verrühren. Die Ananasraspel mit dem Saft aus der Dose unterrühren. Die eingeweichte Gelatine leicht ausdrücken und in einem kleinen Topf bei schwacher Hitze unter Rühren auflösen. Die aufgelöste Gelatine zunächst mit etwa 3 Esslöffeln von der Quark-Ananas-Masse verrühren, dann unter die restliche Quark-Ananas-Masse rühren und in den Kühlschrank stellen.

4. Sobald die Masse anfängt dicklich zu werden, die Sahne steif schlagen und unterheben. Die Quark-Ananas-Creme auf den Schokoladen-Reis-Flakes-Boden geben und glatt streichen. Torte zugedeckt 1–2 Stunden in den Kühlschrank stellen. Den Tortenring oder Springformrand vorsichtig lösen und entfernen.

5. Zum Verzieren und Garnieren Sahne mit Sahnesteif steif schlagen und in einen Spritzbeutel mit Sterntülle füllen. Die Tortenoberfläche mit Sahnetuffs verzieren und mit Schokoladen-Reis-Flakes bestreuen.

6. Schokolade wie unter Punkt 1 beschrieben schmelzen und in einen Gefrierbeutel füllen. Eine kleine Ecke abschneiden und die Tortenoberfläche mit der Schokolade besprenkeln. Die Torte bis zum Servieren zugedeckt in den Kühlschrank stellen.

Schokoladen-Ingwer-Torte mit Erdbeerquark | Etwas Besonderes

16 Stücke

Pro Stück: E: 5 g, F: 13 g, Kh: 31 g, kJ: 1126, kcal: 269

Zum Vorbereiten:

12 Zwiebäcke (etwa 100 g)
100 g kandierter Ingwer

Für den All-in-Teig:

125 g Butter oder Margarine
125 g Weizenmehl
3 gestr. EL gesiebtes Kakaopulver
3 gestr. TL Dr. Oetker Backin
125 g Zucker
1 Pck. Dr. Oetker Vanillin-Zucker
3 Eier (Größe M)
2 EL Milch

Für den Belag:

500 g Erdbeerquark (aus dem Kühlregal)
2 EL Puderzucker
2 Pck. Dr. Oetker Sahnesteif
200 g Schlagsahne

Zum Garnieren:

etwas Edelbitter-Schokolade, evtl. mit Orangensplittern
etwas kandierter Ingwer

Zubereitungszeit: 50 Minuten, ohne Kühlzeit
Backzeit: etwa 30 Minuten

1. Zum Vorbereiten Zwiebäcke in einen Gefrierbeutel geben. Den Beutel fest verschließen. Die Zwiebäcke mit einer Teigrolle fein zerbröseln, den Ingwer in kleine Stücke schneiden.

2. Für den Teig die Butter oder Margarine in einem kleinen Topf zerlassen und abkühlen lassen.

3. Den Backofen vorheizen.
Ober-/Unterhitze: etwa 180 °C
Heißluft: etwa 160 °C

4. Das Mehl mit Kakao und Backpulver in einer Rührschüssel mischen. Restliche Zutaten hinzufügen und mit Handrührgerät mit Rührbesen erst kurz auf niedrigster, dann auf höchster Stufe in etwa 2 Minuten zu einem glatten Teig verarbeiten. Zwiebackbrösel und Ingwerstückchen unterheben.

5. Den Teig in eine Springform (Ø 26 cm, Boden gefettet, mit Backpapier belegt) geben und glatt streichen. Form auf dem Rost in den vorgeheizten Backofen schieben. Boden **etwa 30 Minuten backen.**

6. Den Tortenboden aus der Form lösen, auf einem mit Backpapier belegten Kuchenrost erkalten lassen.

7. Für den Belag den Quark in eine Rührschüssel geben. Puderzucker und 1 Päckchen Sahnesteif unterrühren. Die Sahne mit dem restlichem Sahnesteif steif schlagen und unterheben. Die Quark-Sahne-Creme kuppelförmig auf den Tortenboden geben und glatt streichen. Die Torte zugedeckt mindestens 1 Stunde in den Kühlschrank stellen.

8. Zum Garnieren die Schokolade und den Ingwer in feine Streifen schneiden. Die Torte mit den Schokoladen- und Ingwerstreifen bestreuen.

Schüttelkuchen mit Joghurt

Einfach – raffiniert

14 Stücke

Pro Stück: E: 6 g, F: 20 g, Kh: 39 g, kJ: 1557, kcal: 372

Für den Schüttelteig:

225 g Weizenmehl
3 gestr. TL Dr. Oetker Backin
150 g Zucker
1 Pck. Dr. Oetker Vanillin-Zucker
2 Eier (Größe M)
150 g Joghurt
75 g Schlagsahne
100 g abgezogene, gemahlene Mandeln

Für den Belag:

920 g abgetropfte Birnenhälften (aus der Dose)

Für den Guss:

250 g Zartbitter-Kuvertüre
20 g Kokosfett

Zum Verzieren:

200 g Schlagsahne
½ Pck. Dr. Oetker Sahnesteif
1 EL gehackte Pistazienkerne

Zubereitungszeit: 30 Minuten, ohne Abkühlzeit
Backzeit: etwa 30 Minuten

1. Den Backofen vorheizen.
Ober-/Unterhitze: etwa 180 °C
Heißluft: etwa 160 °C

2. Für den Teig Mehl mit Backpulver mischen, in eine verschließbare Schüssel (etwa 3-Liter-Inhalt) geben, mit Zucker und Vanillin-Zucker mischen. Eier, Joghurt und Sahne hinzufügen.

3. Die Schüssel mit dem Deckel fest verschließen und mehrmals kräftig schütteln (insgesamt 15–30 Sekunden), sodass alle Zutaten gut vermischt sind. Die Mandeln hinzugeben.

4. Alles mit einem Schneebesen oder Rührlöffel nochmals sorgfältig durchrühren, damit trockene Zutaten vom Rand mit untergerührt werden.

5. Den Teig in eine Springform (Ø 26 cm, Boden gefettet) geben und glatt streichen. Den Gebäckboden **etwa 30 Minuten backen.**

6. Den Gebäckboden aus der Form lösen, auf einem mit Backpapier belegten Kuchenrost erkalten lassen.

7. Für den Belag die Birnenhälften mit der Wölbung nach oben sternförmig auf den Gebäckboden legen.

8. Für den Guss Kuvertüre in Stücke hacken und mit dem Kokosfett in einem kleinen Topf im Wasserbad bei schwacher Hitze unter Rühren schmelzen. Den Kuchen mit dem Kuvertüre-Fett-Guss überziehen. Den Guss fest werden lassen.

9. Zum Verzieren die Sahne mit Sahnesteif steif schlagen und in einen Spritzbeutel mit Sterntülle füllen. Die Tortenoberfläche mit Sahnetuffs verzieren und mit Pistazienkernen bestreuen.

Tipp: Damit die Birnenhälften nicht vom Kuchen rutschen, diese mit je einem Zahnstocher fixieren, bis der Schokoguss fest geworden ist.

Schwarze-Johannisbeer-Torte |

Ohne zu backen – erfrischend

16 Stücke

Pro Stück: E: 4 g, F: 22 g, Kh: 24 g, kJ: 1317, kcal: 316

Für den Boden:

150 g weiße Kuvertüre
2 EL Speiseöl, z. B. Sonnenblumenöl
150 g Haferflockenkekse

Für die Johannisbeer-Frischkäse-Creme:

250 g schwarze Johannisbeeren
140 g Extra Gelierzucker 2:1
2 EL Wasser
400 g Doppelrahm-Frischkäse (zimmerwarm)
60 g Zucker
6 Blatt weiße Gelatine
400 g Schlagsahne

Zubereitungszeit: 40 Minuten, ohne Kühlzeit

1. Für den Boden die Kuvertüre in Stücke hacken und mit dem Speiseöl in einem kleinen Topf im Wasserbad bei schwacher Hitze unter Rühren schmelzen. Haferflockenkekse in einen Gefrierbeutel geben. Den Beutel fest verschließen. Die Kekse mit einer Teigrolle fein zerbröseln und unter die warme Kuvertüre rühren.

2. Die Schokoladen-Brösel-Mischung in eine Springform (Ø 26 cm, Boden gefettet, mit Backpapier belegt) geben und mit einem Löffel fest zu einem Boden andrücken.

3. Für die Johannisbeer-Frischkäse-Creme die Johannisbeeren abspülen und gut abtropfen lassen. Die Johannisbeeren von den Rispen streifen. Johannisbeeren, Gelierzucker und Wasser in einen Topf geben. Die Johannisbeer-Mischung unter Rühren aufkochen und etwa 2 Minuten sprudelnd kochen lassen. Den Topf von der Kochstelle nehmen, die Johannisbeerkonfitüre etwas abkühlen lassen.

4. Den Frischkäse mit dem Zucker in einer Rührschüssel glatt rühren. Die Gelatine nach Packungsanleitung einweichen. Die Gelatine leicht ausdrücken und in einem kleinen Topf bei schwacher Hitze unter Rühren auflösen. Die aufgelöste Gelatine zunächst mit etwa 2 Esslöffeln von der Frischkäsemasse verrühren, dann unter die restliche Frischkäsemasse rühren. Die Sahne steif schlagen und unterheben.

5. Die Frischkäsecreme auf den Schokoladen-Brösel-Boden geben und glatt streichen. Die vorbereitete Johannisbeerkonfitüre mit einem Esslöffel in Häufchen auf die Frischkäsecreme setzen. Einen Holzlöffelstiel vorsichtig so durch die Johannisbeer-Frischkäse-Creme ziehen, dass ein Marmormuster entsteht. Die Schwarze-Johannisbeer-Torte zugedeckt etwa 4 Stunden in den Kühlschrank stellen.

6. Die Schwarze-Johannisbeer-Torte vorsichtig aus der Springform lösen und auf eine Tortenplatte setzen.

Schwimmbadtorte | Erfrischend

16 Stücke

Pro Stück: E: 4 g, F: 14 g, Kh: 30 g, kJ: 1135, kcal: 271

Für den Biskuitteig:

2 Eier (Größe M)
2 EL heißes Wasser
80 g Zucker
1 Pck. Dr. Oetker Vanillin-Zucker
80 g Weizenmehl
½ gestr. TL Dr. Oetker Backin

Für den Rührteig:

50 g weiche Butter
50 g Zucker
1 Pck. Dr. Oetker Vanillin-Zucker
2 Eigelb (Größe M)
70 g Weizenmehl
1 Msp. Dr. Oetker Backin

2 Eiweiß (Größe M)
100 g Zucker
50 g gehackte Mandeln

Für die Füllung:

400 ml Ananassaft (aus der Dose), mit Apfelsaft aufgefüllt
1 Pck. Dr. Oetker Pudding-Pulver Vanille-Geschmack
255 g abgetropfte Ananasstücke (aus der Dose)
400 g Schlagsahne
1 Pck. Dr. Oetker Sahnesteif
1 TL Zucker

Zubereitungszeit: 45 Minuten, ohne Kühlzeit
Backzeit: Biskuitteig 25–30 Minuten, Rührteig etwa 35 Minuten

1. Den Backofen vorheizen.
Ober-/Unterhitze: etwa 180 °C
Heißluft: etwa 160 °C

2. Für den Biskuitteig die Eier mit Wasser in einer Rührschüssel mit Handrührgerät mit Rührbesen auf höchster Stufe in 1 Minute schaumig schlagen. Den Zucker mit Vanillin-Zucker mischen, in 1 Minute einstreuen, dann noch etwa 2 Minuten weiterschlagen.

3. Mehl mit Backpulver mischen, auf die Eiercreme geben und auf niedrigster Stufe kurz unterrühren. Den Teig in eine Springform (Ø 26 cm, Boden gefettet, mit Backpapier belegt) geben und glatt streichen. Die Form auf dem Rost in den vorgeheizten Backofen schieben. Den Tortenboden **25–30 Minuten backen**.

4. Den Tortenboden aus der Form lösen, auf einen mit Backpapier belegten Kuchenrost stürzen und erkalten lassen. Das mitgebackene Backpapier abziehen.

5. Für den Rührteig die Butter in einer Rührschüssel mit Handrührgerät mit Rührbesen auf höchster Stufe geschmeidig rühren. Nach und nach den Zucker und Vanillin-Zucker unterrühren. So lange rühren, bis eine gebundene Masse entstanden ist. Das Eigelb nach und nach unterrühren. Das Mehl mit Backpulver mischen und auf mittlerer Stufe kurz unterrühren. Den Teig in eine Springform (Ø 26 cm, Boden gefettet) geben und glatt streichen.

6. Eiweiß steif schlagen. Zucker nach und nach unterschlagen. Die Eischneemasse auf dem Rührteigboden verstreichen und mit Mandeln bestreuen. Die Form auf dem Rost in den heißen Backofen schieben. Den Rührteigboden **bei gleicher Backofentemperatur etwa 35 Minuten backen.**

7. Den Rührteigboden aus der Form lösen, sofort in 16 Tortenstücke schneiden und auf einem mit Backpapier belegten Kuchenrost erkalten lassen.

8. Für die Füllung den Ananassaft mit Apfelsaft auf 400 ml auffüllen. Aus dem Pudding-Pulver und der Saftmischung einen Pudding nach Packungsanleitung, aber ohne Zucker, zubereiten. Die Ananasstücke unterheben. Die Puddingmasse auf den Biskuitboden geben, glatt streichen und erkalten lassen.

9. Sahne mit Sahnesteif und Zucker steif schlagen. Die Sahne auf die Puddingmasse geben und glatt streichen, mit Baiser-Tortenstücken belegen. Torte bis zum Servieren zugedeckt in den Kühlschrank stellen.

Sommernachtstraum

Etwas Besonderes

14 Stücke

Pro Stück: E: 6 g, F: 14 g, Kh: 35 g, kJ: 1226, kcal: 293

Für den Biskuitteig:

4	*Eier (Größe M)*
150 g	*Zucker*
1 Pck.	*Dr. Oetker Vanillin-Zucker*
150 g	*Weizenmehl*
25 g	*gesiebtes Kakaopulver*
1 gestr. TL	*Dr. Oetker Backin*

Für die Füllung:

6 Blatt	*weiße Gelatine*
350 g	*vorbereitete, gemischte Beerenfrüchte, z. B. Himbeeren, Brombeeren, Johannisbeeren, Heidelbeeren und Erdbeeren*
300 g	*Dickmilch oder Kefir*
50 g	*Zucker*
400 g	*Schlagsahne*

Zum Garnieren:

75 g	*Zartbitter-Kuvertüre*
250 g	*gemischte Beerenfrüchte, z. B. Johannisbeeren, Erdbeeren, Himbeeren, Brombeeren*
30 g	*Zucker*
evtl. einige	*vorbereitete Zitronenmelisseblättchen*

Zubereitungszeit: 60 Minuten, ohne Kühlzeit
Backzeit: etwa 30 Minuten

1. Den Backofen vorheizen.
Ober-/Unterhitze: etwa 180 °C
Heißluft: etwa 160 °C

2. Für den Teig Eier in einer Rührschüssel mit Handrührgerät mit Rührbesen auf höchster Stufe in 1 Minute schaumig schlagen. Zucker und Vanillin-Zucker mischen, in 1 Minute einstreuen und noch etwa 2 Minuten weiterschlagen.

3. Mehl mit Kakao und Backpulver mischen, die Hälfte davon auf die Eiercreme geben und kurz auf niedrigster Stufe unterrühren. Restliches Mehlgemisch auf die gleiche Weise unterarbeiten.

4. Den Teig in eine Springform (Ø 26 cm, Boden gefettet, mit Backpapier belegt) geben und glatt streichen. Die Form auf dem Rost in den vorgeheizten Backofen schieben. Den Biskuitboden **etwa 30 Minuten backen.**

5. Die Form auf einen Kuchenrost stellen. Den Biskuitboden etwas abkühlen lassen. Anschließend den Boden aus der Form lösen, auf einen mit Backpapier belegten Kuchenrost stürzen und erkalten lassen. Das mitgebackene Backpapier abziehen. Den Biskuitboden zweimal waagerecht durchschneiden.

6. Für die Füllung Gelatine nach Packungsanleitung einweichen. 200 g der Beerenfrüchte pürieren. Dickmilch oder Kefir mit Zucker und Beerenpüree verrühren. Die Gelatine leicht ausdrücken und in einem kleinen Topf bei schwacher Hitze unter Rühren auflösen. Die aufgelöste Gelatine zunächst mit etwa 4 Esslöffeln von der Beerenmasse verrühren, dann unter die restliche Beerenmasse rühren. Sahne steif schlagen und unterheben.

7. Ein Drittel der Creme abnehmen und beiseitestellen. Die restlichen Beerenfrüchte evtl. klein schneiden und unter die größere Menge Beerencreme heben. Beide Cremes in den Kühlschrank stellen, bis sie anfangen dicklich zu werden.

8. Den unteren Boden auf eine Tortenplatte legen und die Creme mit den ganzen Beeren in die Mitte des unteren Bodens geben. Die Creme kuppelförmig verstreichen, dabei rundherum einen etwa 2 cm breiten Rand frei lassen.

9. Vom mittleren Boden einen etwa 2 cm breiten Rand abschneiden. Den Rand zerbröseln und beiseitestellen. Die Biskuitplatte auf die Cremekuppel legen und leicht andrücken. Gut die Hälfte der abgenommenen Creme daraufgeben und so glatt streichen, dass eine ebene Fläche entsteht. Den oberen Boden auflegen. Tortenoberfläche und -rand mit der restlichen

Creme bestreichen. Die Torte zugedeckt 2–3 Stunden in den Kühlschrank stellen.

10. Zum Garnieren in der Zwischenzeit die Kuvertüre in Stücke hacken und in einem kleinen Topf im Wasserbad bei schwacher Hitze unter Rühren schmelzen. Kuvertüre in ein Papiertütchen füllen, Schmetterlinge auf Backpapier spritzen und fest werden lassen. Den Tortenrand mit den beiseitegestellten Biskuitbröseln bestreuen und etwas andrücken.

11. Die Beeren verlesen, evtl. abspülen oder anfeuchten und in Zucker wälzen. Kurz vor dem Servieren die Tortenoberfläche mit gezuckerten Beeren, Schmetterlingen und nach Belieben mit Zitronenmelisseblättchen garnieren.

Sommertorte mit Hippenblüten

Dauert länger

16 Stücke

Pro Stück: E: 6 g, F: 29 g, Kh: 33 g, kJ: 1757, kcal: 420

Für den Biskuitteig:

75 g Butter
3 Eier (Größe M)
3 EL Orangensaft
125 g Zucker
1 Pck. Dr. Oetker Vanillin-Zucker
125 g Weizenmehl
50 g Speisestärke
3 gestr. TL Dr. Oetker Backin

Für die Füllung:

8 Blatt weiße Gelatine
300 g gemischte Beeren
400 g Crème fraîche
75 g Zucker
1 Pck. Dr. Oetker Vanillin-Zucker
550 g Schlagsahne

Für den Spiegelguss:

3 Blatt weiße Gelatine
250 ml (1/4 l) roter Saft, z. B. Himbeer-, Kirsch- oder Johannisbeersaft
evtl. etwas Zucker

Für die Hippenblüten:

50 g Puderzucker
1 Ei (Größe M)
50 g Weizenmehl
40–50 g Schlagsahne
etwas gesiebtes Kakaopulver

Zum Verzieren und Garnieren:

200 g Schlagsahne
1 Pck. Dr. Oetker Vanillin-Zucker
einige Beeren

Zubereitungszeit: 100 Minuten, ohne Kühlzeit
Backzeit: Biskuitteig etwa 30 Minuten, Hippenblüten 3–5 Minuten

1. Den Backofen vorheizen.
Ober-/Unterhitze: etwa 180 °C
Heißluft: etwa 160 °C

2. Für den Teig Butter in einem kleinen Topf zerlassen und abkühlen lassen. Eier und Orangensaft in einer Rührschüssel mit Handrührgerät mit Rührbesen auf höchster Stufe in 1 Minute schaumig schlagen. Zucker mit Vanillin-Zucker mischen, in 1 Minute einstreuen, dann noch etwa 2 Minuten weiterschlagen.

3. Mehl mit Speisestärke und Backpulver mischen, die Hälfte davon auf die Eiercreme geben und kurz auf niedrigster Stufe unterrühren. Restliches Mehlgemisch auf die gleiche Weise unterarbeiten. Zuletzt die zerlassene Butter kurz unterziehen. Den Biskuitteig in eine Springform (Ø 26 cm, Boden gefettet, mit Backpapier belegt) geben und glatt streichen. Die Form auf dem Rost in den vorgeheizten Backofen schieben. Den Biskuitboden **etwa 30 Minuten backen.**

4. Den Biskuitboden aus der Form lösen, auf einen mit Backpapier belegten Kuchenrost stürzen und erkalten lassen. Mitgebackenes Backpapier abziehen. Biskuitboden einmal waagerecht durchschneiden.

5. Für die Füllung Gelatine nach Packungsanleitung einweichen. Die Beeren verlesen. 150 g der Beeren pürieren und durch ein Sieb streichen. Beerenpüree mit Crème fraîche, Zucker und Vanillin-Zucker verrühren. Die Gelatine leicht ausdrücken und in einem kleinen Topf bei schwacher Hitze unter Rühren auflösen.

6. Die aufgelöste Gelatine zunächst mit etwa 3 Esslöffeln von der Crème-fraîche-Masse verrühren, dann unter die restliche Crème-fraîche-Masse rühren.

7. Sobald die Crème-fraîche-Masse anfängt dicklich zu werden, die Sahne steif schlagen und unterheben. Den unteren Biskuitboden auf eine Tortenplatte legen und einen Tortenring darumstellen. Ein Drittel der Beerencreme auf den Biskuitboden geben und glatt streichen. Restliche Beeren darauf verteilen. Dann die Hälfte der restlichen Beerencreme daraufgeben und glatt streichen. Den zweiten Biskuitboden darauflegen. Restliche Beerencreme darauf verstreichen. Die Torte zugedeckt etwa 1 Stunde in den Kühlschrank stellen.

8. Für den Spiegelguss Gelatine wie unter Punkt 5 beschrieben einweichen und ausdrücken. Den Saft nach und nach unterrühren. Den Guss nach Belieben mit Zucker abschmecken und vorsichtig auf die Beerencreme gießen. Die Torte nochmals zugedeckt etwa 1 Stunde in den Kühlschrank stellen. Guss fest werden lassen.

9. Für die Hippenblüten aus dünner Pappe eine Blütenschablone schneiden. Puderzucker und Ei mit Handrührgerät mit Rührbesen gut verrühren, Mehl unterrühren. So viel Sahne unterrühren, dass die Masse streichfähig ist, aber nicht auseinanderläuft. 2 Esslöffel des Teiges abnehmen und mit etwas Kakaopulver verrühren. Den dunklen Teig in einen Gefrierbeutel geben und eine kleine Ecke abschneiden. Einige Hippenblüten mithilfe der Schablone auf ein mit Backpapier belegtes Backblech streichen (am besten mit einer Palette) und mit etwas dunklem Teig verzieren. Das Backblech in den vorgeheizten Backofen schieben. Die Hippenblüten **bei gleicher Backofentemperatur in 3–5 Minuten goldgelb backen.**

10. Die Hippenblüten sofort vom Backpapier lösen und auf einem mit Backpapier belegten Kuchenrost erkalten lassen. Einige Blüten dazu über einen runden Kochlöffelstiel oder in einen Eierbecher legen, damit sie plastischer werden.

11. Zum Verzieren und Garnieren den Tortenring lösen und entfernen. Sahne mit Vanillin-Zucker steif schlagen. Den Tortenrand damit bestreichen, dabei mit einem Messerrücken ein Muster eindrücken. Die restliche Sahne in einen Spritzbeutel mit Sterntülle füllen. Tortenoberfläche damit verzieren.

12. Kurz vor dem Servieren Hippen und Beeren auf der Tortenoberfläche verteilen.

Sommertorte mit Mandarinen

Für Kinder – ohne zu backen

16 Stücke

Pro Stück: E: 6 g, F: 15 g, Kh: 29 g, kJ: 1184, kcal: 283

Zum Vorbereiten:

1 Beutel aus
1 Pck. Götterspeise Zitronen-Geschmack
375 ml (3/8 l) klarer Apfelsaft
75 g Zucker

Für den Boden:

100 g Butter
150 g Butterkekse

Für den Belag und zum Garnieren:

1 Beutel aus
1 Pck. Götterspeise Zitronen-Geschmack
350 ml Mandarinensaft (aus der Dose), evtl. mit Wasser aufgefüllt
150 g Zucker
400 g gekühlte Schlagsahne
250 g Magerquark
350 g abgetropfte Mandarinen (aus der Dose)

Zubereitungszeit: 60 Minuten, ohne Kühlzeit

1. Zum Vorbereiten aus Götterspeisepulver, Apfelsaft und Zucker eine Götterspeise nach Packungsanleitung zubereiten. Die Götterspeise in eine flache Form (evtl. Auflaufform) geben und im Kühlschrank fest werden lassen.

2. Für den Boden Butter in einem kleinen Topf zerlassen. Butterkekse in einen Gefrierbeutel geben. Den Beutel fest verschließen. Die Butterkekse mit einer Teigrolle fein zerbröseln. Die Brösel unter die Butter rühren.

3. Einen Bogen Backpapier auf eine Tortenplatte legen und einen Tortenring oder Springformrand (Ø 26 cm) daraufstellen. Die Bröselmasse hineingeben und mit einem Löffel fest zu einem Boden andrücken. Bröselboden zugedeckt mindestens 20 Minuten in den Kühlschrank stellen.

4. Für den Belag die Götterspeise mit dem Mandarinensaft-Wasser-Gemisch und dem Zucker nach Packungsanleitung zubereiten, anschließend abkühlen lassen.

5. Die Sahne steif schlagen. Sobald die Götterspeise anfängt dicklich zu werden, erst den Quark unterrühren, dann die Sahne unterheben. Ein Drittel der Creme auf den Bröselboden geben und glatt streichen. Etwa zwei Drittel der Mandarinen darauf verteilen. Die restliche Quarkcreme daraufgeben und glatt streichen.

6. Die Torte zugedeckt etwa 3 Stunden in den Kühlschrank stellen.

7. Die Torte mit einem Tortenheber vom Backpapier lösen und das Backpapier unter dem Boden wegziehen. Den Tortenring oder Springformrand vorsichtig lösen und entfernen.

8. Zum Garnieren aus der vorbereiteten, fest gewordenen Götterspeise verschiedene Motive ausstechen oder -schneiden, dazu die Götterspeise auf eine Platte stürzen. Die Torte mit den Götterspeisemotiven und den restlichen Mandarinen garnieren und bis zum Servieren zugedeckt in den Kühlschrank stellen.

Sommerwürfel

Für Gäste – ohne zu backen

24 Stücke

Pro Stück: E: 3 g, F: 6 g, Kh: 20 g, kJ: 623, kcal: 149

Zum Vorbereiten:

60 g gehobelte Mandeln

Für den Pudding:

2 Pck. Dr. Oetker Pudding-Pulver Vanille-Geschmack
7–8 EL Zucker (etwa 100 g)
750 ml (3/4 l) Milch
250 g Schlagsahne

Für die Rote Grütze:

1 Pck. Rote Grütze Himbeer-Geschmack (Dessertpulver, ohne Sago)
1 EL Zucker
500 ml (1/2 l) Kirschnektar

225 g Zwieback

Zubereitungszeit: 40 Minuten, ohne Kühlzeit

1. Zum Vorbereiten die Mandeln in einer Pfanne ohne Fett unter Wenden goldbraun rösten und auf einen Teller geben. Die Hälfte der Mandeln auf dem Boden einer Springform (Ø 26 cm, gefettet, mit Backpapier belegt) gleichmäßig verstreuen.

2. Für den Pudding aus Pudding-Pulver, Zucker, Milch und Sahne einen Pudding nach Packungsanleitung, aber mit den hier angegebenen Zutaten, zubereiten. Sofort Frischhaltefolie direkt auf den Pudding legen.

3. Aus Dessertpulver, Zucker und Kirschnektar eine Rote Grütze nach Packungsanleitung, aber mit den hier angegebenen Zutaten, zubereiten. Rote Grütze zugedeckt stehen lassen.

4. Die Hälfte des Zwiebacks auf die Mandeln in der Springform legen. Dafür den Zwieback am Formrand mit einem Sägemesser in die passende Form schneiden. Die Hälfte des warmen Puddings auf den Zwieback geben und glatt streichen. Die Hälfte der warmen Roten Grütze esslöffelweise daraufgeben und vorsichtig glatt streichen.

5. Restlichen Zwieback ebenfalls passend schneiden und auf der Roten Grütze verteilen. Restlichen warmen Pudding daraufgeben und glatt streichen. Restliche warme Rote Grütze vorsichtig daraufgeben und ebenfalls glatt streichen. Die Sommertorte mit Frischhaltefolie zudecken und über Nacht in den Kühlschrank stellen.

6. Vor dem Servieren die Torte vorsichtig aus der Form lösen und mit den restlichen Mandeln bestreuen. Die Torte in Würfel schneiden.

Stachelbeer-Schicht-Torte | Fruchtig

16 Stücke

Pro Stück: E: 3 g, F: 17 g, Kh: 32 g, kJ: 1236, kcal: 295

Für den Rührteig:

- *125 g weiche Butter oder Margarine*
- *125 g Zucker*
- *1 Pck. Dr. Oetker Vanillin-Zucker*
- *1 Prise Salz*
- *2 Eier (Größe M)*
- *100 g Weizenmehl*
- *1 schwach geh. EL Speisestärke*
- *½ gestr. TL Dr. Oetker Backin*

Für die Buttercreme:

- *1 Pck. Saucenpulver Vanille-Geschmack zum Kochen*
- *35 g Zucker*
- *250 ml (¼ l) Milch*
- *125 g weiche Butter*

Für den Belag:

- *1 Pck. Saucenpulver Vanille-Geschmack zum Kochen*
- *25 g Zucker*
- *250 ml (¼ l) Stachelbeersaft (aus dem Glas)*
- *720 g abgetropfte Stachelbeeren (aus dem Glas)*

Für den Guss:

- *1 Pck. ungezuckerter Tortenguss, klar*
- *1 EL Zucker*
- *250 ml (¼ l) Stachelbeersaft (aus dem Glas)*

Zum Bestreuen:

- *50 g gehobelte Mandeln*

Zubereitungszeit: 50 Minuten, ohne Abkühlzeit
Backzeit: etwa 15 Minuten je Boden

1. Den Backofen vorheizen.
Ober-/Unterhitze: etwa 180 °C
Heißluft: etwa 160 °C

2. Für den Teig die Butter oder Margarine in einer Rührschüssel mit Handrührgerät mit Rührbesen auf höchster Stufe geschmeidig rühren. Nach und nach Zucker, Vanillin-Zucker und Salz unterrühren. So lange rühren, bis eine gebundene Masse entstanden ist.

3. Eier nach und nach unterrühren (jedes Ei etwa ½ Minute). Mehl mit Speisestärke und Backpulver mischen. Das Mehlgemisch auf mittlerer Stufe kurz unterrühren.

4. Den Teig in 3 Portionen teilen. Jeweils 1 Teigportion auf den Boden einer Springform (Ø 26 cm, gefettet) geben und glatt streichen. Die Springformböden (ohne Springformrand) nacheinander (bei Heißluft zusammen) auf dem Rost in den vorgeheizten Backofen schieben und die Gebäckböden **etwa 15 Minuten je Boden backen.**

5. Die Gebäckböden von den Springformböden lösen und auf mit Backpapier belegten Kuchenrosten erkalten lassen.

6. Für die Buttercreme aus Saucenpulver, Zucker und Milch einen Pudding nach Packungsanleitung, aber mit den hier angegebenen Mengen, zubereiten. Sofort Frischhaltefolie direkt auf den Pudding legen. Den Pudding erkalten lassen.

7. Die Butter in einer Rührschüssel mit Handrührgerät mit Rührbesen geschmeidig rühren. Den Pudding esslöffelweise unterrühren (darauf achten, dass Butter und Pudding Zimmertemperatur haben, da die Creme sonst gerinnt).

8. Einen Gebäckboden auf eine Tortenplatte legen. Knapp die Hälfte der Buttercreme daraufgeben und glatt streichen. Den zweiten Gebäckboden darauflegen und mit der restlichen Buttercreme (2–3 Esslöffel beiseitestellen) bestreichen. Den dritten Gebäckboden darauflegen. Einen Tortenring oder den gesäuberten Springformrand darumstellen.

9. Für den Belag aus Saucenpulver, Zucker und Stachelbeersaft einen Pudding nach Packungsanleitung, aber mit den hier angegebenen Zutaten, zubereiten. Den Pudding auf den oberen Gebäckboden geben und

glatt streichen. Die Stachelbeeren auf dem Pudding verteilen, dabei einen etwa 1 cm breiten Rand frei lassen.

10. Für den Guss aus Tortengusspulver, Zucker und Stachelbeersaft einen Guss nach Packungsanleitung, aber mit den hier angegebenen Zutaten, zubereiten. Den Guss auf den Stachelbeeren verteilen und fest werden lassen.

11. Den Tortenring oder Springformrand vorsichtig lösen und entfernen. Den Tortenrand mit der beiseitegestellten Buttercreme bestreichen und mit den Mandeln bestreuen.

Stachelbeertorte mit Dickmilch

Ohne zu backen

14 Stücke

Pro Stück: E: 5 g, F: 18 g, Kh: 24 g,
kJ: 1163, kcal: 278

Für den Boden:

250 g Cantuccini (ital. Mandelgebäck)
120 g weiche Butter

Für die Dickmilchcreme:

7 Blatt weiße Gelatine
60 ml Stachelbeersaft (aus dem Glas)
50 g Zucker
1 Pck. Dr. Oetker Finesse Geriebene Zitronenschale
500 g Dickmilch
300 g Schlagsahne
2 EL rosa Pfefferbeeren

360 g abgetropfte Stachelbeeren (aus dem Glas)

Zubereitungszeit: 40 Minuten, ohne Kühlzeit

1. Für den Boden Cantuccini in einen Gefrierbeutel geben. Den Beutel fest verschließen. Die Cantuccini mit einer Teigrolle fein zerbröseln. Die Butter in einer Rührschüssel mit Handrührgerät mit Rührbesen auf höchster Stufe schaumig schlagen. Die Cantuccinibrösel hinzugeben und mit der Butter gut verrühren.

2. Die Bröselmasse in eine Springform (Ø 26 cm, Boden gefettet, mit Backpapier belegt) geben und mit einem Löffel fest zu einem Boden andrücken. Den Bröselboden zugedeckt in den Kühlschrank stellen.

3. Für die Dickmilchcreme Gelatine nach Packungsableitung einweichen. Den Stachelbeersaft in einem kleinen Topf bei schwacher Hitze erwärmen. Die Gelatine leicht ausdrücken und darin unter Rühren auflösen. Zucker, Zitronenschale und Dickmilch hinzufügen und gut verrühren.

4. Sobald die Dickmilchmischung anfängt dicklich zu werden, Sahne steif schlagen und zusammen mit 1 Esslöffel der Pfefferkörner unterheben. Die Dickmilchcreme auf den Bröselboden geben und glatt streichen. Die Torte mit Stachelbeeren belegen und mit den restlichen Pfefferbeeren bestreuen. Stachelbeertorte zugedeckt etwa 3 Stunden in den Kühlschrank stellen.

Tipp: Sie können die Stachelbeertorte mit Tortenguss überziehen und mit Mandeln bestreuen. Dafür 50 g gehobelte Mandeln in einer Pfanne ohne Fett unter Wenden goldbraun rösten und auf einen Teller geben. Aus 2 Teelöffeln ungezuckertem Tortengusspulver (klar) und 150 ml Stachelbeersaft (aus dem Glas) einen Guss nach Packungsanleitung, aber mit den hier angegebenen Mengen und ohne Zucker, zubereiten. Den Guss auf den Stachelbeeren verteilen und erst dann mit den restlichen Pfefferbeeren und den Mandeln bestreuen.

Strawberry-Shortcake | Für Gäste

16 Stücke

Pro Stück: E: 5 g, F: 19 g, Kh: 34 g, kJ: 1364, kcal: 326

Zum Vorbereiten:

1 kg Erdbeeren
70 g Zucker

Für den Rührteig:

50 g weiche Butter
100 g Doppelrahm-Frischkäse
130 g Zucker
1 Prise Salz
1 Ei (Größe M)
320 g Weizenmehl
4 gestr. TL Dr. Oetker Backin
etwa 100 g saure Sahne

Zum Bestreichen:

50 g Butter

Für die Füllung:

500 g Schlagsahne
2 Pck. Dr. Oetker Bourbon-Vanille-Zucker
1 EL Puderzucker
2 Pck. Dr. Oetker Sahnesteif

Zubereitungszeit: 50 Minuten, ohne Kühlzeit
Backzeit: etwa 30 Minuten

1. Zum Vorbereiten Erdbeeren abspülen, gut abtropfen lassen und entstielen. 10–12 Erdbeeren halbieren und zum Garnieren beiseitelegen. Die restlichen Erdbeeren in dicke Scheiben schneiden, in eine Schüssel geben und mit Zucker bestreuen. Die Erdbeerscheiben eine Zeit lang durchziehen lassen.

2. Den Backofen in der Zwischenzeit vorheizen.
Ober-/Unterhitze: etwa 200 °C
Heißluft: etwa 180 °C

3. Für den Teig die Butter und den Frischkäse in einer Rührschüssel mit Handrührgerät mit Rührbesen auf höchster Stufe geschmeidig rühren. Nach und nach

Zucker und Salz unterrühren. So lange rühren, bis eine gebundene Masse entstanden ist.

4. Das Ei etwa ½ Minute unterrühren. Das Mehl mit Backpulver mischen und abwechselnd mit der sauren Sahne in 2 Portionen kurz auf mittlerer Stufe unterrühren. Den Teig in eine Springform (Ø 26 cm, Boden gefettet) geben und mit bemehlten Händen glatt drücken.

5. Zum Bestreichen die Butter in einem kleinen Topf zerlassen und auf den Teig streichen. Die Form auf dem Rost in den vorgeheizten Backofen schieben. Den Rührteigboden **etwa 30 Minuten backen.**

6. Den Rührteigboden aus der Form lösen, auf einem mit Backpapier belegten Kuchenrost erkalten lassen. Boden einmal waagerecht durchschneiden. Den unteren Boden auf eine Tortenplatte legen.

7. Für die Füllung Sahne mit Vanille-Zucker, Puderzucker und Sahnesteif steif schlagen. Zwei Drittel der Erdbeerscheiben auf den unteren Gebäckboden legen. Zwei Drittel der Sahne daraufgeben, glatt streichen. Den oberen Boden darauflegen und leicht andrücken.

8. Restliche Sahne in die Mitte der Tortenoberfläche geben und grob verstreichen. Die Erdbeerhälften darauf verteilen. Den Strawberry-Shortcake bis zum Servieren zugedeckt in den Kühlschrank stellen.

Tamarillo-Joghurt-Torte

Etwas Besonderes
14 Stücke

Pro Stück: E: 5 g, F: 21 g, Kh: 34 g, kJ: 1443, kcal: 345

Für den Knetteig:

250 g Weizenmehl
70 g Puderzucker
1/2 Pck. Dr. Oetker Finesse Geriebene Zitronenschale
1 Eigelb (Größe M)
150 g Butter oder Margarine

Für die Tamarillocreme:

8 Blatt weiße Gelatine
300 g Tamarillos (Baumtomaten)
3 Eigelb (Größe M)
140 g Zucker
1/2 Pck. Dr. Oetker Finesse Geriebene Zitronenschale
Saft von 1/2 Zitrone
250 g Joghurt
300 g Schlagsahne

Zum Verzieren und Garnieren:

100 g Schlagsahne
1 Pck. Dr. Oetker Vanillin-Zucker
1 Pck. Dr. Oetker Sahnesteif
1 Tamarillo

Zubereitungszeit: 50 Minuten, ohne Kühlzeit
Backzeit: etwa 20 Minuten

1. Für den Teig Mehl mit Backpulver in einer Rührschüssel mischen. Die restlichen Zutaten hinzufügen und mit Handrührgerät mit Knethaken zunächst kurz auf niedrigster, dann auf höchster Stufe gut durcharbeiten.

2. Anschließend auf einer leicht bemehlten Arbeitsfläche zu einem glatten Teig verkneten. Sollte er kleben, ihn in Frischhaltefolie gewickelt eine Zeit lang kalt stellen.

3. Den Backofen vorheizen.
Ober-/Unterhitze: etwa 200 °C
Heißluft: etwa 180 °C

4. Zwei Drittel des Teiges auf dem Boden einer Springform (Ø 24 cm, gefettet, mit Backpapier belegt) ausrollen, den Springformrand darumstellen. Restlichen Teig zu einer langen Rolle formen, auf den Teigboden legen und so an die Form drücken, dass ein 4–5 cm hoher Rand entsteht. Den Teigboden mit einer Gabel mehrmals einstechen.

5. Die Form auf dem Rost in den vorgeheizten Backofen schieben. Den Knetteigboden **etwa 20 Minuten backen.**

6. Die Form auf einen Kuchenrost stellen. Den Springformrand lösen und entfernen. Den Knetteigboden vom Springformboden lösen, aber darauf erkalten lassen.

7. Für die Tamarillocreme Gelatine nach Packungsanleitung einweichen. Die Tamarillos dünn schälen, pürieren und durch ein Sieb streichen. Das Fruchtmus mit Eigelb, Zucker, Zitronenschale und -saft in einen Topf geben und verrühren. Fruchtmasse bei schwacher Hitze unter Rühren erwärmen, bis sie dicklich wird.

8. Den Topf von der Kochstelle nehmen. Die Gelatine ausdrücken und unter die Fruchtmasse rühren, bis sie gelöst ist. Den Joghurt unterrühren. Die Frucht-Joghurt-Masse in den Kühlschrank stellen.

9. Sobald die Frucht-Joghurt-Masse anfängt dicklich zu werden, die Sahne steif schlagen und unterheben. Die Tamarillocreme auf den Knetteigboden geben und leicht kuppelförmig glatt streichen. Tamarillo-Joghurt-Torte zugedeckt mindestens 2 Stunden in den Kühlschrank stellen.

10. Zum Verzieren und Garnieren Sahne mit Vanillin-Zucker und Sahnesteif steif schlagen, in einen Spritzbeutel mit Lochtülle füllen. Die Tamarillo abspülen, abtrocknen und in Spalten schneiden.

11. Die Tamarillo-Joghurt-Torte mit der Sahne verzieren und mit den Tamarillospalten garnieren.

Toastbrottorte

Für Kinder – ohne zu backen

12–14 Stücke

Pro Stück: E: 5 g, F: 7 g, Kh: 38 g, kJ: 1019, kcal: 244

Zum Vorbereiten:

500 g Weizentoastbrot (19 Scheiben)
1 kg gemischte TK-Beeren

Für die Füllung:

1 Pck. Dr. Oetker Pudding-Pulver Vanille-Geschmack
150 g Zucker
250 ml (1/4 l) Johannisbeersaft
5 Blatt weiße Gelatine

Zum Verzieren und Garnieren:

40 g weiße Kuvertüre
200 g Schlagsahne
1 EL Zucker
1 Pck. Dr. Oetker Sahnesteif
12–14 frische, verlesene Himbeeren

Zubereitungszeit: 45 Minuten, ohne Auftau- und Kühlzeit

1. Zum Vorbereiten den Boden und Rand einer Springform (Ø 26 cm) mit 2 Lagen Frischhaltefolie auslegen. Aus 12 Toastbrotscheiben große Kreise (je Ø etwa 8 cm) ausstechen und aus 2 Toastbrotscheiben kleine Kreise (je Ø etwa 6 cm) ausstechen. Von 5 Toastbrotscheiben den Rand dünn abschneiden, die Scheiben quer halbieren. Die Beeren nach Packungsanleitung auftauen lassen.

2. Die halbierten Toastbrotscheiben an den Rand der Springform stellen. In die Mitte der Springform einen der 6-cm-Toastbrotkreise legen. 6 der 8-cm-Toastbrotkreise leicht überlappend ebenfalls auf den Springformboden legen. Die Löcher mit Toastbrotresten füllen.

3. Für die Füllung Pudding-Pulver mit Zucker und 50 ml Johannisbeersaft verrühren. Den restlichen Johannisbeersaft mit 200 g Beeren in einen großen Topf geben und unter Rühren aufkochen lassen. Den Topf von der Kochstelle nehmen.

4. Das angerührte Pudding-Pulver einrühren. Die Mischung unter Rühren etwa 2 Minuten kochen lassen. Die restlichen Beeren unterrühren. Den Beerenpudding nochmals kurz aufkochen, dann den Topf von der Kochstelle nehmen.

5. Die Gelatine nach Packungsanleitung einweichen. Gelatine leicht ausdrücken und in dem warmen Beerenpudding unter Rühren auflösen. Den Beerenpudding auf den Toastbrotboden in die Springform geben und glatt streichen.

6. Den letzten 6-cm-Toastbrotkreis in die Mitte auf den Beerenpudding legen. Die restlichen Toastbrotkreise kreisförmig und leicht überlappend auf die Beeren legen. Die Löcher mit Toastbrotresten füllen. Die Toastbrottorte mit Frischhaltefolie belegen und die Toastbrotkreise leicht andrücken. Die Toastbrottorte über Nacht in den Kühlschrank stellen.

7. Zum Verzieren und Garnieren die Frischhaltefolie vorsichtig entfernen und die Toastbrot-Torte auf eine Tortenplatte stürzen. Die Kuvertüre mit einem Sparschäler oder Messer in Spänen abhobeln. Die Sahne mit dem Zucker und dem Sahnesteif steif schlagen und in einen Spritzbeutel mit großer Sterntülle füllen. Die Toastbrottorte mit der Sahne verzieren, mit den vorbereiteten Himbeeren und den Kuvertürespänen garnieren.

Tipp: Servieren Sie dazu etwas Vanillesauce.

Vanille-Johannisbeer-Torte | Fruchtig

16 Stücke

Pro Stück: E: 4 g, F: 16 g, Kh: 28 g,
kJ: 1168, kcal: 280

Für den Streuselteig:

250 g Weizenmehl
80 g Zucker
1 Prise Salz
180 g Butter oder Margarine

Für den Belag:

375 g rote Johannisbeeren
5 Eier (Größe M)
1 Dr. Oetker Bourbon Vanilleschote
150 g Zucker
250 g Crème fraîche

1 EL Puderzucker

Zubereitungszeit: 50 Minuten, ohne Abkühlzeit
Backzeit: etwa 55 Minuten

1. Den Backofen vorheizen.
Ober-/Unterhitze: etwa 200 °C
Heißluft: etwa 180 °C

2. Für den Teig das Mehl in eine Rührschüssel geben. Zucker, Salz und Butter oder Margarine hinzufügen. Die Zutaten mit Handrührgerät mit Rührbesen zunächst kurz auf niedrigster, dann auf höchster Stufe zu Streuseln verarbeiten.

3. Die Streusel in eine Springform (Ø 28 cm, Boden gefettet, mit Backpapier belegt) geben und mit einem Löffel fest zu einem Boden andrücken. Die Form auf dem Rost in den vorgeheizten Backofen schieben. Die Backofentemperatur um etwa 20 °C herunterschalten. Den Streuselboden **etwa 25 Minuten vorbacken.**

4. Für den Belag in der Zwischenzeit Johannisbeeren abspülen, gut abtropfen lassen und die Beeren von den Rispen streifen. Eier in einer Rührschüssel mit Handrührgerät mit Rührbesen auf höchster Stufe in etwa 3 Minuten schaumig schlagen. Vanilleschote längs aufschneiden und das Mark herausschaben.

5. Das Vanillemark mit dem Zucker mischen, zu dem Eierschaum geben und weitere etwa 3 Minuten schlagen, bis ein elastischer Schaum entstanden ist. Crème fraîche glatt rühren und vorsichtig unter den Eierschaum rühren.

6. Die Form auf einen Kuchenrost stellen. Den Eierschaum auf den heißen, vorgebackenen Streuselboden geben und glatt streichen. Die Johannisbeeren darauf verteilen. Die Form wieder auf dem Rost in den heißen Backofen schieben. Die Vanille-Johannisbeer-Torte **in etwa 30 Minuten fertig backen.**

7. Die Form auf einen Kuchenrost stellen. Die Torte in der Form erkalten lassen, dann aus der Form lösen. Das mitgebackene Backpapier anziehen und die Torte auf eine Tortenplatte setzen. Die Vanille-Johannisbeer-Torte mit Puderzucker bestäuben.

Versunkene Bananentorte | Einfach

12 Stücke

Pro Stück: E: 5 g, F: 15 g, Kh: 39 g,
kJ: 1318, kcal: 315

Für den Rührteig:

175 g weiche Butter oder Margarine
125 g Zucker
1 Pck. Dr. Oetker Bourbon-Vanille-Zucker
3 Eier (Größe M)
200 g Weizenmehl
15 g gesiebtes Kakaopulver
3 gestr. TL Dr. Oetker Backin
50 g Vollmilch-Raspelschokolade
4–5 reife Bananen (etwa 800 g)
Saft von
1/2 Zitrone

Zum Bestreichen:

2–3 EL Aprikosenkonfitüre

Zubereitungszeit: 30 Minuten
Backzeit: etwa 40 Minuten

1. Den Backofen vorheizen.
Ober-/Unterhitze: etwa 180 °C
Heißluft: etwa 160 °C

2. Für den Teig Butter oder Margarine in einer Rührschüssel mit Handrührgerät mit Rührbesen geschmeidig rühren. Nach und nach Zucker und Vanille-Zucker unterrühren. So lange rühren, bis eine gebundene Masse entstanden ist.

3. Die Eier nach und nach unterrühren (jedes Ei etwa 1/2 Minute). Mehl mit Kakao und Backpulver mischen und in 2 Portionen auf mittlerer Stufe kurz unterrühren. Zuletzt die Raspelschokolade unterheben.

4. Den Teig in eine Springform (Ø 26 cm, Boden gefettet, mit Backpapier belegt) geben und glatt streichen. Die Bananen schälen, quer halbieren und in Zitronensaft wenden. Die 8–10 Bananenstücke sternförmig auf den Teig legen. Die Form auf dem Rost in den vorgeheizten Backofen schieben. Die Bananentorte **etwa 40 Minuten backen.**

5. Die Form auf einen Kuchenrost stellen. Den Springformrand vorsichtig lösen und entfernen.

6. Zum Bestreichen die Konfitüre durch ein Sieb streichen. Die Oberfläche der heißen Bananentorte mit einem Backpinsel mit der Konfitüre bestreichen. Die Bananentorte erkalten lassen.

7. Anschließend die Bananentorte vom Backpapier lösen und auf eine Tortenplatte setzen.

Waffelröllchen-Himbeer-Torte

Fruchtig – für Gäste

16 Stücke

Pro Stück: E: 4 g, F: 21 g, Kh: 33 g, kJ: 1499, kcal: 358

Für den Knetteig:

150 g Weizenmehl
50 g Zucker
1 Pck. Dr. Oetker Bourbon-Vanille-Zucker
100 g Butter oder Margarine

Für die Füllung:

500 ml (1/2 l) Fruchtmilch Himbeer-Geschmack (aus dem Kühlregal)
1 Beutel aus 1 Pck. Götterspeise Himbeer-Geschmack
50 g Zucker
250 g Mascarpone (ital. Frischkäse)
200 g Schlagsahne
250 g Schokoladen-Waffelröllchen

Für den Belag:

1 Beutel aus 1 Pck. Götterspeise Himbeer-Geschmack
25 g Zucker
250 g Himbeeren

Zum Verzieren und Garnieren:

etwas Schlagsahne
einige Zitronenmelisseblättchen

Zubereitungszeit: 50 Minuten, ohne Kühlzeit
Backzeit: etwa 15 Minuten

1. Den Backofen vorheizen.
Ober-/Unterhitze: etwa 200 °C
Heißluft: etwa 180 °C

2. Für den Teig das Mehl in eine Rührschüssel geben. Restliche Zutaten hinzufügen und mit Handrührgerät mit Knethaken zunächst kurz auf niedrigster, dann auf höchster Stufe gut durcharbeiten. Anschließend auf einer leicht bemehlten Arbeitsfläche zu einem glatten Teig verkneten. Sollte er kleben, ihn in Frischhaltefolie gewickelt eine Zeit lang kalt stellen.

3. Teig auf dem Boden einer Springform (Ø 26 cm, gefettet) ausrollen, den Springformrand darumstellen. Den Teigboden mit einer Gabel mehrmals einstechen. Die Form auf dem Rost in den vorgeheizten Backofen schieben und den Knetteigboden **etwa 15 Minuten backen.**

4. Die Form auf einen Kuchenrost stellen. Den Springformrand vorsichtig lösen und entfernen. Den Knetteigboden sofort vom Springformboden lösen, aber darauf erkalten lassen.

5. Für die Füllung von der Fruchtmilch 300 ml abnehmen, restliche 200 ml Fruchtmilch für den Belag beiseitestellen. Die Götterspeise mit etwas von den 300 ml Himbeermilch in einem Topf anrühren. Zucker hinzufügen und unter Rühren erwärmen, bis alles gelöst ist. Götterspeisemasse etwas abkühlen lassen.

6. Mascarpone in einer Rührschüssel mit der restlichen Himbeermilch für die Füllung glatt rühren. Die Götterspeisemasse unterrühren. Die Götterspeise-Himbeer-Masse in den Kühlschrank stellen.

7. Sobald die Masse anfängt dicklich zu werden, Sahne steif schlagen und unterheben.

8. Den Knetteigboden auf eine Tortenplatte legen, einen Tortenring darumstellen. Die Waffelröllchen mit der Schokoladenseite nach oben rundherum an den Tortenringrand stellen. Die Götterspeise-Himbeer-Masse vorsichtig einfüllen, sodass die Waffelröllchen stehen bleiben (evtl. vorher ein wenig Masse auf dem Boden verteilen, damit die Waffelröllchen besser stehen bleiben). Die Torte zugedeckt etwa 2 Stunden in den Kühlschrank stellen.

9. Für den Belag Götterspeise mit den 200 ml Himbeermilch und dem Zucker verrühren und unter Rühren erwärmen, bis alles gelöst ist. Die Himbeeren verlesen, evtl. abspülen und trocken tupfen. Die Hälfte davon pürieren, evtl. durch ein Sieb streichen und unter die Götterspeisemasse rühren (restliche Himbeeren

zum Garnieren beiseitestellen). Himbeerpüree-Masse vorsichtig auf die Himbeermasse geben und sorgfältig glatt streichen.

10. Die Waffelröllchen-Himbeer-Torte zugedeckt nochmals etwa 1 Stunde in den Kühlschrank stellen.

11. Zum Verzieren und Garnieren den Tortenring lösen und entfernen. Die Sahne steif schlagen und in einen Spritzbeutel mit Sterntülle füllen. Die Torte mit der Sahne verzieren, mit den restlichen Himbeeren und abgespülten, trocken getupften Zitronenmelisseblättchen garnieren.

Waldfruchttorte

Erfrischend
14 Stücke

Pro Stück: E: 6 g, F: 15 g, Kh: 24 g, kJ: 1090, kcal: 261

Für den All-in-Teig:
100 g Weizenmehl
3 gestr. TL Dr. Oetker Backin
75 g Zucker
1 Pck. Dr. Oetker Vanillin-Zucker
3 Eier (Größe M)
2 EL Speiseöl, z. B. Sonnenblumenöl
1 EL Weißweinessig

Für die Füllung:
1 Beutel aus 1 Pck. Götterspeise Himbeer-Geschmack
200 ml Kirschsaft
50 g Zucker
400 g Schmand (Sauerrahm)
200 g Schlagsahne
300 g gemischte, vorbereitete Beerenfrüchte

1 Beutel aus 1 Pck. Götterspeise Himbeer-Geschmack
350 ml Kirschsaft
30 g Zucker

Zubereitungszeit: 50 Minuten, ohne Kühlzeit
Backzeit: etwa 20 Minuten

1. Den Backofen vorheizen.
Ober-/Unterhitze: etwa 180 °C
Heißluft: etwa 160 °C

2. Für den Teig das Mehl mit Backpulver in einer Rührschüssel mischen. Restliche Zutaten hinzufügen und mit Handrührgerät mit Rührbesen erst kurz auf niedrigster, dann auf höchster Stufe in etwa 2 Minuten zu einem glatten Teig verarbeiten. Teig in eine Springform (Ø 26 cm, Boden gefettet) geben und glatt streichen. Die Form auf dem Rost in den vorgeheizten Backofen schieben und den Gebäckboden **etwa 20 Minuten backen.**

3. Den Gebäckboden aus der Form lösen, auf einen mit Backpapier belegten Kuchenrost legen und erkalten lassen. Gebäckboden auf eine Tortenplatte legen, einen Tortenring darumstellen.

4. Für die Füllung Götterspeise mit Saft und Zucker nach Packungsanleitung, aber mit den hier angegebenen Mengen, zubereiten. Den Schmand unterrühren und die Götterspeisemasse in den Kühlschrank stellen.

5. Sobald die Götterspeisemasse anfängt dicklich zu werden, die Sahne steif schlagen und unterheben. Die Beeren (einige Beeren zum Garnieren beiseitelegen) vorsichtig unterheben. Die Creme auf den Gebäckboden geben und glatt streichen. Die Torte zugedeckt etwa 2 Stunden in den Kühlschrank stellen.

6. In der Zwischenzeit die Götterspeise mit Saft und Zucker nach Packungsanleitung, aber mit den hier angegebenen Mengen, zubereiten. Gut ein Drittel der Götterspeise in eine flache Schale gießen und bis zum Servieren in den Kühlschrank stellen. Restliche Götterspeiseflüssigkeit abkühlen lassen und auf die Tortenoberfläche gießen. Die Torte wieder in den Kühlschrank stellen, Guss fest werden lassen.

7. Den Tortenring lösen und entfernen. Götterspeise in der Schale in kleine Würfel schneiden. Götterspeisewürfel mit den beiseitegelegten Beeren auf der Tortenoberfläche verteilen.

Waldmeisterwürfel-Torte | Für Kinder

12–16 Stücke

Pro Stück: E: 7 g, F: 18 g, Kh: 29 g, kJ: 1323, kcal: 315

Zum Vorbereiten:

	1 Beutel aus
1 Pck.	*Götterspeise Waldmeister-Geschmack*
250 ml (1/4 l)	*kaltes Wasser*
30 g	*Zucker*

Für den All-in-Teig:

100 g	*Weizenmehl*
25 g	*Speisestärke*
3 gestr. TL	*Dr. Oetker Backin*
125 g	*Zucker*
1 Pck.	*Dr. Oetker Vanillin-Zucker*
1 Prise	*Salz*
3	*Eier (Größe M)*
125 g	*weiche Butter oder Margarine*

Für den Belag:

400 g	*Schlagsahne*
1 Pck.	*Käse-Sahne-Tortencreme (Cremepulver)*
100 ml	*lauwarmes Wasser*
250 g	*Magerquark*
150 g	*Joghurt*

Zubereitungszeit: 40 Minuten, ohne Kühlzeit
Backzeit: etwa 25 Minuten

1. Zum Vorbereiten die Götterspeise mit Wasser und Zucker nach Packungsanleitung zubereiten. Die Götterspeiseflüssigkeit in einen kalt ausgespülten Suppenteller füllen und 2–3 Stunden in den Kühlschrank stellen, bis die Götterspeise schnittfest ist.

2. Den Backofen vorheizen.
Ober-/Unterhitze: etwa 180 °C
Heißluft: etwa 160 °C

3. Für den Teig Mehl mit Speisestärke und Backpulver in einer Rührschüssel mischen. Die restlichen Zutaten hinzufügen und mit Handrührgerät mit Rührbesen zunächst kurz auf niedrigster, dann auf höchster Stufe in etwa 2 Minuten zu einem glatten Teig verarbeiten. Den Teig in eine Springform (Ø 26 cm, Boden gefettet, mit Backpapier belegt) geben und glatt streichen. Die Form auf dem Rost in den vorgeheizten Backofen schieben und den Gebäckboden **etwa 25 Minuten backen.**

4. Die Form auf einen Kuchenrost stellen. Den Gebäckboden etwas abkühlen lassen. Anschließend den Boden aus der Form lösen, auf einen mit Backpapier belegten Kuchenrost stürzen und erkalten lassen. Das mitgebackene Backpapier abziehen. Den Gebäckboden einmal waagerecht durchschneiden. Den unteren Boden auf eine Tortenplatte legen, einen Tortenring darumstellen.

5. Für den Belag die fest gewordene Götterspeise in dem Teller mit einem angefeuchteten Messer in etwa 1 cm große Würfel schneiden. Sahne steif schlagen. Aus Cremepulver, Wasser, Quark und Joghurt eine Tortencreme nach Packungsanleitung, aber mit den hier angegebenen Zutaten, zubereiten. Die Sahne unterheben.

6. Die Hälfte der Creme auf den unteren Gebäckboden geben und glatt streichen. Die Hälfte der Götterspeisewürfel auf der Creme verteilen. Den oberen Gebäckboden darauflegen und etwas andrücken. Die restliche Creme daraufgeben, glatt streichen und mithilfe einer Gabel oder eines Tortengarnierkamms verzieren. Die restlichen Götterspeisewürfel darauf verteilen. Die Torte zugedeckt etwa 3 Stunden in den Kühlschrank stellen. Den Tortenring vorsichtig lösen und entfernen.

Walnuss-Aprikosen-Torte, klein

Für Gäste

10 Stücke

Pro Stück: E: 4 g, F: 26 g, Kh: 29 g, kJ: 1543, kcal: 369

Für den Rührteig:

- *70 g weiche Butter oder Margarine*
- *70 g Zucker*
- *1 Prise Salz*
- *2 Eier (Größe M)*
- *70 g Weizenmehl*
- *1 gestr. TL Dr. Oetker Backin*
- *1 Msp. gemahlener Zimt*
- *70 g gemahlene Walnusskerne*

Für den Belag:

- *20 g Speisestärke*
- *1 EL Zucker*
- *150 ml Aprikosensaft (aus der Dose)*
- *50 g Butter*
- *2 EL Aprikosenkonfitüre*
- *250 g Schlagsahne*
- *1–2 TL Zucker*
- *1 Pck. Dr. Oetker Sahnesteif*

- *250 g abgetropfte Aprikosenhälften (aus der Dose)*

Zum Garnieren:

- *20 g Walnusskerne*
- *2 EL Aprikosenkonfitüre*

Zubereitungszeit: 45 Minuten, ohne Kühlzeit
Backzeit: 15–20 Minuten

1. Den Backofen vorheizen.
Ober-/Unterhitze: etwa 200 °C
Heißluft: etwa 180 °C

2. Für den Teig die Butter oder Margarine in einer Rührschüssel mit Handrührgerät mit Rührbesen auf höchster Stufe geschmeidig rühren. Nach und nach Zucker und Salz unterrühren. So lange rühren, bis eine gebundene Masse entstanden ist.

3. Die Eier nach und nach unterrühren (jedes Ei etwa ½ Minute). Mehl mit Backpulver und Zimt mischen, auf mittlerer Stufe kurz unterrühren. Zuletzt die Nüsse kurz unterrühren.

4. Den Teig in eine Obstbodenform (Ø 22 cm, gefettet) geben und glatt streichen. Die Form auf dem Rost in den vorgeheizten Backofen schieben. Den Tortenboden **15–20 Minuten backen.**

5. Den Tortenboden aus der Form lösen, auf einen mit Backpapier belegten Kuchenrost stürzen und erkalten lassen. Anschließend den Tortenboden auf eine Tortenplatte legen.

6. Für den Belag Speisestärke und Zucker in einem Topf mischen. Nach und nach den Aprikosensaft unterrühren und zum Kochen bringen. Die Masse unter Rühren aufkochen lassen. Butter und Aprikosenkonfitüre unterrühren.

7. Sofort Frischhaltefolie direkt auf die Puddingmasse legen. Die Puddingmasse erkalten lassen.

8. Sahne mit Zucker und Sahnesteif steif schlagen. Die Puddingmasse mit Handrührgerät mit Rührbesen glatt rühren, die Sahne vorsichtig unterrühren.

9. Dann von den Aprikosenhälften 6 Stück in Spalten schneiden und zum Garnieren beiseitelegen.

10. Die restlichen Aprikosenhälften auf dem Tortenboden verteilen. Die Puddingcreme kuppelförmig daraufgeben.

11. Mit einem Teelöffel von unten nach oben spiralförmig ein Muster in die Puddingcreme ziehen.

12. Die Torte zugedeckt mindestens 1 Stunde in den Kühlschrank stellen.

13. Zum Garnieren die Walnusskerne halbieren. Die Aprikosenkonfitüre durch ein Sieb in einen kleinen Topf streichen, aufkochen und etwas abkühlen lassen.

14. Die Torte mit Walnussscheiben, Aprikosenspalten und Aprikosenkonfitüre garnieren.

Weincremetorte

Ohne zu backen – mit Alkohol

16 Stücke

Pro Stück: E: 4 g, F: 20 g, Kh: 25 g, kJ: 1284, kcal: 307

Für den Boden:

150 g weiße Kuvertüre
2 EL Speiseöl, z. B. Sonnenblumenöl
250 g Vitalis Knusper Müsli mit Honig

Für die Weincreme:

250 ml (1/4 l) Weißwein
40 g Zucker
2 gestr. EL Dr. Oetker Pudding-Pulver Vanille-Geschmack
1 Prise frisch geriebene Muskatnuss
6 Blatt weiße Gelatine
500 g Schlagsahne
100 g Schmand (Sauerrahm)

Zum Garnieren:

300 g kernlose, blaue oder grüne Weintrauben
1 EL gehackte Pistazienkerne

Zubereitungszeit: 40 Minuten, ohne Kühlzeit

1. Für den Boden die Kuvertüre in Stücke hacken. Kuvertürestücke und Speiseöl in einem kleinen Topf im Wasserbad bei schwacher Hitze unter Rühren schmelzen. Das Müsli hinzufügen und unterrühren.

2. Die Kuvertüre-Müsli-Mischung in eine Springform (Ø 26 cm, Boden gefettet, mit Backpapier belegt) geben, mit einem Löffel fest zu einem Boden andrücken unds zugedeckt in den Kühlschrank stellen.

3. Für die Weincreme in der Zwischenzeit 50 ml des Weins mit Zucker, Pudding-Pulver und Muskatnuss gut verrühren. Den restlichen Wein in einem Topf aufkochen lassen. Den Topf von der Kochstelle nehmen und das angerührte Pudding-Pulver einrühren. Alles unter Rühren nochmals aufkochen lassen, dann den Topf von der Kochstelle nehmen.

4. Die Gelatine nach Packungsanleitung einweichen. Die Gelatine gut ausdrücken und in dem heißen Weißwein-Pudding unter Rühren auflösen. Den Weißwein-Pudding auf Zimmertemperatur abkühlen lassen.

5. Die Sahne steif schlagen. Den Schmand unter den Weißwein-Pudding rühren, die Sahne vorsichtig unterheben. Die Weißwein-Pudding-Creme auf den Müsliboden geben und glatt streichen.

6. Zum Garnieren die Weintrauben abspülen, trocken tupfen und auf der Tortenoberfläche verteilen. Den äußeren Tortenrand mit den Pistazienkernen bestreuen. Die Weincremetorte zugedeckt mindestens 3 Stunden in den Kühlschrank stellen.

Tipps: Falls Sie keine kernlosen Weintrauben bekommen, halbieren und entkernen Sie die Weinbeeren, bevor Sie sie auf der Torte verteilen. Sie können auch einen Boden aus 150 g Löffelbiskuits, 100 g Zwieback und 125 g Butter zubereiten. Dafür die Löffelbiskuits und Zwiebäcke in einen Gefrierbeutel geben. Den Beutel fest verschließen. Das Gebäck mit einer Teigrolle fein zerbröseln und in eine Rührschüssel geben. Butter zerlassen, zu den Gebäckbröseln geben und gut verrühren. Die Mischung in die vorbereitete Springform geben und mit einem Löffel fest zu einem Boden andrücken. Den Boden zugedeckt in den Kühlschrank stellen.

Weintraubentorte | Gut vorzubereiten

16 Stücke

Pro Stück: E: 6 g, F: 24 g, Kh: 39 g, kJ: 1662, kcal: 396

Für den Boden:

200 g Schokoladen-Zwieback
50 g Edelbitter-Schokolade (60 % Kakaoanteil)
80 g Butter

Für den Biskuitteig:

4 Eier (Größe M)
2–3 EL heißes Wasser
150 g Zucker
1 Pck. Dr. Oetker Vanillin-Zucker
100 g Weizenmehl
100 g Speisestärke
2 gestr. TL Dr. Oetker Backin

Für die Füllung:

9 Blatt weiße Gelatine
75 ml Apfelsaft
1 EL Zitronensaft
75 g Puderzucker
750 g Schlagsahne
300 g kernlose, grüne Weintrauben

Zubereitungszeit: 60 Minuten, ohne Kühlzeit
Backzeit: etwa 25 Minuten

1. Für den Boden Zwiebäcke in einen Gefrierbeutel geben. Den Beutel fest verschließen. Zwiebäcke mit einer Teigrolle fein zerbröseln und in eine Rührschüssel geben. Die Schokolade in Stücke brechen, mit der Butter in einem kleinen Topf im Wasserbad bei schwacher Hitze unter Rühren schmelzen und etwas abkühlen lassen. Schokoladen-Butter-Masse zu den Bröseln geben und gut verrühren.

2. Von der Schokoladen-Brösel-Masse mit einem Teelöffel 12 walnussgroße Häufchen abstechen, auf Backpapier setzen, etwas flach drücken und fest werden lassen. Ein Stück Backpapier auf einen flachen Teller legen, einen Tortenring (Ø etwa 26 cm) daraufstellen, die restliche Bröselmasse hineingeben. Die Bröselmasse mit einem Löffel fest zu einem Boden andrücken. Den Boden zugedeckt kurz in den Kühlschrank stellen.

3. Den Backofen vorheizen.
Ober-/Unterhitze: etwa 180 °C
Heißluft: etwa 160 °C

4. Für den Teig Eier und Wasser in einer Rührschüssel mit Handrührgerät mit Rührbesen auf höchster Stufe in 1 Minute schaumig schlagen. Zucker und Vanillin-Zucker mischen, in 1 Minute einstreuen, dann noch etwa 2 Minuten weiterschlagen.

5. Mehl mit Speisestärke und Backpulver mischen, die Hälfte davon auf die Eiercreme geben und kurz auf niedrigster Stufe unterrühren. Restliches Mehlgemisch auf die gleiche Weise unterarbeiten. Den Teig in eine Springform (Ø 26 cm, Boden gefettet, mit Backpapier belegt) geben und glatt streichen. Die Form auf dem Rost in den vorgeheizten Backofen schieben. Den Biskuitboden **etwa 25 Minuten backen.**

6. Den Biskuitboden aus der Form lösen und auf einen mit Backpapier belegten Kuchenrost stürzen. Das mitgebackene Backpapier abziehen. Den Biskuitboden erkalten lassen und zweimal waagerecht durchschneiden.

7. Für die Füllung Gelatine nach Packungsanleitung einweichen. Den Apfel-, Zitronensaft und Puderzucker in einem kleinen Topf unter Rühren erwärmen. Die Gelatine ausdrücken, in der Saftmischung unter Rühren auflösen und kurz in den Kühlschrank stellen.

8. Sobald die Saftmischung anfängt dicklich zu werden, Sahne steif schlagen und unterheben. Die Weintrauben abspülen, trocken tupfen und halbieren.

9. Den Bröselboden aus dem Tortenring und vom Backpapier lösen, auf eine Tortenplatte legen. Den gesäuberten Tortenring darumstellen. Etwas Sahnecreme auf den Boden geben, glatt streichen. Den unteren Biskuitboden darauflegen und leicht andrücken. Ein Drittel der restlichen Sahnecreme darauf verstreichen und mit einem Drittel der Weintraubenhälften belegen. Den zweiten Biskuitboden darauflegen, leicht andrü-

cken, mit einem Drittel der Sahnecreme bestreichen und mit einem weiteren Drittel Weintraubenhälften belegen. Oberen Biskuitboden darauflegen und leicht andrücken.

10. Die restliche Sahnecreme (etwas Sahnecreme in einen Spritzbeutel mit Lochtülle füllen) auf die Tortenoberfläche geben und glatt streichen. Mit der Sahnecreme aus dem Spritzbeutel Tuffs aufspritzen. Torte mit den restlichen Weintraubenhälften und den Bröselhäufchen garnieren.

11. Die Torte zugedeckt 2–3 Stunden in den Kühlschrank stellen. Den Tortenring lösen und entfernen.

Welfentorte mit Johannisbeeren

Fruchtig – mit Alkohol

14 Stücke

Pro Stück: E: 6 g, F: 16 g, Kh: 32 g, kJ: 1288, kcal: 308

Für den Biskuitteig:

4 Eier (Größe M)
4 EL heißes Wasser
125 g Zucker
1 Pck. Dr. Oetker Vanillin-Zucker
60 g Weizenmehl
60 g Speisestärke
1 Msp. Dr. Oetker Backin
60 g abgezogene, gemahlene Mandeln

Für die Vanillecreme:

4 Blatt weiße Gelatine
½ Dr. Oetker Bourbon Vanilleschote
250 ml (¼ l) Milch
40 g Zucker

Für die Weincreme:

4 Blatt weiße Gelatine
3 Eigelb (Größe M)
250 ml (¼ l) Weißwein
½ Pck. Dr. Oetker Finesse Geriebene Zitronenschale
80 g Zucker
300 g Schlagsahne

Für den Belag:

200 g rote Johannisbeeren

Für den Guss:

1 Pck. ungezuckerter Tortenguss, rot
2 EL Zucker
250 ml (¼ l) roter Johannisbeernektar

Zum Bestreuen und Bestreichen:

2 EL gehobelte Mandeln
100 g Schlagsahne

Zubereitungszeit: 85 Minuten, ohne Kühlzeit
Backzeit: etwa 35 Minuten

1. Den Backofen vorheizen.
Ober-/Unterhitze: etwa 180 °C
Heißluft: etwa 160 °C

2. Für den Teig Eier und Wasser in einer Rührschüssel mit Handrührgerät mit Rührbesen auf höchster Stufe in 1 Minute schaumig schlagen. Zucker und Vanillin-Zucker mischen, in 1 Minute einstreuen, dann noch etwa 2 Minuten weiterschlagen.

3. Mehl mit Speisestärke und Backpulver mischen, auf die Eiercreme geben und kurz auf niedrigster Stufe unterrühren. Die Mandeln unterheben.

4. Den Teig in eine Springform (Ø 26 cm, Boden gefettet, mit Backpapier belegt) geben, glatt streichen.

5. Die Form auf dem Rost in den vorgeheizten Backofen schieben. Den Biskuitboden **etwa 35 Minuten backen.**

6. Den Biskuitboden aus der Form lösen und auf einen mit Backpapier belegten Kuchenrost stürzen. Das mitgebackene Backpapier abziehen. Den Boden erkalten lassen und zweimal waagerecht durchschneiden.

7. Für die Vanillecreme Gelatine nach Packungsanleitung einweichen. Die Vanilleschote längs aufschneiden und das Mark herausschaben. Milch, Zucker, Vanilleschote und -mark in einem Topf unter Rühren aufkochen, etwa 2 Minuten köcheln lassen. Vanilleschote entfernen. Die Gelatine leicht ausdrücken und unter Rühren in der Vanillemilch auflösen. Die Vanillemilch abkühlen lassen, dabei ab und zu umrühren.

8. Für die Weincreme die Gelatine nach Packungsanleitung einweichen. Eigelb, Wein, Zitronenschale und Zucker in einer Edelstahlschüssel im Wasserbad mit Handrührgerät mit Rührbesen etwa 10 Minuten schaumig schlagen. Die Schüssel aus dem Wasserbad nehmen. Die Gelatine leicht ausdrücken und unter Rühren im Weinschaum auflösen.

9. Sobald die Vanille- und die Weincreme anfangen dicklich zu werden, die Sahne steif schlagen. Zwei Drittel Sahne unter die Vanillecreme, ein Drittel Sahne unter die Weincreme heben.

10. Den unteren Biskuitboden auf eine Tortenplatte legen. Einen Tortenring darumstellen. Vanillecreme auf den Boden im Tortenring geben und glatt streichen. Den mittleren Boden darauflegen, leicht andrücken, mit der Weincreme bestreichen und mit dem oberen Boden belegen.

11. Für den Belag Johannisbeeren abspülen, abtropfen lassen, von den Rispen streifen, entstielen und vorsichtig trocken tupfen. Die Johannisbeeren auf der Torte verteilen.

12. Für den Guss aus Tortengusspulver, Zucker und Nektar einen Guss nach Packungsanleitung zubereiten. Den Guss auf den Johannisbeeren verteilen. Die Torte zugedeckt etwa 3 Stunden in den Kühlschrank stellen.

13. Zum Bestreuen die Mandeln in einer Pfanne ohne Fett unter Wenden goldbraun rösten und auf einen Teller geben. Die Sahne steif schlagen. Den Tortenring lösen und entfernen. Den Tortenrand mit Sahne bestreichen und mit Mandeln bestreuen.

White-Chocolate-Raspberry-Cake | Ohne zu backen

18 Stücke

Pro Stück: E: 3 g, F: 18 g, Kh: 16 g, kJ: 1001, kcal: 239

Für den Boden:

50 g weiße Kuvertüre
150 g kernige Haferflocken
1 EL Zucker
50 g Butter

Für die Füllung:

200 g weiße Kuvertüre
150 g Mascarpone (ital. Frischkäse)
100 g Crème fraîche
250 g Schlagsahne
1 EL Zucker
1 Pck. Dr. Oetker Sahnesteif

Für den Belag:

350 g Himbeeren

Zubereitungszeit: 50 Minuten, ohne Kühlzeit

1. Für den Boden Kuvertüre in Stücke brechen und in einem kleinen Topf im Wasserbad bei schwacher Hitze unter Rühren schmelzen.

2. Die Haferflocken und Zucker in einer Pfanne ohne Fett anrösten. Butter in kleinen Flocken zugeben und unterrühren. Einen Tortenring (Ø etwa 22 cm) auf eine mit Backpapier belegte Tortenplatte stellen. Flüssige Kuvertüre zu den ausgekühlten Haferflocken geben und gut verrühren.

3. Die Haferflockenmasse auf den Boden in den Tortenring geben und mit einem Löffel fest zu einem Boden andrücken. Den Boden zugedeckt für mindestens 10 Minuten in den Kühlschrank stellen.

4. Für die Füllung in der Zwischenzeit Kuvertüre wie unter Punkt 1 beschrieben schmelzen. Mascarpone mit Crème fraîche verrühren. In einer anderen Schüssel Sahne mit Zucker und Sahnesteif steif schlagen. Die Sahne unter die Mascarponemasse heben und 80 g der flüssigen Kuvertüre kurz unterrühren (es sollen Kuvertüreflocken in der Sahne sein). Die restliche Kuvertüre beiseitestellen. Mascarponecreme auf den Haferflockenboden geben und glatt streichen.

5. Für den Belag die Himbeeren verlesen, evtl. kurz abspülen und gut abtropfen lassen. Die Himbeeren auf der Mascarponecreme verteilen. White-Chocolate-Raspberry-Cake zugedeckt in den Kühlschrank stellen.

6. Auf einem Stück Backpapier ein Rechteck (etwa 9 x 36 cm) zeichnen und umdrehen. Die restliche Kuvertüre auf das Rechteck geben und glatt streichen. Die Kuvertüre schnittfest, aber nicht hart werden lassen. Sobald die Kuvertüre schnittfest ist, sie längs mittig durchschneiden. Die Kuvertüre anschließend alle etwa 4 cm quer durchschneiden, sodass 18 Schokoladen-Rechtecke (je etwa 4 x 4 ½ cm) entstehen.

7. Den Tortenring vorsichtig lösen und entfernen. Die vorbereiteten Schokoladen-Rechtecke vorsichtig an den Tortenrand drücken. Den White-Chocolate-Raspberry-Cake zugedeckt nochmals etwa 2 Stunden in den Kühlschrank stellen.

Williamstorte | Schnell – ohne zu backen

12 Stücke

Pro Stück: E: 2 g, F: 6 g, Kh: 32 g, kJ: 864, kcal: 207

1 heller Biskuitboden (Ø 26 cm, aus der Bäckerei)

Zum Beträufeln und Bestreichen:

6–8 EL Birnensaft (aus der Dose)
225 g Johannisbeergelee

Für den Belag:

460 g abgetropfte Birnenhälften (aus der Dose)

Zum Verzieren:

125 g Schlagsahne
1 TL Dr. Oetker Sahnesteif
1 Pck. Dr. Oetker Vanillin-Zucker

Zum Besprenkeln:

50 g Zartbitter-Schokolade

Zubereitungszeit: 25 Minuten

1. Den Biskuitboden einmal waagerecht durchschneiden. Den unteren Biskuitboden auf eine Tortenplatte legen und mit dem Birnensaft beträufeln.

2. Johannisbeergelee in einen Topf geben und unter Rühren erwärmen. Den getränkten Biskuitboden mit einem Teil des Gelees bestreichen. Den oberen Biskuitboden darauflegen und leicht andrücken. Tortenoberfläche und -rand mit dem restlichen Johannisbeergelee bestreichen.

3. Für den Belag die Birnenhälften in Spalten schneiden. Die Birnenspalten kreisförmig und leicht überlappend auf die Tortenoberfläche legen, dabei außen einen 2–3 cm breiten Rand frei lassen.

4. Zum Verzieren Sahne mit Sahnesteif und Vanillin-Zucker steif schlagen. Die Sahne in einen Spritzbeutel mit Lochtülle füllen. Den äußeren Tortenrand mit der Sahne verzieren.

5. Zum Besprenkeln die Schokolade in kleine Stücke brechen und in einem kleinen Topf im Wasserbad bei schwacher Hitze unter Rühren schmelzen. Die Schokolade in einen Gefrierbeutel füllen. Eine kleine Ecke abschneiden und die Williamstorte mit der Schokolade besprenkeln.

Tipps: Möchten Sie den Biskuitboden selbst backen, können Sie den Biskuitteig der Orangen-Joghurt-Torte (siehe Seite 188) wie dort beschrieben zubereiten und backen. Nach Belieben kann der helle Biskuitboden durch einen dunklen Biskuitboden ersetzt werden. Den unteren Biskuitboden statt mit Birnensaft mit der gleichen Menge Birnenbrand beträufeln. Anstelle der Birnen die Torte mit Aprikosen zubereiten. Den Biskuitboden dann mit Aprikosensaft (aus der Dose) oder mit Marillenbrand beträufeln.

Wolkentorte | Für Kinder

16 Stücke

Pro Stück: E: 5 g, F: 21 g, Kh: 22 g, kJ: 1231, kcal: 295

Für den Biskuitteig:

3 Eier (Größe M)
100 g Zucker
75 g Weizenmehl
1 Pck. Saucenpulver Vanille-Geschmack zum Kochen
½ gestr. TL Dr. Oetker Backin

Für die Füllung:

5 Blatt weiße Gelatine
600 g Crème fraîche oder Schmand (Sauerrahm)
2 Pck. Dr. Oetker Vanillin-Zucker
350 g abgetropfte Mandarinen (aus der Dose)

Für den Belag:

4 Blatt weiße Gelatine
500 g Schlagsahne
25 g Puderzucker
50 g Getränkepulver Orangen-Geschmack

Zubereitungszeit: 45 Minuten, ohne Kühlzeit
Backzeit: 15–20 Minuten

1. Den Backofen vorheizen.
Ober-/Unterhitze: etwa 180 °C
Heißluft: etwa 160 °C

2. Für den Teig die Eier in einer Rührschüssel mit Handrührgerät mit Rührbesen auf höchster Stufe in 1 Minute schaumig schlagen. Zucker in 1 Minute einstreuen, dann noch etwa 2 Minuten weiterschlagen.

3. Mehl mit Saucenpulver und Backpulver mischen, auf die Eiercreme streuen und kurz auf niedrigster Stufe unterrühren. Den Biskuitteig in eine Springform (Ø 26 cm, Boden gefettet, mit Backpapier belegt) geben und glatt streichen. Die Form auf dem Rost in den vorgeheizten Backofen schieben. Den Biskuitboden **15–20 Minuten backen.**

4. Den Biskuitboden aus der Form lösen und auf einen mit Backpapier belegten Kuchenrost stürzen. Das mitgebackene Backpapier abziehen. Den Biskuitboden erkalten lassen.

5. Anschließend den Biskuitboden auf eine Tortenplatte legen. Einen Tortenring oder den gesäuberten Springformrand darumstellen.

6. Für die Füllung Gelatine nach Packungsanleitung einweichen. Crème fraîche oder Schmand in einer Rührschüssel mit Vanillin-Zucker verrühren.

7. Die Gelatine leicht ausrücken und in einem kleinen Topf bei schwacher Hitze unter Rühren auflösen.

8. Die aufgelöste Gelatine zunächst mit 2–3 Esslöffeln von der Crème-fraîche- oder Schmandmasse verrühren und dann unter die restliche Crème-fraîche- oder Schmandmasse rühren. Die Mandarinen unterheben.

9. Die Masse auf den Biskuitboden geben und glatt streichen. Die Torte zugedeckt etwa 1 Stunde in den Kühlschrank stellen.

10. Für den Belag Gelatine nach Packungsanleitung einweichen. Die Sahne fast steif schlagen. Die Gelatine leicht ausdrücken und in einem kleinen Topf bei schwacher Hitze unter Rühren auflösen.

11. Die Sahne weiterschlagen und die aufgelöste Gelatine langsam dazugießen.

12. Puderzucker und Getränkepulver unter die Sahne rühren. Die Orangensahne mit einem Löffel in „Wolken" auf die Torte setzen. Die Wolkentorte zugedeckt 1–2 Stunden in den Kühlschrank stellen.

13. Anschließend den Tortenring oder Springformrand vorsichtig lösen und entfernen.

Tipp: Statt Getränkepulver Orangen-Geschmack kann auch Getränkepulver Zitronen-Geschmack verwendet werden.

Zitronen-Brandteig-Torte

Erfrischend – für Gäste

12 Stücke

Pro Stück: E: 6 g, F: 17 g, Kh: 27 g, kJ: 1204, kcal: 287

Für den Brandteig:

125 ml (1/8 l) Wasser
25 g Butter oder Margarine
75 g Weizenmehl
15 g Speisestärke
1 Prise Salz
2–3 Eier (Größe M)
1 Msp. Dr. Oetker Backin

Für den Belag:

10 Blatt weiße Gelatine
400 g Schlagsahne
1 EL Zucker
1 Pck. Dr. Oetker Vanillin-Zucker
500 g Buttermilch
2 Pck. Paradiescreme Zitronen-Geschmack (Dessertpulver)
150 g Erfrischungsstäbchen

Zubereitungszeit: 50 Minuten, ohne Kühlzeit
Backzeit: 45–50 Minuten

1. Den Backofen vorheizen.
Ober-/Unterhitze: etwa 180 °C
Heißluft: etwa 160 °C

2. Für den Teig Wasser mit Butter oder Margarine am besten in einem Stieltopf zum Kochen bringen. Mehl mit Speisestärke und Salz auf einmal in die von der Kochstelle genommene Flüssigkeit schütten, zu einem glatten Kloß rühren und unter Rühren etwa 1 Minute erhitzen. Den heißen Kloß sofort in eine Schüssel geben.

3. Nach und nach Eier mit Handrührgerät mit Knethaken auf höchster Stufe unterarbeiten. Nur so viele Eier unter den Teig rühren, dass er stark glänzt und so vom Löffel abreißt, dass lange Spitzen hängen bleiben. Das Backpulver in den erkalteten Teig arbeiten.

4. Die Hälfte des Teiges in einen Spritzbeutel mit kleiner Lochtülle füllen und erbsen- bis haselnussgroße Kügelchen mit etwas Abstand auf ein Backblech (gefettet) spritzen. Das Backblech in den vorgeheizten Backofen schieben. Brandteigkügelchen **15–20 Minuten backen.**

5. Die Kügelchen vom Backblech auf einen mit Backpapier belegten Kuchenrost schütten. Restlichen Teig auf den Boden einer Springform (Ø 26 cm, gefettet) geben und glatt streichen. Den Springformrand darumstellen. Die Form auf dem Rost in den heißen Backofen schieben. Brandteigboden **bei gleicher Backofentemperatur etwa 30 Minuten backen.**

6. Den Brandteigboden vorsichtig aus der Form lösen, auf einen mit Backpapier belegten Kuchenrost legen und erkalten lassen. Anschließend den Boden auf eine Tortenplatte legen und einen Tortenring darumstellen.

7. Für den Belag die Gelatine nach Packungsanleitung einweichen. Die Sahne mit Zucker und Vanillin-Zucker steif schlagen. Aus Buttermilch und dem Dessertpulver nach Packungsanleitung, aber mit den hier angegebenen Zutaten, eine Zitronencreme zubereiten.

8. Etwa 12 Erfrischungsstäbchen zum Garnieren beiseitelegen. Restliche Erfrischungsstäbchen kurz unter die Zitronencreme rühren, sodass die Stäbchen zerbrechen. Die Gelatine leicht ausdrücken und in einem kleinen Topf bei schwacher Hitze unter Rühren auflösen. Die aufgelöste Gelatine in einem dünnen Strahl unter Rühren mit dem Handrührgerät mit Rührbesen in die Sahne geben.

9. Die Zitronencreme mit einem Schneebesen vorsichtig unter die Gelatine-Sahne heben. Die Zitronencreme auf den Brandteigboden geben und glatt streichen. Die Torte zugedeckt mindestens 2 Stunden in den Kühlschrank stellen.

10. Den Springformrand vorsichtig lösen und entfernen. Die Zitronen-Brandteig-Torte mit Brandteigkügelchen und Erfrischungsstäbchen garnieren.

Tipp: Die Torte kurz vor dem Servieren mit etwas Puderzucker bestäuben.

Zitronen-Eistorte

Raffiniert – gut vorzubereiten

8–10 Stücke

Pro Stück: E: 6 g, F: 17 g, Kh: 76 g, kJ: 2053, kcal: 490

Für das Baiser:

5 Eiweiß (Größe M)
200 g Zucker
150 g Puderzucker
20 g Speisestärke

150 g Zartbitter-Kuvertüre

Für die Füllung:

750 ml (3/4 l) Zitronen-Eiscreme
250 g Schlagsahne

Zum Garnieren:

2 Bio-Zitronen (unbehandelt, ungewachst)

Zubereitungszeit: 50 Minuten, ohne Kühl- und Antauzeit
Trockenzeit: etwa 3 Stunden

1. Den Backofen vorheizen.
Ober-/Unterhitze: etwa 80 °C
Heißluft: etwa 60 °C

2. Für das Baiser das Eiweiß mit Handrührgerät mit Rührbesen auf höchster Stufe steif schlagen. Der Schnee muss so fest sein, dass ein Messerschnitt sichtbar bleibt. Nach und nach Zucker kurz unterschlagen. Puderzucker mit Speisestärke mischen und unter den Eischnee ziehen.

3. Die Hälfte der Eischneemasse in einen Spritzbeutel mit mittelgroßer Lochtülle füllen. Eischnee spiralförmig auf einen Springformboden (Ø 24 cm, am Boden und Rand mit Backpapier ausgelegt) spritzen, bis der Boden ganz bedeckt ist. Dabei in der Mitte beginnen. 3 Ringe als Rand übereinanderspritzen.

4. Einen Kreis aus Backpapier (Ø etwa 24 cm) ausschneiden. Diesen in 8–10 Tortenstücke schneiden. Die Backpapier-Tortenstücke mit Abstand auf ein Backblech (gefettet) legen. Den Baiserrest mit dem Spritzbeutel wellenförmig auf die Dreiecke spritzen. Das Backblech und die Springform auf dem Rost in den vorgeheizten Backofen schieben. Das Baisergebäck **etwa 3 Stunden trocknen lassen.**

5. Das Baiser im ausgeschalteten Backofen erkalten lassen. Den Baiserboden aus der Form lösen, die Baiserstücke vom Backpapier abziehen. Die Kuvertüre in einem kleinen Topf im Wasserbad unter Rühren schmelzen. Baiserboden und -rand mit der Kuvertüre auspinseln. Das Baisergebäck kalt stellen.

6. Für die Füllung Zitronen-Eiscreme antauen lassen und geschmeidig rühren. Sahne steif schlagen, unter die Eiscreme heben, in den Baiserboden füllen und glatt streichen. Die Zitronen-Eistorte bis zum Servieren zugedeckt in das Gefrierfach stellen.

7. Zum Garnieren die Zitronen-Eistorte mit den Baiserdreiecken belegen. Die Zitronen heiß abspülen und abtrocknen. 1 Zitrone in halbe Scheiben schneiden. Von der anderen Zitronen die Schale mit einem Zestenreißer abziehen. Die Eistorte mit Zitronenscheiben und -schale garnieren.

Tipps: Die Zitronen-Eistorte nach Belieben mit grob geschnittenem Obstsalat servieren. Aufgetaute und wieder eingefrorene Eiscreme können Sie nicht noch einmal einfrieren und sollten Sie möglichst innerhalb eines Tages verwenden.

Zitronen-Kirsch-Tarte

Erfrischend – einfach

12 Stücke

Pro Stück: E: 4 g, F: 14 g, Kh: 29 g, kJ: 1112, kcal: 266

Für den Knetteig:

200 g Weizenmehl
40 g Zucker
1 Prise Salz
125 g Butter oder Margarine

Für den Zitronenguss:

3 Eier (Größe M)
150 g Crème fraîche
80 g Zucker
100 ml Zitronensaft

350 g abgetropfte Sauerkirschen (aus dem Glas)

Zubereitungszeit: 35 Minuten, ohne Abkühlzeit
Backzeit: 40–42 Minuten

1. Für den Knetteig Mehl in eine Rührschüssel geben. Restliche Zutaten hinzufügen und mit Handrührgerät mit Knethaken zunächst kurz auf niedrigster, dann auf höchster Stufe gut durcharbeiten.

2. Anschließend auf einer leicht bemehlten Arbeitsfläche zu einem glatten Teig verkneten. Sollte er kleben, ihn in Frischhaltefolie gewickelt eine Zeit lang kalt stellen.

3. Den Backofen vorheizen.
Ober-/Unterhitze: etwa 200 °C
Heißluft: etwa 180 °C

4. Zwei Drittel des Teiges auf dem Boden einer Springform (Ø 26 cm, Boden gefettet, mit Backpapier belegt) ausrollen und den Springformrand darumstellen. Den Teigboden mit einer Gabel mehrmals einstechen.

5. Die Form auf dem Rost in den vorgeheizten Backofen schieben. Den Knetteigboden **10–12 Minuten vorbacken.**

6. Die Form auf einen Kuchenrost stellen. Den Knetteigboden etwas abkühlen lassen.

7. Für den Guss in der Zwischenzeit die Eier, Crème fraîche und Zucker in einer Rührschüssel glatt rühren. Den Zitronensaft kurz unterrühren.

8. Restlichen Knetteig zu einer langen Rolle formen, auf den vorgebackenen Knetteigboden legen und so an die Form drücken, dass ein 1–2 cm hoher Rand entsteht. Die Kirschen auf dem vorgebackenen Boden verteilen. Den Guss auf die Kirschen gießen.

9. Die Form wieder auf dem Rost in den heißen Backofen schieben. Die Zitronen-Kirsch-Tarte **bei gleicher Backofentemperatur in etwa 30 Minuten fertig backen.**

10. Die Form auf einen Kuchenrost stellen. Die Zitronen-Kirsch-Tarte in der Form erkalten lassen.

Tipp: Nach Belieben die Zitronen-Kirsch-Tarte mit etwas Puderzucker bestäuben.

Zitronenkissen, großes

Erfrischend

12 Stücke

Pro Stück: E: 5 g, F: 19 g, Kh: 23 g, kJ: 1184, kcal: 283

Für den Boden:

350 g TK-Blätterteig
2 EL Wasser
30 g Zucker

Für die Füllung:

8 Blatt weiße Gelatine
500 g Zitronen-Buttermilch
30 g Zucker
400 g Schlagsahne

Zum Verzieren und Garnieren:

etwas Puderzucker
einige Gelee-Zitronenscheiben (erhältlich im Süßwarenfachgeschäft)
einige Zitronenmelisseblättchen

Zubereitungszeit: 40 Minuten, ohne Auftau-, Ruhe- und Kühlzeit
Backzeit: etwa 15 Minuten

1. Für den Boden den Blätterteig zugedeckt nach Packungsanleitung auftauen lassen. Die Platten übereinanderlegen und zu einem Quadrat (etwa 30 x 30 cm) ausrollen. Das Teigquadrat auf ein Backblech (mit Backpapier belegt) legen und mehrmals mit einer Gabel einstechen. Dann mit Wasser bestreichen und mit Zucker bestreuen. Den Teig zugedeckt etwa 30 Minuten ruhen lassen.

2. In der Zwischenzeit den Backofen vorheizen.
Ober-/Unterhitze: etwa 220 °C
Heißluft: etwa 200 °C

3. Backblech in den vorgeheizten Backofen schieben. Die Gebäckplatte **etwa 15 Minuten backen.**

4. Die Gebäckplatte mit dem Backpapier vom Backblech auf einen Kuchenrost ziehen und erkalten lassen. Anschließend die Gebäckplatte einmal waagerecht durchschneiden. Eine Gebäckplatte als Boden auf eine Tortenplatte legen.

5. Für die Füllung Gelatine nach Packungsanleitung einweichen. Die Buttermilch mit Zucker in einer Rührschüssel verrühren. Gelatine leicht ausdrücken und in einem kleinen Topf bei schwacher Hitze unter Rühren auflösen. Die aufgelöste Gelatine zunächst mit etwa 4 Esslöffeln von der Buttermilch verrühren, dann unter die restliche Buttermilch rühren.

6. Sobald die Buttermilchmasse anfängt dicklich zu werden, Sahne steif schlagen und unterheben. Die Buttermilchcreme auf den Blätterteigboden geben und glatt streichen. Die zweite Blätterteigplatte darauflegen und leicht andrücken. Das Zitronenkissen zugedeckt mindestens 1 Stunde in den Kühlschrank stellen.

7. Zum Verzieren und Garnieren etwa 1 cm breite Papierstreifen so auf die Oberfläche des Zitronenkissens legen, dass ein Karomuster entsteht. Das Zitronenkissen mit Puderzucker bestäuben. Die Papierstreifen vorsichtig abheben. Das Zitronenkissen mit Gelee-Zitronenscheiben und abgespülter und trocken getupfter Zitronenmelisse garnieren.

Zitronen-Knusper-Torte

Ohne zu backen – raffiniert

16 Stücke

Pro Stück: E: 4 g, F: 21 g, Kh: 21 g, kJ: 1220, kcal: 292

Für den Boden:

150 g weiße Kuvertüre
2 EL Speiseöl, z. B. Sonnenblumenöl
80 g Knusprige Weizen-Honig-Pops

Für die Zitronencreme:

1 Bio-Zitrone (unbehandelt, ungewachst)
6 Blatt weiße Gelatine
300 g Doppelrahm-Frischkäse (zimmerwarm)
50 g Puderzucker
3 EL flüssiger Honig
350 g Schmand (Sauerrahm)
300 g Schlagsahne

Für den Guss:

1–2 Bio-Zitronen (unbehandelt, ungewachst)
½ Beutel aus
1 Pck. Götterspeise Zitronen-Geschmack
200 ml Wasser
50 g Zucker

Zubereitungszeit: 40 Minuten, ohne Kühlzeit

1. Für den Boden Kuvertüre in grobe Stücke hacken und mit dem Speiseöl in einem kleinen Topf im Wasserbad bei schwacher Hitze unter Rühren schmelzen. Den Topf von der Kochstelle nehmen. Die Weizen-Honig-Pops unter die warme Kuvertüre rühren.

2. Die Kuvertüre-Honig-Pops-Masse in eine Springform (Ø 26 cm, Boden gefettet, mit Backpapier belegt) geben und mit einem Löffel fest zu einem Boden andrücken. Den Tortenboden zugedeckt in den Kühlschrank stellen.

3. Für die Zitronencreme die Zitrone heiß abspülen und abtrocknen. Die Schale fein abreiben. Die Zitrone halbieren und den Saft auspressen.

4. Die Gelatine nach Packungsanleitung einweichen. Frischkäse mit Puderzucker, flüssigem Honig, Zitronenschale und -saft in einer Rührschüssel glatt rühren. Die Gelatine leicht ausdrücken und in einem kleinen Topf bei schwacher Hitze unter Rühren auflösen. Die aufgelöste Gelatine zunächst mit etwa 4 Esslöffeln der Frischkäsemasse verrühren, dann unter die restliche Frischkäsemasse rühren. Schmand unterheben. Die Sahne steif schlagen und ebenfalls unterheben.

5. Die Zitronencreme auf den Tortenboden geben und glatt streichen. Die Zitronen-Knusper-Torte zugedeckt etwa 30 Minuten in den Kühlschrank stellen.

6. Für den Guss die Zitronen in dünne Scheiben schneiden, evtl. Kerne vorsichtig entfernen.

7. Aus dem Götterspeisepulver und dem Wasser eine Götterspeise nach Packungsanleitung zubereiten. Die Götterspeise auf Zimmertemperatur abkühlen lassen. Zitronenscheiben auf der Torte verteilen, die Götterspeise vorsichtig daraufgeben. Die Torte zugedeckt etwa 3 Stunden in den Kühlschrank stellen.

Zitronentiramisu-Schnitten |

Ohne zu backen – erfrischend

15 Stücke

Pro Stück: E: 6 g, F: 15 g, Kh: 24 g, kJ: 1075, kcal: 257

Für die Mascarponecreme:

2 Bio-Zitronen (unbehandelt, ungewachst)
5 Blatt weiße Gelatine
3 Eigelb (Größe M)
80 g Zucker
3 Eiweiß (Größe M)
500 g Mascarpone (ital. Frischkäse, Zimmertemperatur)

Zum Tränken:

60 ml Wasser
2 EL Puderzucker

300 g Löffelbiskuits

Zum Garnieren:

1 Bio-Zitrone (unbehandelt, ungewachst)
etwas Puderzucker

Zubereitungszeit: 45 Minuten, ohne Kühlzeit

1. Für die Mascarponecreme die Zitronen heiß abspülen und abtrocknen. Die Schale fein abreiben. Die Zitronen halbieren und den Saft auspressen. Die Gelatine nach Packungsanleitung einweichen.

2. Das Eigelb mit 40 g des Zuckers in einer Edelstahlschüssel im heißen Wasserbad mit einem Schneebesen dick-schaumig aufschlagen. Die Schüssel aus dem Wasserbad nehmen. Die Gelatine leicht ausdrücken und in der Eigelbmasse unter Rühren auflösen.

3. Das Eiweiß mit dem restlichen Zucker steif schlagen. Den Mascarpone mit der Zitronenschale in einer Rührschüssel glatt rühren. Zunächst die Eigelbmasse, dann den Eischnee mit einem Schneebesen vorsichtig unter die Mascarponecreme heben.

4. Zum Tränken Wasser mit Zitronensaft und Puderzucker glatt rühren. Eine Kastenform (30 x 11 cm) mit Frischhaltefolie auslegen. Den Boden und den Rand der Kastenform mit Löffelbiskuits auslegen. Die Löffelbiskuits mit etwa einem Drittel der Wasser-Zitronensaft-Mischung beträufeln.

5. Die Mascarponecreme in 3 gleiche Portionen teilen. 1 Portion der Mascarponecreme in die Form geben, glatt streichen und mit einer Schicht Löffelbiskuits belegen. Die Löffelbiskuits mit etwas Wasser-Zitronensaft-Mischung beträufeln. 1 weitere Portion Mascarponecreme auf die Löffelbiskuitschicht geben. Creme vorsichtig glatt streichen und mit restlichen Löffelbiskuits belegen. Die Löffelbiskuits mit der restlichen Wasser-Zitronensaft-Mischung beträufeln. Zitronentiramisu mit Frischhaltefolie belegen und etwa 4 Stunden in den Kühlschrank stellen. Die restliche Mascarponecreme zugedeckt in den Kühlschrank stellen.

6. Das Zitronentiramisu vorsichtig aus der Form auf eine Kuchenplatte stürzen, die Frischhaltefolie entfernen. Von der restlichen Mascarponecreme mit einem Teelöffel Nocken abstechen und auf dem Zitronentiramisu verteilen.

7. Zum Garnieren die Zitrone heiß abspülen, abtrocknen und in dünne Scheiben schneiden. Die Zitronenscheiben halbieren. Die Zitronentiramisu-Schnitten mit Puderzucker bestäuben und mit Zitronenscheibenhälften garnieren.

Hinweis: Nur ganz frische Eier verwenden, die nicht älter als 5 Tage sind (Legedatum beachten!). Die Zitronentiramisu-Schnitten im Kühlschrank aufbewahren und innerhalb von 24 Stunden verzehren.

Zitronentorte | Ohne zu backen

12 Stücke

Pro Stück: E: 9 g, F: 31 g, Kh: 54 g, kJ: 2247, kcal: 537

Zum Tränken:

200 ml Wasser
100 g Zucker
4 EL Orangensaft

Für die Füllung:

1 Pck. Dr. Oetker Pudding-Pulver Vanille-Geschmack
150 g Zucker
750 ml (3/4 l) Milch
200 ml Zitronensaft
2 Eigelb (Größe M)
abgeriebene Schale von
1 Bio-Zitrone (unbehandelt, ungewachst)

3 Lagen von
1 hellen Wiener Boden (Ø 26 cm)

Für die Buttercreme:

250 g weiche Butter

Zum Verzieren und Garnieren:

200 g gehobelte Mandeln
1 Bio-Zitrone (unbehandelt, ungewachst)

Zubereitungszeit: 45 Minuten, ohne Kühlzeit

1. Zum Tränken das Wasser mit dem Zucker in einen Topf geben und unter Rühren aufkochen lassen. Die Mischung etwas einkochen lassen. Den Orangensaft unterrühren.

2. Für die Füllung aus Pudding-Pulver, Zucker und Milch einen Pudding nach Packungsanleitung, aber mit den hier angegebenen Zutaten, zubereiten.

3. Zitronensaft, Eigelb und Zitronenschale in den von der Kochstelle genommenen Pudding rühren. Anschließend alles nochmals gut aufkochen lassen. Den Topf von der Kochstelle nehmen. Den Zitronen-Pudding in 4 Portionen teilen.

4. Den unteren Wiener Boden auf eine Tortenplatte legen und mit der Hälfte der Saftmischung beträufeln. Ein Viertel der noch heißen Puddingmasse daraufgeben und glatt streichen.

5. Den mittleren Wiener Boden drauflegen und mit der restlichen Saftmischung beträufeln. Ein weiteres Viertel der Puddingmasse daraufgeben, glatt streichen und mit dem oberen Wiener Boden bedecken.

6. Sofort Frischhaltefolie direkt auf die restliche Puddingmasse legen. Puddingmasse auf Zimmertemperatur abkühlen lassen.

7. Für die Buttercreme die Butter in einer Rührschüssel mit Handrührgerät mit Rührbesen auf höchster Stufe geschmeidig rühren.

8. Die restliche Puddingmasse nach und nach unterrühren. Dabei darauf achten, dass Butter und Puddingmasse Zimmertemperatur haben, da die Masse sonst gerinnt.

9. Tortenoberfläche und -rand mit der Hälfte der Buttercreme bestreichen. Die restliche Buttercreme in einen Spritzbeutel mit Sterntülle füllen. Die Torte damit verzieren.

10. Zum Verzieren und Garnieren die Mandeln in einer Pfanne ohne Fett unter Wenden goldbraun rösten und auf einen Teller geben. Die Zitrone heiß abspülen und abtrocknen. Mit einem Zestenreißer die Schale in dünnen Zesten abreißen.

11. Die Tortenoberfläche und den Tortenrand mit den Mandel bestreuen. Die Buttercremetuffs mit den Zitronenzesten garnieren.

Tipp: Zum Tränken den Orangensaft durch Orangenlikör ersetzen. Möchten Sie selbst einen Biskuitboden backen, können Sie den im Tipp für die Karibik-Kokos-Torte (Seite 125) angegeben Biskuitboden wie dort beschrieben zubereiten.

Zwetschen-Mascarpone-Torte

Fruchtig – mit Alkohol

16 Stücke

Pro Stück: E: 5 g, F: 24 g, Kh: 31 g, kJ: 1584, kcal: 378

Für den Rührteig:

125 g weiche Butter oder Margarine
125 g Zucker
1 Pck. Dr. Oetker Vanillin-Zucker
1 Prise Salz
3 Eier (Größe M)
125 g Weizenmehl
3 gestr. TL Dr. Oetker Backin
2–3 EL Pflaumenlikör (20 Vol.-%)
24 Haselnuss-Gebäckkugeln

Zum Beträufeln:

3 EL Pflaumenlikör

Für die Zwetschencreme:

500 g Zwetschen
75 g Zucker
2 Pck. Dr. Oetker Vanillin-Zucker
1 gestr. TL gemahlener Zimt
5 EL Pflaumenlikör (20 Vol.-%)
2 geh. TL Speisestärke
3 EL kaltes Wasser
200 g Mascarpone (ital. Frischkäse)

Zum Verzieren und Garnieren:

200 g Mascarpone (ital. Frischkäse)
1 Pck. Dr. Oetker Sahnesteif
1 Pck. Dr. Oetker Vanillin-Zucker
2 EL Pflaumenlikör (20 Vol.-%)
etwa 15 Haselnuss-Gebäckkugeln

Zubereitungszeit: 50 Minuten, ohne Kühlzeit
Backzeit: etwa 30 Minuten

1. Den Backofen vorheizen.
Ober-/Unterhitze: etwa 180 °C
Heißluft: etwa 160 °C

2. Für den Teig die Butter oder Margarine in einer Rührschüssel mit Handrührgerät mit Rührbesen auf höchster Stufe geschmeidig rühren. Nach und nach Zucker, Vanillin-Zucker und Salz unterrühren. So lange rühren, bis eine gebundene Masse entstanden ist.

3. Die Eier nach und nach unterrühren (jedes Ei etwa ½ Minute). Das Mehl mit Backpulver mischen und mit dem Likör auf mittlerer Stufe kurz unterrühren. Den Teig in eine Springform (Ø 26 cm, Boden gefettet, mit Backpapier belegt) geben und glatt streichen. Die Gebäckkugeln tief in den Teig drücken. Die Form auf dem Rost in den vorgeheizten Backofen schieben. Den Gebäckboden **etwa 30 Minuten backen.**

4. Den Gebäckboden aus der Form lösen und auf einen mit Backpapier belegten Kuchenrost stürzen. Das mitgebackene Backpapier abziehen. Den Gebäckboden erkalten lassen. Anschließend auf eine Tortenplatte legen und mit Likör beträufeln. Einen Tortenring oder den gesäuberten Springformrand darumstellen.

5. Für die Zwetschencreme die Zwetschen abspülen, abtrocknen, halbieren und entsteinen. Etwa 12 Zwetschenhälften zum Garnieren beiseitelegen. Restliche Zwetschen pürieren. Das Zwetschenpüree mit Zucker, Vanillin-Zucker, Zimt und Likör in einem Topf verrühren. Speisestärke mit Wasser verrühren. Zwetschenpüree unter Rühren aufkochen lassen. Den Topf von der Kochstelle nehmen und die angerührte Speisestärke einrühren. Zwetschenpüree unter Rühren nochmals aufkochen lassen, danach kalt stellen.

6. Mascarpone cremig aufschlagen, Zwetschenpüree unterrühren. Die Zwetschencreme auf den Gebäckboden geben und glatt streichen. Die Torte zugedeckt etwa 1 Stunde in den Kühlschrank stellen. Anschließend den Tortenring oder Springformrand vorsichtig lösen und entfernen.

7. Zum Verzieren und Garnieren den Mascarpone mit Sahnesteif und Vanillin-Zucker aufschlagen. Likör unterziehen. Den Tortenrand mit der Hälfte der Mascarponecreme bestreichen und mithilfe eines Tortenkammes verzieren. Restliche Mascarponecreme in einen Spritzbeutel mit Sterntülle geben und den Rand der Tortenoberfläche damit bespritzen. Die Torte mit den beiseitegelegten Zwetschenhälften und den Gebäckkugeln garnieren.

Ohne zu backen

Schnell oder einfach

Mit Alkohol

Gut vorzubereiten

Für Gäste

Für Kinder

Für Fragen, Vorschläge oder Anregungen steht Ihnen der Verbraucherservice der Dr. Oetker Versuchsküche Telefon: 00800 71 72 73 74 Mo.–Fr. 8:00–18:00 Uhr, Sa. 9:00–15:00 Uhr (gebührenfrei in Deutschland) oder die Mitarbeiter des Dr. Oetker Verlages Telefon: +49 (0) 521 52 06 51 Mo.–Fr. 9:00–15:00 Uhr zur Verfügung.

Oder schreiben Sie uns:
Dr. Oetker Verlag KG, Am Bach 11, 33602 Bielefeld oder besuchen Sie uns im Internet unter www.oetker-verlag.de oder www.oetker.de

Umwelthinweis Dieses Buch und der Einband wurden auf chlorfrei gebleichtem Papier gedruckt. Die Einschrumpffolie – zum Schutz vor Verschmutzung – ist aus umweltfreundlichem und recyclingfähigem PE-Material.

Redaktion Christina Langner

Innenfotos Walter Cimbal, Hamburg (S. 24, 27, 62, 89, 117, 131, 158, 161, 165, 179, 183, 193, 217, 250)
Fotostudio Diercks – Thomas Diercks/Kai Boxhammer/Christiane Krüger, Hamburg (S. 5, 15, 20, 21, 31–37, 41–47, 53–55, 59, 65–68, 71, 76, 79, 80, 83, 85, 86, 97, 106–108, 112, 124, 126–129, 132, 134, 138, 139, 141, 143, 144, 148, 162–164, 167, 185, 194, 196, 199, 205, 207, 208, 214, 222, 230, 231, 234, 237, 239, 243, 245, 253, 256, 259, 263, 265, 266, 272)
Ulli Hartmann, Halle/Westf. (S. 9, 11, 38, 49, 50, 109, 110, 152, 159, 180, 200, 255, 268)
Ulrich Kopp, Sindelfingen (S. 61, 101, 115, 189, 219)
Bernd Lippert (S. 22, 52, 74, 105, 125, 140, 150, 177, 211, 257)
Antje Plewinski, Berlin (S. 7, 12, 99, 135, 136, 155, 197, 221, 240, 241, 273)
Anke Politt, Hamburg (S. 16, 19, 23, 26, 28, 82, 98, 120, 121, 123, 147, 151, 170, 173, 174, 182, 186, 203, 212, 215, 223, 232, 233, 244, 247, 248, 260, 275, 276, 279)
Axel Struwe, Bielefeld (S. 17, 51, 56, 156, 168, 171, 175, 178, 184, 192, 202, 206, 220, 249, 254, 251, 271)
Norbert Toelle, Bielefeld (S. 103, 261, 277)
Brigitte Wegner, Bielefeld (S. 29, 69, 72, 75, 91, 92, 95, 104, 111, 119, 122, 154, 160, 187, 190, 191, 201, 224, 227–229, 267, 274, 280)

Rezeptentwicklung Christine Bergmayer, Hamburg

Lektorat no:vum, Susanne Noll, Leinfelden-Echterdingen

Wir danken für die freundliche Unterstützung
Bahlsen, Hannover
Griesson – de Beukelaer, Polch
Henkel & Co., Wiesbaden
Hosta, Stimpfach-Randenweiler
Ludwig Schokolade, Bergisch-Gladbach

Nährwertberechnungen Nutri Service, Hennef

Grafisches Konzept und Gestaltung MDH Haselhorst, Bielefeld
Titelgestaltung kontur:design GmbH, Bielefeld
Satz MDH Haselhorst, Bielefeld
Druck und Bindung Mohn media Mohndruck GmbH, Gütersloh

ISBN: 978–3–7670–0714–7